Carl Gottlob Kü

K. G. Küttners Briefe über Irland an seinen Freund

K. G. Küttners

Briefe

über

Irland

an seinen Freund,

den Herausgeber.

Leipzig,
bey Johann Philipp Haugs Wittwe,
1785.

Vorrede des Herausgebers.

Irland ist seit langen Zeiten in mancherley Betracht und aus verschiedenen Ursachen ein verkanntes Land. England eroberte es nach und nach, und endigte dessen völlige und gänzliche Besiegung mit einem harten Joche, das es ihm über den Nacken warf. Mit seiner Freyheit nahm es ihm zugleich seine Staatsverfassung, seine Religion, seine Sprache und beynahe die Rechte der Menschheit. Es legte ihm harte und drückende Gesetze auf, suchte mit Absicht das Volk in Unwissenheit und Barbarey und dadurch in sclavischer Feigheit zu erhalten, um es so sicherer beherrschen zu können. Noch

 nicht

nicht damit zufrieden, es erobert, unterdrückt und zu dem gemacht zu haben, was es unter diesen Umständen werden mußte, behandelt es noch jetzt die ganze Nation mit Schimpf, Verachtung und Spott sowohl im gemeinen wirklichen Leben, als auf der Bühne und in Schriften, worzu insonderheit Swift den Anfang machte, der durch das Vermächtniß zur Erbauung eines Hauses für Mondsüchtige, die ganze Irische Nation für wahnsinnig und thöricht erklärte, weil, nach seinem eignen Sinn, keine andre, als diese Nation eines Hauses dieser Art so sehr bedürfte. Viele andre, selbst Pope, folgten Swifts Beyspiele, bis auf Twiß in unsern Zeiten *), so sehr auch dieser das Ansehen eines unpartheyischen und uneingenommenen Mannes haben will, der deshalb in seinem Buche von der Niederträchtigkeit der Nationalvorurtheile redet und einer Stelle des Churcill **) Wahrheit zugesteht.

Wir

*) Twiß machte im Jahr 1775 seine Reise durch Irland.

**) Long from a country ever hardly us'd
At random censur'd and by most abus'd

Have

Wir andern auf dem festen Lande konnten von Irland keinen andern Begriff haben, als den, den es den Engländern gefiel, uns davon zu geben, und denen wir aufs Wort glaubten, theils weil wir keine bessere Nachricht hatten, indem keiner, so viel als ich weiß, eine Reise in der Absicht dahin gethan hat, um es kennen zu lernen und etwas Zuverlässiges von ihm zu sagen; theils weil uns Irland, von langer Zeit her, gar nicht wichtig und bedeutend, und es uns daher gleichgültig war, ob das, was man von ihm erzählte, mit der Wahrheit übereinstimmte oder nicht.

Ein Volk, das seit unserm Gedenken unter dem Druck und in einer sclavischen Abhängigkeit lebt und mit einer sclavischen Feigheit sein Joch zu tragen scheint — und wir sind nicht Zeitgenossen und Zuschauer seines Sträubens und Kämpfens und seines rühmlichen Falles gewesen — ist für uns kein Volk, an des-

Have Britons drawn their sport with no kind wiew
And judg'd the many by the rascal few.

sen Schicksal wir einen besondern Antheil nehmen könnten. Wir vermengen es mit den übrigen Unglücklichen und Elenden, denen wir unser Bedauern nur in so fern schenken, als sie Menschen sind. Aber wenn dieses Volk seinen Druck — und seine Kräfte fühlt, wenn es Muth hat, sich wieder in seine verlornen Rechte einzusetzen und sich seine Freyheit wieder zu erkämpfen, und schon eines Theils erkämpft hat; wenn es wieder zu einer Nation wird, sein voriges Ansehen erlangt, den Rang, den es sonst als Nation hatte, wieder einnimmt und, mehr oder weniger, Einfluß auf das Staatssystem eines oder des andern Landes hat, so wird es nicht bloß für den dabey unmittelbar interessirten Staat, sondern auch für andre, die weiter in keinem politischen und bürgerlichen Verhältnisse mit ihm stehen, auf die eine oder andre Art wichtig und merkwürdig. — Nicht die Wildheit und Ungezähmtheit eines elenden und ausgelassenen Pöbels, der bey jeder größern oder geringern Veranlassung sich immer als Pöbel zeigt und keine Schranken kennt; sondern der wiederauflebende Muth des bessern Theils der Nation gefällt uns, wir sehen mit Aufmerksam-

keit

keit und Theilnehmung ihrem Streite zu, und erwarten mit Verlangen den Ausgang ihres Schicksals. Unterdessen bleibt unsre Aufmerksamkeit nicht bloß bey der gegenwärtigen politischen Lage stehen, wir wollen das Volk selbst, seinen Nationalcharakter, sein Land, seine Gebräuche, seinen sittlichen und gelehrten Zustand u. s. w. näher kennen lernen, und wir danken es dem, der uns über das eine oder das andere eine bestimmte und zuverlässige Nachricht giebt.

Dieß, dünkt mich, ist der Fall mit Irland. Dieses blieb für uns ein Land ohne besonderes Interesse, bis vor einigen Jahren, während der Zeit des Amerikanischen Krieges, der niedergedrückte Geist des Volks wieder erwachte, seine Kräfte fühlte, einen Theil des Englischen Jochs abwarf, und noch bis jetzt in diesem Streben nach einer größern Freyheit und Unabhängigkeit arbeitet. Von dieser Zeit an wurde Irland auch für uns, als Zeitgenossen und Zuschauer, merkwürdig, und wir interessiren uns nun nicht bloß für seine politische Lage, sondern auch für das, was irgend eine Beziehung auf den Zustand und die Verfassung des ganzen

Landes hat, so daß es uns nun nicht mehr so gleichgültig ist, als sonst, ob die Nachrichten, die wir bis jetzt darüber haben, wahr oder falsch, partheyisch oder unpartheyisch sind. Je näher diese der Wahrheit kommen, desto willkommener sind sie uns, und ein jeder, der uns was Zuverlässiges darüber berichtet und berichten kann, wenn weder Nationalvorurtheil noch politisches Verhältniß seinen Beobachtungen eine falsche Richtung geben, erwirbt sich einen Anspruch auf unsern Dank.

Das, was ich bisher gesagt habe, scheint mir die Denkungsart, die Meynung und die Sprache des Publikums zu seyn. Hab' ich mich darinne nicht geirrt, so wird es die Nachrichten, die in diesen Briefen enthalten sind, mit Vergnügen lesen, und dem Verfasser dafür danken.

Ich darf nicht erst weitläuftig anführen, über welchen Gegenstand vorzüglich diese Nachrichten sich ausbreiten. Der Inhalt, den ich den Briefen beygefügt habe, giebt eine Uebersicht des Ganzen, dessen größere Hälfte der Leser gewiß angenehm und unterhaltend finden wird.

Was

Was die kleinere und letztere Hälfte dieser Nachrichten betrifft, so vermuthe ich, daß sie zwar nicht allen die nämliche Unterhaltung gewähren, aber doch dem Forscher und dem Kenner alter Sprachen, Geschichte und Alterthümer angenehm seyn werde: und diesem wollte ich das, was ich ihm durch meinen Freund geben konnte, nicht vorenthalten. Beyde Klassen von Lesern müssen daher gegen einander abrechnen, und derjenige Theil der Nachrichten, der mehr die Neugierde reizt, mag den andern, der sich mit ernsthaften und gelehrten Untersuchungen beschäftigt, übertragen helfen.

Der Gelehrte wird, wenn er die Untersuchungen über alte Irische Geschichte, Sprache und Alterthümer mit dem Vorrathe seiner Kenntnisse und mit dem vergleicht, was er aus sichern oder unsichern Quellen davon weiß, bald entdecken, ob das, was er hier beysammen findet, alte Irrthümer widerlegen und dafür ein neues Licht und mehr Wahrheit in die alte Geschichte, Sprache und Alterthümer eines sonst mehr bekannten und berühmten Volkes bringen könne.

 Für

Für die Zuverlässigkeit derjenigen Nachrichten, Bemerkungen und Beobachtungen, die Irlands gegenwärtigen Zustand betreffen, habe ich keinen andern Gewährmann, als den Verfasser selbst: und ich denke, ich habe in ihm einen sehr guten; nicht darum, weil er mein Freund ist, und ich deshalb mir Wahrheit von ihm verspreche; sondern, weil er im Stande ist, richtig zu sehen, zu bemerken und zu beobachten; weil er schon viel gesehen hat und dadurch geschickt gemacht und geübt worden ist, Vergleichungen anzustellen, das Bemerkbare und Eigene eines Landes und eines Volks bald auszufinden und auszusondern, und weil er durch die öftere Veränderung seines Aufenthalts bald in diesem bald in jenem Lande keine Nationalvorurtheile annehmen und folglich auch nicht auf Kosten eines andern Volks seine Untersuchungen und Beobachtungen anfangen und partheyisch werden konnte. Gesellt sich zu dem allen noch der Charakter der Rechtschaffenheit und die Wahrheitsliebe eines Weltbürgers (wie ich denn meinen Freund in mehr als einer Betrachtung so nennen kann) dem es bloß um Wahrheit zu thun ist, sie mag nun dem Gegenstande,

den

den er behandelt oder beschreibt, vortheilhaft oder nachtheilig seyn; so wird dieses ein Grund, und ein starker Grund, mehr seyn, daß das Publikum auf die Unpartheylichkeit des Verfassers rechnen und seinen Nachrichten Zuverlässigkeit zutrauen könne — so viel als unter gewissen Umständen und Lagen Zuverlässigkeit erwartet und gefordert werden kann — Ich gehe aufrichtig zu Werke und sage in dieser Rücksicht noch ein Wort von dem Verfasser: und dieses Wort soll er selbst vor dem Publikum reden, ob er es gleich nur zu mir in einem freundschaftlichen Briefe geredet hat.

Als ich ihm im Monat December des vorigen Jahrs meinen Entschluß meldete, daß ich seine Briefe, die er mir nach und nach aus Irland geschickt hätte, diese Ostermesse herauszugeben gedächte, weil jetzt der beste Zeitpunct darzu wäre, wo Nachrichten über dieses Land das Publikum interessiren könnten, so antwortete er mir unter andern folgendes:

London den 28 Jan. 1785.

„— — — — Der Himmel weiß, „daß ich den ersten Theil dieser Nachrichten ohne

„alle

„alle Gedanken ans Herausgeben niederschrieb.
„Ich dachte nicht so lange in Irland zu bleiben,
„als ich nachher wirklich blieb; ich wußte an-
„fangs nicht, daß ich den folgenden Sommer
„das Land wieder sehen sollte; kurz, ich erwar-
„tete nie so viel zusammen zu bringen, auch nur
„den kleinsten Octavband daraus zu machen.
„Ich schrieb die Nachrichten nieder, wie sie mir
„kamen, theils für Ihre Unterhaltung, theils
„für meine eigene künftige Rückerinnerung.

„Ich schrieb die Nachrichten nieder, wie
„sie mir kamen, und eine folgende widerlegt
„vielleicht manchmal die vorhergehende. Je-
„der Reisende, der mit einiger Sorgfalt Un-
„tersuchungen anstellt, weiß genugsam, wie es
„einem geht, wie immer eine Nachricht der an-
„dern widerspricht, und kurz, wie schwer es ist,
„auch in den gemeinsten Sachen so viel richtige
„und gründliche Wahrheit zusammen zu brin-
„gen, als erfordert wird, einem andern eine
„deutliche, bestimmte Beschreibung darüber zu
„geben. Ein Freund, dacht' ich, verzeiht
„willig Irrthümer und Mängel. Freylich hab'
„ich verbessert, so oft mir etwan in der Folge
„einfiel, daß ich fehl gegangen, schief geurtheilt
„oder

„oder mich unbestimmt ausgedrückt hatte; aber „wer ist mir gut dafür, daß ich mich immer „nachher darauf besonnen habe? — Um also „diesen Nachrichten wenigstens den Grad von „Ausfeilung zu geben, den ich ihnen zu geben „etwan fähig seyn möchte, hätte ich sie wieder „übersehen sollen. Allein, da kommt nun der „Verleger darzwischen, dem freylich am Ende „nichts daran liegt, wie sein Buch beschaffen „ist, woferne es nur abgeht: und darzu, sagen „Sie, ist jetzt die beste Zeit. Das meinige „wird also, wie Hamlets Vater, with all my „imperfections on my head, in die Welt „geschickt. Freylich geht es vorher durch die „Hände meines Freundes, der es vergleicht, zu„sammensetzt, in Ordnung bringt, herauswirft, „Verbindung giebt rc. rc. Aber verbessern „kann er nicht, was fehlerhaft, nicht ergänzen, „was mangelhaft ist. — Da ich Ihnen nicht „nur in zwey verschiedenen Sommern, sondern „auch zum Theil von England aus geschrieben „habe, und nun noch schreiben will, so hab' „ich oft, wenn ich auf den oder jenen Artikel „komme, das vergessen, was ich schon vorher „darüber geschrieben habe, und es wird selbst

„Ihrer

„Ihrer äußersten Sorgfalt beynahe unmöglich „seyn, Wiederholungen zu vermeiden. Auch „die Zusätze, Auszüge und Uebersetzungen, die „ich Ihnen jetzt schicke und noch schicken werde, „möchte ich wohl noch einmal vergleichen und „über alles wieder nachschlagen, wenn noch Zeit „darzu wäre. Aber jetzt muß es gehen, wie es „ist, da es nicht anders seyn kann ꝛc. ꝛc. ꝛc.

Nun noch ein Wort von mir, als Herausgeber. Mein Freund redet in seinem Briefe von Wiederholungen. Diese hab' ich da, wo es möglich war, wegzuschaffen gesucht; an andern Orten konnte ich es durchaus nicht, weil der Druck der erstern Hälfte des Werks schon vollendet war, ehe ich noch die andre in verschiedenen Lieferungen aus England erhalten hatte, oder bey der Ungewißheit der Posten in den Wintermonaten eine sichre Rechnung auf den bestimmten Empfang der rückständigen Lieferungen machen konnte. In der letztern Hälfte dieses Briefs steht allerdings eins und das andre, was schon einmal im Vorhergehenden gesagt worden war, und was ich da füglich hätte weglassen können, wenn ich im voraus gewußt hätte,

hätte, daß mir der Verfasser in der Folge noch einmal davon schreiben würde. Da er es nachher wirklich that, und vollständiger über diesen oder jenen Punct handelte, so konnte ich des Zusammenhanges, der Ordnung und der Deutlichkeit wegen nicht anders, als daß ich eine schon einmal gesagte Sache stehen lassen mußte.

Das nämliche hab' ich auch von der Ordnung, Zusammensetzung und Verbindung der verschiedenen Nachrichten zu sagen. So viel als es die Eilfertigkeit und meine Geschäfte gestatteten, hab' ich verschiedene kürzere und längere Zusätze, die mir der Verfasser nachschickte, eingeschaltet, und dadurch das Ganze mehr in einen gewissen Zusammenhang gebracht. Ich wünsche, daß ich meine und des Verfassers Absicht erreicht haben, und der Leser wirklich einen Zusammenhang des Ganzen, da wo er nöthig ist, finden möge. Bey einigen Zusätzen hab' ich selbst, aber zu spät, gefunden, daß sie am unrechten Orte stehen. So würden z. B. S. 337. ꝛc. ꝛc. die etymologischen Untersuchungen und Vergleichungen der Namen heidnischer Gottheiten mit den Bedeutungen

gen Irischer Wörter, und S. 342. der Artikel über das Thule der Alten, wenigstens zum Theil, einen weit schicklichern und eigenen Platz in dem Briefe S. 345., der die etymologischen Untersuchungen enthält, gefunden haben.

Das ist es, was ich dem Publikum zu sagen hatte. Nimmt es diese Briefe, auch so wie sie sind, mit einigem Beyfall auf, so wird die Absicht der Herausgabe derselben erfüllt, und meine Bemühung, die ich darauf gewendet habe, reichlich belohnt seyn. Den Verfasser wird es freuen, wenn er aus einer so weiten und nach einer so langen Entfernung noch etwas für sein Vaterland thun kann, das diesem angenehm ist, und was ihn selbst aufs neue an dasselbe bindet.

Leipzig
in der Ostermesse,
1785.

M. Schenk.

Inhalt.

Inhalt.

Im Jahr 1783.

Ebene

Ebene zwischen einer langen Bergkette — (Schafe, Wolle, Rindviehzucht) fast ohne Dörfer und Städte — Ursache dieses Mangels — Faulheit der Iren — (Fettigkeit des Bodens, Flüsse) Trümmer von Kirchen, Klöstern rc. — Wirthshäuser.

C***, den 29. Aug. S. 75. Folgen der grossen Revolution in Irland unter Wilhelm III. — Druck der Katholiken: die Reichern gehen zur Anglikanischen Kirche über, und die Niedern sinken tiefer: dadurch gleichsam zwey Nationen — Verhältniß der Zahl der Protestanten zu den Katholiken — Die Katholiken erlangen wieder einige alte Rechte.

Waterford, den 31. Aug. S. 83. Topographie von Waterford — Der Quay — Kirchen, verschiedener Religions-Verwandten. — Feine Sitten der Aerzte und Geistlichen — Volksmenge von Waterford.

C***, den 1. Sept. S. 87. Verpachtungen der Landgüter an Landwirthe rc. rc. — Hütten der niedern Landleute — Leben derselben und unthätige Ruhe ohne Neid gegen die Reichen und Großen — Betrachtungen über die Compensation in dieser Welt. — Lange Dauer der Pachte — Reichthum und Einkünfte der Großen — Besserer Zustand des gemeinen Iren in Norden. — den 2. Sept. S. 97. Sittlicher Charakter und Schilderung der Großen in Irland —

 Gränz-

Im Jahr 1784.

C***, den 2. Aug. S. 207. Irland von den Engländern verkannt und gemißhandelt, wozu Swift den Anfang gemacht — Bulls und Blunders — Unterschied zwischen der Englischen Sprache in Irland und in England.

— den 3. Aug. S. 214. Ein Alt-Irisch Leichenbegängniß — Todengesänge — Leichnam, Wachen.

— den 10. Aug. S. 218. Ursachen, die den gemeinen Iren noch lange in einer Art von Barbarey erhalten werden: Unkenntniß der Englischen Sprache; Mangel an Büchern und Unterricht. (Irische Bibel und Erbauungsbücher) — Nationalcharakter, Lebhaftigkeit, Erziehung der Frauenzimmer der bessern Stände — Ansehen, Stärke und Muth der Männer — Fruchtbarkeit der Ehen — Wuchs, Gestalt und Farbe des gemeinen Mannes.

— den 13. Aug. S. 225. Nachricht von dem Obersten Vallancey — Seine Kenntniß der Irischen Sprache und Alterthümer — Irische Grammatick.

— den 14. Aug. S. 229. Spencers Meinung über das hohe Alterthum von Irland — Gründe dafür. Vallancey versteht die Punischen Stellen des Plautus durch das Irische — Warum das Irische fast keine Veränderung erlitten — Manuscripte aus den entferntesten Zeitaltern —

**4 Warum

Warum die Irische Geschichte bey so vielen glaubwürdigen Nachrichten in Dunkelheit gehüllt ist.

C***, den 15. Aug S. 239. Fortgesetzte Untersuchung über Irlands Alterthum: Das Wallisische und Irische sind verschiedene Sprachen, und Schotten und Britten verschiedenen Ursprungs — Die Schottische Sprache ist die Irische — (Schottland von Irland bevölkert) — Das Ersische (Schottische) läßt sich nicht buchstabieren und schreiben — Mündliche Ueberlieferung der Gesänge der alten Barden — Verschiedene Dialekte des Ersischen — Das Irische die Büchersprache — Irland hieß Scotia; Grund der Verwechslung des heutigen Schottlands mit Irland — Dempsters und Macphersons fruchtloße Bemühungen, Schottlands Alterthum zu retten — Unächtheit der Ossianischen Gesänge.

— den 20. Aug. S. 258. Ursachen, warum die Irische Nation bey der Menge ihrer Gelehrten so weit zurück geblieben ist — Warum ist sie so weit in den Künsten zurück? — (Watkinson hält die Irischen Thürme für Phönizische) — Einfluß der Volunteers und der gegenwärtigen Unruhen auf die Nation.

— den 26. Aug. S. 267. Das Militär macht in den drey Reichen keinen Stand aus — Wird mit Eifersucht und Widerwillen angesehen — Klagen über die Dubliner Stadtobrigkeit bey den jezigen Unruhen.

C***,

C***, den 30. Aug. S. 270. Besonderer Vortheil des Reisens — Nationalvorurtheil wider Deutschland — Schönheit des Landsitzes C** und der Gegend umher — Irland ist das Land für den Landschaftszeichner.

Im Jahr 1785.

Fortsetzung der Untersuchungen über Irlands Alterthümer, Geschichte, Sprache und Gelehrsamkeit.

London, Jenner. S. 276. Quellen, aus denen der Verfasser seine Nachrichten schöpfte — Wahrheit der Geschichte unter der Fabel — Aelteste Geschichte von Irland war in den Händen der Dichter — Erster Zeitraum der Geschichte von Irland, bis auf den Einfall der Milesier (400 Jahre) — Colonie der Parthelanians (Einfall der Fomerlans) — Nemedlans — Afrikaner — Belgier oder Firlbolgs (eigentliche Bevölkerung) unter fünf Anführern. (Pentarchie) — Danians (Schwarzkünstler, Stein des Verhängnisses) — Alle diese Colonien redeten die Celtische Sprache.

— Jenner. S. 289. Zweyter Zeitraum: Colonie der Milesier aus Aegypten und Spanien — Irische und ausländische Schriftsteller darüber —

Ihre Geschichte: Ith, Anführer: Amergin, Heber, Heremon — Colonie der Picten.

London, Jenner. S. 299. Ollam Fodla gibt Irland eine neue Verfassung: König, Senat, Volk — Nationalversammlung. Sechstägiger Schmaus — Wappen auf den Fahnen und Schildern — Untersuchung der Geschichtbücher — Der Psalter von Tara — Herolde, Aerzte, Barden — Geschäfte der Nationalversammlung — Kimpath, Wiederhersteller der Ruhe und Epoche für die zuverläßigere Geschichte — Angus, Stammvater einer langen Reihe von Königen (auch Schottischen) — Conary II. — Niederlassung der Conarians in Schottland unter Anführung des Achy Riada (von ihm die Dalriads) — Held Finn und sein Sohn Ossian unter König Arthur — Cormac: Seine Sorgfalt für die Gesetze, Religion (sein Codex) und andre Verordnungen — Sein Buch für Regenten und andre Bücher — Nialls Zug nach Schottland — Umänderung des Namens Albanien in klein Schottland.

— Jenner. S. 113. Dritter Zeitraum. Patrick führt im fünften Jahrhundert die Christliche Religion ein (ohne Einfluß auf den Charakter der Nation.) — Gelehrsamkeit blüht unter Unruhen und Blutvergießen im neunten und zehnten Jahrhundert — Briam-Baromy stellt die Ruhe wieder her (die Dänen vermischen sich nicht mit alekte

Vortheile, die die Katholiken in den neuesten Zeiten hätten erhalten können.

London, Februar. S. 409. Je mehr Geistliche und Rechtsgelehrte, desto mehr Litteratur in einem Lande. Anwendung auf Irland — Innere Zustand und Verfassung der Dubliner Universität und Einfluß auf die Litteratur — Die politische Lage ist den Wissenschaften nachtheilig.

— Februar. S. 418. Abriß der Irischen Schriftsteller seit einem Jahrhundert: Philosophen, Geschichtschreiber, Theologen.

— Februar. S. 432. Schriftsteller vermischter Schriften, Gedichte, Romanen, Schauspiele 2c. (Goldsmiths Denkmal von Johnson errichtet) — Schauspieler.

— Februar. S. 441. Ueber Irische Dichtkunst und Irische Barden — Johnsons Urtheil über Ossians Gedichte — Spencers Stelle über die Irische Dichtkunst — Probe eines Irischen Gedichts aus den Zeiten Jakobs I. — Zwey Anekdoten, daß die Barden ihre Lieder auf Geschichte und Thatsachen gründeten.

Verbesserungen.

S. 29. Z. 11. Dungannon ließ Duncannon. (— Und so auch S. 85. Duncannon ist das Fort am Sure, und Dungannon ist eine Stadt in Ulster, in der Grafschaft Tyrone, wo die Volunteers im vorigen Jahre ihre Versammlung hielten.

S. 39. Z. 12. Drogheda — Drogheda.

S. 48. Z. 17. Ranelcigh — Ranelagh.

S. 81. Z. 2. Connought — Connaught. (Und so auch an andern Orten.)

S. 120. Z. 3. v. u. honorable — honourable.

S. 215. Z. 6. v. u. Refrein — Refrain.

S. 267. Z. 6. v. u. jurys — jury.

S. 396. Z. 12. Coleman — Colman. (Und so überall.)

S. 398. Z. 11. v. u. Finan — Finian.

— — Z. 8. v. u. Furseus — Furseus.

r i e f e.

Conway in Nord-Wallis, d. 8. Jun. 1788.

Hier mache ich einen gewaltigen Sprung, mein lieber Freund, denn auf einmal finden Sie mich auf dem Wege nach Irland. Vergangenen Donnerstag, den 5ten dieses kam ich in Manchester an, und fand alles in ungeduldiger Erwartung meiner Ankunft. Der Graf von T** war nie nach Manchester gekommen, wie ich es vermuthet hatte, sondern erwartet mich in Dublin. Ich fand alles schon zur Abreise fertig und eingepackt, man erwartete nur mich, um abzureisen. Ich brachte denn sogleich verschiedenes in Manchester in Ordnung, schrieb einige Briefe, machte einige Bekanntschaften, und den 7ten Nachmittags reißten wir zusammen ab. Morgen gehen wir über die Inseln Anglesey und Holyhead in den Hafen Holyhead, wo wir uns mit dem ersten guten Wind nach Irland einschiffen werden. Ich habe Ihnen allerley von meiner Reise von London nach Manchester, und von Manchester hieher, zu schreiben; das wird nun aber wohl so bald noch nicht geschehen *).

Dublin, den 14. Jun. 1783.

Auch hier, lieber Freund, bin ich endlich glücklich und gesund angekommen. Ich danke Gott mit einem wahrhaft gerührten Herzen, daß auch diese Wanderschaft zu Ende ist, ohne daß mir nur das Allergeringste begegnet wäre. Gewiß war diese Reise wegen der Eile, mit der ich sie machen mußte, wegen des vielen Nachtfahrens, und wegen der doppelten Seefahrt **), die beschwerlichste, die ich je gemacht habe. Gleichwohl ist sie nun vorbey, ich bin nicht ein einziges mal eigentlich krank gewesen, und habe noch

*) Die Beschreibung dieser Reise wird in den Briefen über England vorkommen. A. d. H.

**) Die erstere war von Frankreich aus nach England.

noch oben drein manches angenehme, manches vergnügte und unterhaltende erlebt.

Nun auf meine letzte Ueberfahrt! Sie war gerade so, wie ich sie vermuthete, äußerst langweilig, beschwerlich und leidenvoll; ich bin sieben und dreyßig Stunden auf dem Meere gewesen, und habe da im Kleinen alle die Mühseligkeiten erfahren, deren man auf Seereisen ausgesetzt seyn muß. Ich habe oft und viel in Romanen und Reisebeschreibungen davon gelesen; überall aber mangeln gewisse Details, die freilich zum Theil sehr eckelhaft sind, ohne die man sich aber unmöglich einen rechten Begriff davon machen kann. Sie wissen, lieber Freund, daß wir alle gerne von unsern ausgestandenen Uebeln reden; und da ich meine Fahrt noch in frischem Andenken habe, so will ich es versuchen, Ihnen eine umständliche Beschreibung davon zu machen.

Den 10ten früh um sechs Uhr gingen wir, nebst ohngefähr zwanzig andern Passagiers, mit der Fluth unter Seegel. Unser Packetboot war wohl noch einmal so groß, als das, in dem ich von Calais kam, folglich war das Verdeck überaus geräumig und bequem; allein das Innere war sehr von jenem unterschieden. In dem zu Calais war nur ein einziges, großes und niedliches Zimmer mit sechs Betten, und auch in diese legt sich selten jemand, weil man auf dem Verdecke bleibt, so lange als man nur immer kann. Hier hingegen waren drey Zimmer mit achtzehn Betten, die wegen der Länge der Ueberfahrt alle gebraucht wurden, und das Schiff zu einem wahren Lazarethe machten. Ein Irländischer Lord, der mit seiner Frau, drey Töchtern und einer Kammerjungfer von Bath kam, war uns zuvorgekommen, und hatte das erste und beste Zimmer mit acht Betten gemiethet. Wir mußten mit dem zweyten vorlieb nehmen, dessen Fenster und Thüre nicht ins Freie, sondern in andere Zimmer gingen. Dabey war es so klein, daß unsere vier Betten den ganzen Raum füllten. Das übrige des Schiffs war durch die Bedienten des Lords und einige andere Passagiers so angefüllt, daß nach acht Stunden nicht nur die Betten, sondern der ganze Boden voll war.

Da fast kein Wind war, wurden wir ganz sanft durch die Fluth aus dem Hafen getrieben, und kamen erst nach zwey Stunden aus dem Meerbusen von Holyhead heraus. Trokene, graue Felsen, deren unterer Theil durch das Anspülen des Meeres ganz schwarz ist, einige mäßige Berge, und der Anblick der kleinen Stadt, machen zusammen eine Aussicht, die ohne reich zu seyn, nicht eben unangenehm ist. Nach zwey Stunden bekamen wir Wind, der immer stärker

und

und stärker wurde, ohne jedoch den Namen eines Sturms zu verdienen. Er war mehr wider uns als für uns, und doch kamen wir in drey Stunden sehr weit ins Meer hinein, weil man, wie Sie wissen, mit jedem Winde fahren kann, wenn er nur nicht schnurgerade entgegen ist. Die schwankende Bewegung des Schiffs war äusserst stark, und da wir den Wind von der Seite auffangen mußten, ging es so schief, daß wir uns alle auf dem Verdecke in die Winkel legen mußten.

Jetzt wurde nun unsere Gesellschaft nach und nach kleiner; eins nach dem andern wurde krank und verließ das Verdeck. Der Wind wurde immer stärker; die Wellen flogen häufig auf das vordere Verdeck, wo die Matrosen sind, zerschlugen sich da, und ihre feuchten Theile wurden bis auf das hintere zu uns getrieben. Die Bewegung ist wohl die Hauptursache der Seekrankheit; darzu kommt freilich hernach noch der Gestank von Pech und Theer, das Ausdünsten des Seewassers, das heulende Geschrey der Matrosen, so oft sie ein Thau anziehen, oder ein Seegel wenden, das beständige Knastern des Schiffes, und in der Kajüte der Eckel, den das Erbrechen der andern nebst dem Geruche erregt.

Ich hatte mich bis gegen Mittag auf dem Verdecke erhalten; da es aber endlich anfing zu regnen, und die Wellen immer stärker auf das Verdeck sprangen, ging ich in die Kajüte, wo ich in weniger als einer halben Stunde sehr krank ward. Sie können sich nichts eckelhafteres vorstellen, als den Geruch und das Getöse und Anstrengen von alle dem Erbrechen. Manche werfen sich im Bette herum, manche liegen auf der Erde ausgestreckt und strengen sich an, und wimmern entsetzlich. — Es sind allemal zwey Betten, aus denen manchmal die Obern sich über und auf die Untern herab erbrechen. Doch hat ein jeder sein Gefäße von feiner englischer Erde, und ein Wärter, der ausdrücklich darzu da ist, auch wenn es nöthig ist, mehrere, gehen beständig herum, tragen weg, und bedienen einen auf jeden Ruf mit vieler Sorgfalt.

Und so glaub ich haben Sie genug von der eckelhaften Scene. In der Natur ist sie; dafür bin ich Ihnen gut; in einem freundschaftlichen Briefe kann sie, der Seltenheit wegen, allenfalls auch einen Platz finden, aber weiter nicht; unsere teutschen Schauspieldichter des letzten Decenniums mögen auch sagen, was sie wollen *). —

Ich

*) Ich gehöre in keiner Betrachtung unter die Schauspieldichter des letzten Decenniums, ich lasse aber dennoch dieser Beschreibung von der Seekrank-

Ich legte mich nun auch zu Bette, und blieb drey und zwanzig Stunden in diesem engen Gefängniße liegen.

Gegen die Nacht legte sich der Wind, und mit der sanftern Bewegung des Schiffs nahm auch meine Krankheit ab. Schon dieses ist einem grosse Wohlthat, ob ich schon die ganze Nacht hindurch unausgesetzt leiden mußte. Die Hangmatten sind nicht so eingerichtet, daß man sich auskleiden kann; auch konnte ich mich kaum in einem Tuchkleide und einem Ueberrocke vor der Kälte sichern. Das lange Liegen ist äußerst schmerzlich. Sie fühlen jeden Knopf, jede Falte Ihres Hemdes und Ihres Kleides. Ihre Lage öfters zu ändern, ist unmöglich, weil jede Bewegung neue Uebelkeiten und Erbrechen erregt. Alle Glieder schlafen Ihnen ein, alle Knochen dünken Sie zerschlagen zu seyn. Wenn das Schiff schief geht, und Ihr Kopf auf der hängenden Seite sich befindet, so ist er manchmal um einen Schuh tiefer als Ihre Füße. Das Blut steigt Ihnen in den Kopf und erregt heftige Kopfschmerzen. Vor Ermattung und

Seekrankheit eine Stelle in diesen Briefen, weil vielleicht mancher einen richtigen Begriff davon haben möchte, und weil die Beschreibung selbst gewiß nicht eckelhaft ist. A. d. H.

Schwäche schlafen Sie ein, werden aber alle Augenblicke durch das Aechzen Ihres Nachbars, durch das Schreyen der Matrosen, durch das Krachen des Schiffs und durch die Schmerzen eines eingeschlafenen Gliedes aufgeweckt. Was aber die meisten Schmerzen verursacht, ist die Vertiefung unter der Brust oder sogenannten Brustkehle, welche durch das Erbrechen und die beschwerliche Lage so stark angegriffen wird, daß Ihnen zuletzt der Athem fehlt, und jeder Zug mit einem Stiche begleitet ist. Und doch ist das Bette noch der behaglichste Ort, in dem man seyn kann.

Ich wußte, daß in der Nacht der Himmel heiter war und der Mond schien. Wie anziehend würde zu jeder andern Zeit ein Schauspiel, wie dieses für mich gewesen seyn! Der Schimmer des Mondes auf der offenen, freyen See! Und doch hatte ich nicht das geringste Verlangen, das zu sehen; man hätte einen Blick ins Paradies thun können, ich wär' nicht aufs Verdeck gegangen. Und so ändert sich der Mensch durch die Umstände und wird sich selbst völlig ungleich von einem Augenblick zum andern. Schon heute, ob ich gleich noch alles im frischen Gedächtnisse habe, kann ich nicht mehr recht begreifen, wie ich bey vollen Sinnen so entsetzlich schwach seyn konnte, und vieles ist mir schon wie ein Traum.

Gegen

Gegen Morgen sagte man, daß man die Küste von Irland sähe, daß aber überaus wenig Wind wäre, und daß er fast gegen uns sey. Die Matrosen machten nun Thee und andere Getränke, die Bewegung des Schiffs war sanft, und die Passagiers fingen allmälig an wieder etwas zu sich zu nehmen. Nach drey und zwanzig Stunden verließ ich endlich meine Hangmatte, taumelte auf das Verdeck und sahe mich um eilf Uhr Vormittags so nahe an der Irischen Küste, daß ich in zehn Minuten zu Lande dahin hätte gehen können. Wir befanden uns am Eingange in den Dubliner Meerbusen, an der linken Seite, und wir hätten, vermittelst eines Bootes sehr gut landen können. Ich wunderte mich sehr, daß man da keine Häuser und Posten angelegt, um zu Lande nach Dublin zu kommen. In der That kam ein kleines Fahrzeug an unser Schiff; allein niemand wollte sich auf diese Einöde ans Land setzen lassen, und so mußten wir noch acht Stunden auf dem Meere bleiben.

Der Eingang in den Meerbusen ist sechs Meilen *) breit und sehr schön durch ziemlich hohe Berge, die auf beyden Seiten die Land-

*) Es sind jedesmal Englische Meilen zu verstehen.

spitzen formiren. Wir fuhren an dieser Landspitze, oder Vorgebürge zur linken zwey Stunden lang in einem Zikzak herum, ehe wir in den Busen einliefen. Mit gutem Winde hätten wir das in fünf Minuten gemacht. Die Tiefe des Meerbusens bis Dublin beträgt vom Eingange zehn Meilen. Erst Abends um sechs Uhr kamen wir an den Leuchtthurm, welcher noch drey Meilen weit von der Stadt ist, und von welchem aus man seit einigen Jahren einen Damm anlegt, an dem man gegenwärtig noch arbeitet. Unser Schiff warf hier die Anker aus, wir stiegen in ein Boot, welches leichter seegelte, und nach einer Meile Wegs wurde es von acht Männern längst den eben angeführten Damm bis in die Stadt gezogen, wo wir um sieben Uhr ankamen.

Man sagt, der Dubliner Meerbusen sey einer der schönsten in der Welt. Ich weiß es nicht, denn außer dem von Holyhead hab' ich keinen gesehen, indem Dover und Calais keine eigentliche Bay haben. Allerdings ist es ein reizender Anblick, sich mitten in dieser Bay zu befinden, die an manchen Orten wohl zwölf bis funfzehn Meilen breit seyn mag; das Land rings umher zu sehen, die hohen Berge zur linken in mannigfaltigen Formen mit allen den unzähligen Landhäusern und Flecken und Hütten;

ten; für mich aber ist das Ganze doch etwas zu weit, mein Auge faßt es nicht, und die rechte Seite, wo die Berge nicht sonderlich hoch sind, war für mich fast ganz verloren, weil wir uns sehr links hielten. Wenn ich an gewisse Orte auf dem Genfersee zurück denke, wie ich da mitten auf dem Wasser das herrliche Land umher sahe, wie in einem Meerbusen, die höhern und niedern Berge und alle die Abwechselung, und alles dem Auge größer und näher, so war das, dünkt mich fast noch schöner.

Ueberhaupt hat weder hier noch zwischen Frankreich und England das Meer die große Wirkung auf mich gemacht, von der ich so oft gehört und gelesen. Wenn ich den Genfersee an gewissen Orten betrachtete, und der ferne Horizont in Nebel gehüllt war, so sah ich ein Bild des Meeres. Freilich mag es von einem hohen Berge herab, an einem heitern Abende oder Morgen etwas ganz anders seyn; aber dieses Schauspiel hab ich noch nicht gehabt. In Dungarvan in Nordwallis sah ich ohngefähr so etwas, aber die Aussicht war zu eingeschränkt; ich sah ein Stück vom Meere von einer Anhöhe herab, in dem Augenblicke, in dem die Sonne untergieng, und eine ungeheure Purpurmauer vom Meere weg sich in die

Luft

Luft erhob. Doch davon ein andermal. Wenn ich mehr Ruhe habe, will ich mehr über diese Reise niederschreiben, und es Ihnen gelegentlich schicken.

Als wir vergangene Mittwoche hier ankamen, ließen wir uns vom Zollhause weg auf einem kleinen Fahrzeuge den Fluß herauf führen, stiegen nahe bey T** House aus, und erstaunten nicht wenig, niemanden als den Thorhüter zu finden. Lord P. schickte sogleich zu einigen seiner Verwandten, und da erfuhren wir, daß kein Mensch etwas von unserer Ankunft wußte, daß meine und seine Briefe fehl gegangen, und daß Lord T** auf seinem Landsitze, hundert Meilen von hier, sey. Alles dieß würde mich nicht wenig in Erstaunen gesetzet haben, wenn ich nicht schon gewußt hätte, daß die Briefe auf diesen Eylanden gar nicht mit der Ordnung gehen, wie auf dem festen Lande. Ich hatte z. E. dem Lord P. von Paris aus geschrieben, und diesen Brief empfing er gerade eine Stunde vor meiner Ankunft zu Manchester. Er und ich schrieben sogleich an seinen Vater nach Irland, und diesen Brief empfing der Graf erst Vorgestern; denn heute, den 15ten empfingen wir Briefe von ihm, mit der Nachricht, daß wir ihn nun nicht in Dublin erwarten, sondern gerade nach C*** kommen sollten.

Die-

Dieses ist sein gewöhnlicher Sommersitz im südlichsten Theile von Irland, nahe bey Waterford. Die Gegend soll außerordentlich schön seyn, und der Graf zieht sie dem Nord-Irlande vor, wo er seine mehresten Güter hat. Hier werden wir den größten Theil des Sommers zubringen, ehe wir wieder über das Meer gehen.

*) C***, den 23. Jun.

Eben hatte ich vergangenen Montag aufgehört, Ihnen zu schreiben, um zum Mittagsessen zu fahren, als ich einen Brief vom Lord T** erhielt. Er konnte nicht in die Stadt kommen; wir verreisten den 17ten und kamen den 18ten hier an, wo ich die ersten Tage hingebracht habe, mich mit den Menschen, der Gegend umher, und den Dingen, die mich umgeben, so bekannt als möglich zu machen. Es sind nun fünf Tage, daß ich hier bin, und noch kenne ich nicht ganz das Gut, oder den Park, in dessen Mitte ich wohne, ob ich schon alle Ta-

ge

*) Gewiße Ursachen wollten es, daß ich den Namen dieses Orts nur mit dem Anfangsbuchstaben angegeben habe. Das, hoffe ich, wird in den verschiedenen Nachrichten, keine Dunkelheit verursachen. A. d. H.

ge spatzieren gehe, reite und fahre. Da ich nie in meinem Leben das Innere eines so genannten Parks der grossen Herren in England, Schottland und Irland gesehen habe, so staune ich noch manches in dem an, in welchem ich bin, meines Grundsatzes nil admirari ungeachtet.

Ich möchte Ihnen gerne von so einem Parke einen Begriff geben; (Sie hätten dadurch einen allgemeinen, weil die Hauptsache in allen Englischen Parken auf das nämliche herauskommt) allein da man das auf dem festen Lande nicht kennt, wird es schwer seyn. Zuerst entfernen Sie jeden Begriff von Garten, denn es ist keiner; im Gegentheil entfernt der Engländer den Garten ein gutes Stück von seinem Hause weg, und verweist ihn gewöhnlich in einen Winkel des Parks, wo er nicht in die Augen fällt. — Stellen Sie sich einen Strich Landes vor, der an manchen Orten über drey Meilen im Durchschnitte hat, und der mehr aus Hügeln und Abhängen, als aus Ebenen besteht. Dieser ganze Strich Landes ist mit einer Mauer umgeben, welche man aber, wegen der Grösse der Landschaft selten gewahr wird, und welche noch überdieß durch die so genannte Wilderness versteckt wird. Dieses ist eine Art Waldung, welche innerhalb der Mauer um den ganzen Park herumgeht. Dieser Wald ist gepflanzt, besteht aus einer grossen Menge verschie-

verschiedener Arten von Bäumen, und ist so dichte, daß man von dem Wege aus, der rings herum geht, nichts sehen kann als Bäume und Gestrippe. Dieses schauerliche Dunkel hat für mich unendlich viel Reiz; der Fußboden ist mit dichtem und frischem Grase bewachsen, welches natürlich nicht so sehr betreten wird, daß man einen Weg darauf sehen sollte. Die Pferde bezeigen eine gewisse Lebhaftigkeit und Regheit, so bald sie auf diesen Boden kommen, und gewöhnlich macht man da ein Stück Weges im stärksten Galop. Das Dichte der Bäume zieht unzählige Vögel an sich [illegible]

Mitten im Parke steht das Wohnhaus, welches wie ein großes Gebäude oder Rathhaus auf einem Markte aussieht, denn auf beyden Seiten gehet eine lange Reihe kleinerer Gebäude. Gleich zunächst an den Gebäuden sind Wiesen, welche von einem breiten Wasser durchschnitten werden, das wie ein Fluß aussieht, das aber eigentlich durch Kunst in diesen Canal geleitet worden ist, und nur einen sehr kleinen Ablauf hat. Die ganz grünen Ufer dieses Wassers, ein langer Hügel mit unabsehbaren Wiesen, der sich an einer Seite desselben erhebt; ein Wald auf einer andern Seite, der sich längst einen Berg hinauf zieht; eine kleine Insel, mit einem großen Baume darauf; eine Brücke, ein paar Kähne, und die

Ru-

Ruinen einer alten Mauer — alles das zusammen macht die Gegend zunächst am Hause unendlich reizend. Der Canal ist von etwa zwanzig Schwänen bewohnt, deren angenehmes Weiß immer auf dem Wasser schimmert, oder mit der Farbe des Grases absticht, wenn sie, wie sie häufig thun, aus dem Wasser gehen und bis ans Haus kommen. Die Wiesen reichen bis an die Mauern der Gebäude; aber in der Entfernung von einigen Schritten geht um das ganze Haus herum ein Weg, der sorgfältig unterhalten und beständig mit einem steinernen Cylinder gewalzt wird, gerade so, wie man in Sachsen das Feld walzt.

So wie man sich vom Hause entfernt, kommt man bald in eine Allee, bald in ein Wäldgen von Nußbäumen, bald an eine Grotte im dicken Gebüsche, bald an eine Hütte, welche der Schäfer, oder an eine andere, welche der Kuhhirt bewohnt; oder an den Maierhof, oder auf eine Anhöhe, von der Sie viele Stunden weit auf den Sure sehen können, auf welchem ansehnliche Schiffe mit der Ebbe und Fluth auf und abfahren. Doch hat man die weiten Aussichten sorgfältig vermieden, und ein Theil des Parks wechselt immer so mit dem andern ab, kurz, er ist so angelegt, daß Sie das Ganze nur hin und wieder übersehen können.

Was

Was für mich unendlich angenehm und fremd ist, ist die ungeheure Menge Vieh, womit der Park bevölkert ist, und welches alles beständig frey herum läuft, ja so gar nicht einmal im Winter in Ställe kommt. Es sind hier etliche hundert Kühe; die Pferde läßt man auf die Weide, sobald sie nicht gebraucht werden; über fünf hundert Damhirsche und bey tausend Schafe. Die Hirsche und Kühe weiden öfters mit einander, und lassen einen auf funfzehn bis zwanzig Schritte an sich kommen.

Dies vom Abhange eines Hügels zu sehen, ist unaussprechlich schön. Alles hat ein Ansehen von Freyheit und Wildheit, wenn schon alles eingesperrt ist. Ja selbst im Parke kann das Vieh nicht von einem Orte zum andern, sondern ist durch dichte, grüne Hecken getrennt, welche aber einer schönen Landschaft, und nicht einem Gefängnisse gleich sehen.

Mittwochs, den 25sten Jun. 1783.

Ich habe überlesen, was ich Ihnen auf den vorhergehenden Seiten von der Gegend geschrieben, in der ich jezt wohne; ich dachte, es könnte nicht ganz und gar ohne Interesse seyn, da es in der Natur so schön ist; aber da seh ich nun leider, daß nichts so schwer ist, als Beschreibungen dieser Art, und ich fürchte sehr, daß Sie, anstatt eines Begriff von einem schönen Parke zu bekommen, etwas sehr langweiliges werden gelesen haben. Auch ist mir, wenigstens für diesmal, die Lust vergangen, weiter in meiner Beschreibung fortzufahren; vielleicht finde ich einst eine mehr dichterische Stunde darzu.

Jezt will ich Ihnen nur noch sagen, daß der kleine Fluß Clogher zwey Meilen Wegs durch diesen Park macht, daß seine Ufer überaus romantisch sind, und daß er mehrentheils durch einen dichten Wald geht.

Ich komme nun auf die Lebensart, die man hier führt, und die mehr oder weniger, aber im Grunde doch dieselbige aller vornehmen Engländer und Irländer auf ihren Landsitzen ist. Ich mache sie, so viel als möglich, mit, weil ich fast durchgehends bemerkt habe, daß der sicherste Weg immer der ist, es zu machen wie die andern. Zudem ist es eine Art von Höflichkeit, wenn wir zeigen, daß die Belustigungen, die Einrichtungen, die Tafel, kurz die ganze Lebensart des Landes, in dem wir sind, uns gefällt. Dadurch, daß ich alles mitmache, und von den Uebrigen mich

nicht

nicht absondere, komme ich mit der ganzen Gesellschaft in eine gewisse Gleichheit und Vertraulichkeit; der Gedanke eines Fremden verschwindet nach und nach, und man betrachtet mich als einen der Ihrigen. Wenn ich nicht so fest an diesem Grundsatz hielte, und von der Nützlichkeit seiner Ausübung so innig überzeugt wäre, so würde ich dies und jenes anders machen, und manchmal lieber auf meinem Zimmer arbeiten, als mit der Gesellschaft müßig gehen.

Mit dem Aufstehen hält es jeder wie er will; wer gern etwas thut, steht bey Zeiten auf, weil die Zeit vor dem Frühstücke die einzige ist, von der er recht mit Gewißheit sagen kann, daß sie sein ist. Zwischen zehn und eilf Uhr geht man zum Frühstück, welches hier und in England eine Art Mahlzeit ist, und gemeinschaftlich im Speisezimmer genommen wird. Jedermann erscheint angezogen und frisirt, doch im Neglischee.

Nach einer Stunde ohngefähr sitzen die Mannspersonen zu Pferde, und reiten zwey oder drey Stunden im Parke herum, oder in der benachbarten Gegend. Wir sind manchmal funfzehn Personen und drüber, und dann sind einige Bediente dabey, welche die Thorwege aufmachen, das Verlohrne aufheben und in ledernen Riemen Ueberröcke für die Gesellschaft nachführen. Wenn man wieder nach Hause kommt, geht jedermann auf sein Zimmer, läßt sich frisch frisiren, und zieht sich für das Mittagsessen an, da denn eine förmlichere Toilette gemacht wird, als früh. Sodann bleibt man entweder auf seinem Zimmer und beschäftiget sich, oder man geht in das Gesellschaftszimmer, wo auf einer Tafel alle öffentliche Papiere, Landkarten, etliche Bücher, Almanache, und alles zum Schreiben nöthige, gehalten wird. Hier macht ein jeder was er will, ohne sich um die Frauenzimmer zu bekümmern, die sich etwan im nämlichen Zimmer befinden mögen.

Um fünf Uhr wird zu Mittage gegessen. Gegen sechs Uhr verlassen die Damen den Tisch, die Mannspersonen setzen sich an einen runden, und lassen Wein herumgehen, welches man tost oder toast nennt. Jeder gießt sich ein, so viel er will, oder läßt die Flasche vorüber gehen, so oft er will. Dieses dauert manchmal bis um sieben Uhr, da man wieder zu dem Frauenzimmer geht und Caffee oder Thee trinkt. Gleich darauf fährt man gewöhnlich in Cabriolets, oder einige gehen spatzieren oder spielen Billiard. Wenn man wieder zurück kömmt, sezt man sich zum Kartenspiel. Sieht man, daß man nicht gerade

nöthig

nöthig ist, so kann man auf sein Zimmer gehen, oder thun, was man sonst will.

Gegen eilf Uhr sezt man sich zur Abend- oder Nachtmahlzeit nieder; eine Gewohnheit, die mir freylich sehr lästig ist. Man kann davon wegbleiben, ohne daß nach einem gefragt wird; allein ich mache alles, wie ich schon gesagt habe, so viel als möglich, wie die andern. —

Fremde sind täglich am Tische; einige kommen, andre gehen, so daß die Scene sich ohne Unterlaß ändert, und ich oft viele Mahlzeiten nach einander nie den nämlichen Nachbar habe.

C***, den 20. Jul.

Meine Lebensart und meine ganze Lage ist noch vollkommen die, die ich Ihnen in meinem lezten Briefe ausführlich beschrieben habe, nur mit dem Unterschiede, daß ich jezt weit mehr an den Irischen Accent gewöhnt bin. Mit dem Lande umher bin ich auch bekannter geworden, und den Park finde ich immer schöner, je länger ich hier bin. Ohne Unterlaß entdecke ich etwas Neues und Anziehendes, oder ich komme der Kunst auf ihre Spur, in Partien, wo ich zeither blos Natur ahndete. Wenn die Kunst so fein versteckt ist, so versichere ich Sie, lieber Freund, daß sie sehr liebenswürdig ist, zumal wenn alles so sehr ins Große geht, wie hier. Die Spatziergänge am Clegher oder Clodagh, einem kleinen Fluße, der durch den Park geht, und bald frey und offen fließt, bald von Bäumen umschattet ist, bald sanft in der Ebene schleicht, bald zwischen Berge sich drängt, und über Steine rauscht — sind unbeschreiblich angenehm. Das Ganze ist so romantisch, und so ganz für ein fühlend Herz gemacht, daß ich wenig Orte kenne, die angenehmer in Phantasien wiegen oder die Einbildungskraft mehr zur Schwärmerey reizen könnten. Ich fühle, daß dies alles unendlich schön ist, und daß ich glücklich bin, darinnen wandeln zu können, und daß überhaupt mein gutes Schicksal mich seit so vielen Jahren immer in reizende Gegenden setzte.

Je mehr ich das Land umher kennen lerne, desto mehr Aehnlichkeit finde ich zwischen ihm und gewissen Gegenden in der Schweiz und am Rhein. So gleicht z. B. der Sure von hier an bis ans Meer ganz außerordentlich dem Rheine, und seine Krümmungen sind sogar noch schöner. Eine Stunde von hier hat das Landhaus, wo ich öfters bin, eine schönere Lage an diesem Fluße, als die irgend eines Landhauses, das ich am Rheine kenne. Erst vor einigen Tagen speißte ich da, und

und besahe die ganze Gegend umher in dem Augenblicke, in dem die Fluth am höchsten war. (Und da war der Fluß ziemlich zweymal so breit, als der Rhein bey Basel ist.) Eine völlige Rheingegend! Nur der mildthätige Weingott vernachläßigte dieses Land, sonst alles das nämliche, besonders jenseits, wo ich wegen der Entfernung den Mangel des Details nicht gewahr werden konnte. Das Steigen der Fluth, und hernach die Menge Fahrzeuge, die mit der fallenden Fluth hinab fahren, gab der Aussicht noch etwas vorzüglich Anziehendes. Ich besahe das Ganze mit Freude, Antheil und Rührung.

Montags, den 28. Jul. 178[illegible].

Es sind heute mehr als drey Wochen, daß kein Tag vergangen ist, an dem es nicht geregnet hat. Gewöhnlich regnet es nur wenig, ich bin alle Tage ausgeritten und kein einziges mal recht naß geworden. Ueberhaupt ist hier der Regen nicht das Beschwerlichste, wohl aber der ewige Nebel und Dunst, der beständig in der Luft ist, und dem Himmel eine graue Farbe gibt. Rein, ohne Wolken und ohne Dunst hab ich die Sonne noch keine vier bis fünf mal gesehen, seitdem ich in Irland bin; und wenn sie ja einmal hervorschaut, so ist sie gleich wieder umwölkt. Ein ganz blauer und entwölkter Himmel ist fast nie zu sehen,

sehen; und wenn es ja geschieht, so ist das Blaue nie so rein und glänzend, wie in der Schweiz, und vorzüglich am Genfersee.

Erinnern Sie sich, lieber Freund, wenn ich Ihnen öfters von der ganz außerordentlichen und Seelenerquickenden Klarheit dieses Horizonts, besonders im September, geschrieben habe, und fühlen Sie, wie schwer die dicke Luft und die Feuchtigkeit hier auf mir liegen muß. Da seh ich nicht mehr jenes herzerhebende Azur, welches über die ganze Gegend jene schmelzenden, wollüstigen Tinten verbreitet, über deren pompeuse Beschreibung Sie vielleicht manchmal gelacht haben, weil Beschreibungen von so etwas keinen Begriff geben können. Hier sind die Tinten kalt und etwas grau, obschon das Grün schöner hier ist, als vielleicht irgendwo in der Welt. Alles hat, wenn man es im Detail betrachtet, die Farbe eines jungen Gräsgens, das so eben, nach einem befeuchtenden Gewitterregen aus dem aufgelockerten Boden hervorkeimt. Es ist reizend und erquickend für's Auge, aber kalt, und im Ganzen grau, so wie auch, aus eben der Ursache, die Contours hart und scharf markirt sind. Ich bin aber an sanfte, weiche, und warm in einander geschmolzene Umrisse gewöhnt, deren Anblick uns jene behagliche und liebevolle Empfindungen einflößt, die dem Herzen so wohl

thun

thun und erwärmen, indem er der Einbildungskraft einen hohen Schwung gibt.

Die viele Feuchtigkeit und der immer bedeckte Himmel machen das Clima dieser Insel, ohne Ausnahme zum gemäßigsten von Europa. Der Sommer ist nicht heiß, und der Winter nicht kalt. Unsere Spazierritte fallen alle in die Stunden von eilf bis drey Uhr; Stunden, die man in dieser Jahreszeit auf dem festen Lande in seinem Zimmer, und oft sehr unbehaglich zubringt. Gleichwohl trage ich ein Tuchkleid, und habe, auch beym stärksten Reiten, noch nicht das geringste von der Hitze gelitten. Seidene und andere Sommerkleider kann ich nie einen ganzen Tag tragen, ohne in verschiedenen Stunden darinnen zu frieren, indem Wärme und Kälte in einem und demselben Tage zwey, drey, viermal abwechseln. Jedermann trägt deswegen Tuchkleider mit Revers, die man bald auf der Brust über einander schlägt, bald auf beyden Seiten, wie auf den Uniformen, auf ihre Knöpfe knöpft.

Diese Temperatur macht wenigstens in dem hiesigen Striche, daß keine Frucht unter freyem Himmel zur rechten Reife kommt, daher denn auch auf den Wiesen kein Obstbaum zu sehen ist. Alle Früchte, die wir hier essen, selbst die Kirschen sind an Spalieren, oder ungeheuern Mauern gezogen; die einen Garten einschliessen, der gewiß zweymal so groß als der Leipziger Markt ist. Melonen, Gurken und verschiedene andere Früchte, wachsen unter Treibbeeten; und Feigen, Trauben, Ananas rc. kommen alle aus einem großen Treibhause, wo man außer dem vielen Miste, noch öfters heitzt. Bis zu Ende des Junius brannte man in den Zimmern Caminfeuer, und in manchen Häusern läßt man es das ganze Jahr nicht ausgehen.

Nehmen Sie nun das alles zusammen und vergleichen Sie es gegen das Clima von Leipzig, unter deßen Breite ich jetzt ohngefähr lebe. Das angenehme Gefühl, das uns im Sommer eine gemäßigte Hitze einflößt, und das noch angenehmere, sich in der Kühle und im Schatten von der Hitze zu erholen und zu erquicken, ist mir hier unbekannt. Die Nächte sind ohngefähr wie die Tage, und früh Morgens ist es nicht viel kühler, als zu andern Stunden des Tages. Eben diese Temperatur macht nun auch, daß die ganze Landschaft einem ewigen Frühlinge gleicht; da ist nichts verbranntes, nichts braunes oder gelbes im Grünen, alles ist frisch und erquickend.

Der Winter ist nicht gar viel anders! Man kennt hier keine Kuh- und Schafställe, denn alles bleibt das ganze Jahr unter freyem Himmel. Wenn der Lord von hier weggeht, nimmt er

kaum

kaum dreyßig Pferde mit in die Stadt; alle übrigen werden in einem Theile des Parks gelassen, wo sie wild und unbedeckt bis ins Frühjahr leben, da man sie denn fängt und bald wieder sanft macht. Daher, daß das Vieh immer unter freyem Himmel ist, kommt es, daß das Fleisch besser ist, als selbst in der Schweiz. Auch nährt man sich größtentheils mit Fleisch, welches, nebst dem Wein, dem Körper die nöthige Hitze gibt.

Das hiesige Clima ist, seiner Feuchtigkeit ungeachtet, keineswegs ungesund. Ich sehe besonders unter den Mannspersonen fast lauter starke, kraftvolle Körper, und nirgends hörte ich in meinem Leben weniger von Rhumatismen, schwachen Mägen, Podagra, Fiebern u. s. w.

Den 9. August.

Heute war der Bischoff von Waterford hier, von dem ich Ihnen doch ein paar Worte sagen muß. Er ist einer der würdigsten Prälaten dieser Insel, und auch in der gelehrten Welt bekannt. Herr Newkome ist ein Engländer, war Tutor of College eines vornehmen Englischen Lords, und auch eine Zeit lang des berühmten Fox, hernach College-Fellow zu Oxford. Durch Fox bekam er in Irland ein Bißthum, das er bald mit dem bessern zu Waterford vertauschte, wo er nun seit funfzehn Jahren ist, und wäre vor etlichen Jahren Erzbischoff und Primas geworden, wenn er nicht eine starke Parthey gegen sich gehabt hätte, die alles that, um keinen Engländer zum Primas zu haben.

Er hat über die Lehrjahre Jesu geschrieben, ein Werk, das ihn zu einigen Streitschriften mit dem D. Priestley veranlaßte, die ich wirklich jezt lese. Dann schrieb er über den sittlichen Charakter Jesu, und jezt ist er mit einem Commentar über die Propheten beschäftiget. Er soll einer der besten Orientalisten in den drey Reichen seyn.

Im Umgange ist er sehr ernsthaft, und man sieht es ihm an, daß er eine blos gelehrte Erziehung empfing. Ich bemerkte, daß er nie seinen linken Arm brauchte, sondern ihn beständig in der Weste hatte; und auf Nachfrage hörte ich, daß, als er Follow zu Oxford war, einer seiner Eleven, ich weiß nicht, bey welcher Gelegenheit seine linke Hand zwischen eine Thüre klemmte, und so verwundete, daß sie abgelößt werden mußte.

Sie wollen etwas von den Genfern wissen, denen ich sehr nahe bin. Denn Waterford ist nur zwölf Meilen von hier, und ich fahre sehr gemächlich dahin, halte mich etliche Stunden dort auf, und komme wieder zurück zum Mittagsessen.

Der

Der Herzog von Leinster bot den Genfern zwanzig tausend Acres Landes auf seinen Gütern an. Die Genfer nahmen das Geschenk an, und nun sah der Herzog, daß er eine Uebereilung begangen hatte, und nahm sein Wort unter dem Vorwand zurück, daß er unter seinen Familien-Papieren Verträge gefunden hätte, die ihm dieses Geschenk nicht erlaubten. Dieser Anlaß brachte indeß viele Genfer auf den Gedanken, sich in dieser Insel nieder zu lassen, und Lord Temple, der vorige Vicekönig legte sich ins Mittel. Der König besitzt in der Grafschaft Waterford zwölf hundert Acres Landes, welche den Genfern zu einer ganz neuen Stadt sollten angewiesen werden. Der Fleck ist wirklich abgesteckt, und überaus artig und wohlgelegen. Wenn Sie eine gute Karte von Irland haben, so gehen Sie von Waterford sechs Meilen weiter auf dem Sure hinab, so werden Sie einen Ort, Dungannon, finden, welchem gerade gegen über dieser Fleck liegt. Die Gegend ist schön, und der Fluß ist dort so breit, daß man ihn als eine Bay betrachten kann.

Ein Mely aus Genf kam hieher und besahe das Ganze, um seinen Landsleuten Bericht abzustatten; als er aber wieder nach Genf kam, behandelte ihn der dortige Magistrat als einen Staatsverbrecher, und setzte ihn ins Gefängnis. Sogleich schrieb der Englische Minister nach Genf und reklamirte Mely als einen Irischen Unterthanen. In der Zeit erklärten sich die Irischen Volontairs zu Beschützern der Virtuous Genevese (des tugendhaften Genfs) und boten ihnen in allen öffentlichen Blättern ihren Beystand an. — Von allen diesen Dingen waren alle Zeitungen voll, als ich vor sieben Wochen hierher kam.

Unterdessen waren die Herren de Claviere, du Rovere'e ꝛc. ꝛc. die Sie aus meinen ehemaligen Briefen kennen, hierher gekommen, und sind noch jezt zu Waterford. Diese sezten die Unterhandlungen mit dem Grafen von Temple und dem Parlement von Irland fort, und erhielten das Versprechen einer Summe von funfzig tausend Pfund Sterling, welche angewendet werden sollte, theils eine eigene Stadt für sie zu erbauen, theils die Aermern von Genf hieher zu transportiren. Es wurden fünf und zwanzig Pfund für den Transport einer Familie festgesezt.

Dies und andere Vortheile würden diese Leute erhalten haben, wenn sie sich nicht gleich als Genfer, das heißt, als Leute gezeigt hätten, deren Prätensionen ins Unendliche gehen. Stellen Sie sich vor, daß diese Leute eine Menge lächerlicher Forderungen machten, und, mit einem Worte, ohngefähr einen Statum in statu zu errichten dachten. Das tolleste aber war, daß sie verlangten, daß ihr Magistrat (ihr eigener)

ver-

versteht sich) das Recht haben sollte, alle Einwohner der neuen Stadt zu Freeholders zu machen, das heißt, zu solchen Leuten, die das Recht haben, ihre Stimme zur Wahl eines Parlementglieds zu geben. Nun müssen Sie wissen, lieber Freund, daß die Grafschaft Waterford nicht mehr als fünfhundert Freeholders hat. Fünfhundert Genfer also hätten der Grafschaft das Gleichgewicht gehalten; der Genfersche Magistrat hätte immer mehrere gemacht, und in kurzem hätte er das Uebergewicht erhalten, und die Genfer würden bald für die ganze Grafschaft die beiden Parlementsglieder gemacht haben. Lord ***, ein sehr thätiger Politiker, der zu Dublin so wohl, als zu London vielen Credit, und auf die Grafschaft Waterford sehr vielen Einfluß hat, war einer von denen, die sich widersetzten, und vermuthlich am meisten beytrug, daß das ganze Ding ins Stecken gerieth, und allem Vermuthen nach aus der Sache nichts werden wird. Der Lord handelte aus Ueberzeugung und wahrhaftem Patriotismus; die Genfer aber betrachten ihn als ihren Feind.

Ich habe eine Menge Bemerkungen über Irland gemacht, und so unbedeutend auch viele davon seyn mögen, so möchte ich sie doch gerne einem Freunde mittheilen, wäre es auch nur, um mich mit ihm zu unterhalten. Ueberdies präge ich mir alles selbst besser in den Kopf, und

was

was einmal niedergeschrieben ist, finde ich bey Ihnen einst wieder. Für mich selbst aber vieles nieder zu schreiben, bin ich zu nachlässig, oder traue meinem Gedächtnisse zu viel. Ueberdies ist Irland ein Land, das man auf dem festen Lande noch gar wenig oder höchst falsch kennt, und das selbst von Engländern entsetzlich verkannt wird. Ich bin mit den Irländern, deren ich nun eine große Menge kenne, überaus zufrieden, und ich finde, daß sie im Ganzen eine sehr gute Art von Menschen sind, bey denen ein Fremder sich gewiß besser befinden wird, als bey den Engländern.

Ich denke, ich will ein Projekt ausführen, wenn ich, vielleicht in wenig Tagen, meinen hiesigen Aufenthalt wieder verlaße, und dann werd' ich hoffentlich Zeit genug haben, Ihnen eine Reihe von Briefen zu schreiben, die ich Ihnen als ein Depot für mich selbst schicken will.

Dublin, den 20. Aug. 1783.

Wenn ich Ihnen sage, daß ich vorgestern wieder hier angekommen bin, so sage ich Ihnen nichts, als was Sie, wenn Sie dieses erhalten, schon durch einen andern Brief wissen werden. Ich thue also, als käme ich gerade von Holyhead hieher, und die Beschreibung meiner Reise mit meinen Bemerkungen, die ich Ihnen versprochen habe,

habe, geht ihren natürlichen Gang fort, und ich datire sie von den verschiedenen Orten.

Lessing sagt irgendwo, wenn man ein Buch schreiben wolle, so solle man sich einen Gegner wählen, und dann werde der Stoff schon von selbst kommen. In Nachahmung dessen hätte ich meinen Gegner gar bald in Herrn Twiß gefunden, einem Engländer, der vor einigen Jahren eine Reise durch Irland herausgab. Ich las dieses Buch als eine Vorbereitung zu meiner Reise in dieses Land, und finde nun, daß die Irländer recht haben, wenn sie bitterlich über ihn schreyen, und seine Reisebeschreibung als das hämischste, unverschämteste Ding, das man über ein Land aushecken kann, betrachten. Was den Mann bewogen haben kann, ein ganzes Land und ein ganzes Volk, bey dem er sehr hospital empfangen wurde, so zu verkleinern, weiß ich nicht, das aber weiß ich, daß sein Werk voller Irrthümer, und seine Art, die Sachen anzusehen, sehr von der meinigen unterschieden ist.

Einige Iren haben sich auf eine sonderbare Art an diesem Manne gerochen. Sie ließen in ihre Nachttöpfe, unten auf dem Boden, eine Figur mit weit geöffnetem Munde mahlen, um, so oft sich jemand des Topfes bedient, das starke Getränke zu empfangen. Es stunden zwey Verse dabey, von denen ich mich nur noch so viel erinnere; daß Twiss und piss sich reimten; und einen solchen Nachttopf, deren man besonders in den Wirthshäusern viele fand, nannten sie einen Twiß.

Dublin hat acht Meilen im Umfange, und nimmt, so wie London, immer zu, indem es keine Mauern hat und nichts seine Vergrößerung einschränkt. Die Zahl der Häuser wurde 1780. auf 13,500 gesetzt. Die Zahl der Einwohner läßt sich schwer bestimmen, wie denn überhaupt in den drey Reichen nichts ungewisser ist, als die Volksangaben. Die verschiedenen Berechnungen, die man von London hat, sind um nicht weniger als 200,000 unter einander verschieden, und mit Dublin ists eben so. Nie werden die Einwohner in den Städten dieser Reiche gezählt, und selbst die gewöhnlichen Listen der Gebohrnen und Gestorbenen sind nichts weniger, als genau. — Sehr vernünftige Leute haben mich versichert, daß die Bevölkerung von Dublin über 300,000 sey, andere ließen volle 100,000 nach. In manchen Büchern ist sie auf 140,000, in manchen auf 150, und in noch andern auf 160,000 gesetzt, welche leztere wohl die richtigste seyn mag. — Wenn ich den Umfang eines Ortes weiß und die Gassen und Häuser ein wenig gesehen habe, gebe ich auf die Menge der Menschen Achtung, die ich in verschiedenen Gassen und Plätzen an einem gewöhnlichen Tage sehe, und vergleiche das zusammen mit Städten, deren Umfang und Bevölkerung ich genau kenne. Hierdurch kann ich freilich keinesweges die Bevölkerung eines Ortes genau bestimmen; aber so viel kann ich doch sehen, ob die Zahl, die man mir angibt, lächerlich übertrieben ist, oder nicht. Ich habe hiervon verschiedene Erfahrungen gemacht, um so mehr, da ich immer vorzüglich nach der Bevölkerung der Städte, in denen ich bin, frage. So viel bin ich gewiß, daß in Dublin nicht unter 150,000 Seelen, und nicht über 200,000 sind, der erstern Zahl näher, als der letztern.

Ich kenne keine Stadt, die London so sehr gleicht, wie Dublin, nur daß erstere prächtiger, schöner und reinlicher ist. Die Länge, Breite und Regelmäßigkeit der Gassen, (wenigstens des größern Theils) die Einfalt der Gebäude, die Trottoirs, die Art, wie die Boutiken von außen verziert sind; (nur neuer, glänzender und in grösserer Anzahl zu London) die Ziegelsteine, die unangestrichen sind, und deren Roth durch Zeit und Rauch rostig wird — alles das erinnert mich an London. Sie sehen also, daß ich hiermit Dublin unter die schönern großen Städte rechne. Freilich gibt es weder hier, noch zu London, einen Platz, wie den des Victoires zu Paris und einige andere, auch nicht so viele Palläste; alles ist einfacher, aber dafür ist auch der Contrast der äußern Pracht und des äußersten Elends, wenigstens von außen nicht so auffallend. London hat eine Menge sehr schöner Sqvares, aber sie sehen alle so reinlich, so niedlich und so bürgerlich aus, daß man unter Leuten seines Gleichen zu seyn fühlt. Dublin hat nicht so viele Sqvare, aber einen Platz, der an Grösse schwerlich seines gleichen hat. Stephengreen ist ein Viereck in der Stadt von Grün, dessen jede Seite 1000 Schuhe lang ist. In der Mitte steht eine Ritterstatue Georgs II. Der ganze grüne, einfache Platz ist von den Strassen durch eine Mauer und eine Reihe von Bäumen abgesondert. Innerhalb der Mauer ist ringsherum ein Spaziergang mit Sand belegt, wo man am besten, an gewißen Tagen die schöne und gesittete Welt von Dublin sehen kann. Die Häuser umher entsprechen freilich nicht der Würde dieses Platzes, doch hab ich viele sehr hübsche gesehen, und das, was Twiß behauptet, ist eine Impertinenz.

Die Häuser haben hier noch häufiger als zu London einen Graben, der gegen die Gasse mit einem Geländer umgeben ist. In diesen Graben gehen die Fenster eines halb unterirdischen Stocks, in welchem die Küchen, Speise- und Vorrathskammern nebst den Zimmern der Bedienten sind. Das erste eigentliche Stock der bessern Häuser ist um etliche Stufen ſen höher als die Gaſſe, und gibt dem Eingange ein ſehr artiges Anſehen. Man vermeidet hier eben ſo ſehr als zu London (in den Häuſern der Reichen verſteht ſich) die Küche im Hauſe zu haben; daher iſt ſie entweder in dem unterſten Stock, welcher nur durch eine Seitentreppe mit dem übrigen Hauſe in Verbindung ſteht, oder in einem ganz abgeſonderten Gebäude. Da man den Geruch der Küche ungerne im Hauſe hat, ſo will man natürlich noch weit weniger den des Abtritts; auch iſt weder in England noch in Irland einer in dem Hauſe zu finden, ſelbſt nicht einmal in den Wirthshäuſern. Man entfernt ihn öfters ſehr weit vom Hauſe und deswegen heißt er auch little houſe.

Die Art, die Tafel zu ſerviren iſt hier, bey den Vornehmen und Reichen gerade wie in England. Auf dem Tiſch ſteht weder ein Glas, noch irgend ein Getränke; ſondern auf einem Nebentiſche, an dem der Maitre d'Hotel (butler) ſteht, befinden ſich drey, vier bis fünferley Arten von Weine, zweierley Arten von Bier und Cider. Jeder fordert von einem Bedienten bald dies, bald jenes zu trinken, ſo wie es ihn verlangt. Speiſen werden keine nach der Reihe herumgegeben, ſondern jeder verlangt, was er will, und die Schüſſel, die ein jeder vor ſich hat, die muß er serviren, er mag sonst im Hause bekannt seyn oder nicht. Suppe speißt man gewöhnlich nicht, weder zu Mittage noch Abends. Die Speisen sind weit einfacher, als auf dem festen Lande, aber in ihrer Art vortreflich. Die Gemüse werden gewöhnlich blos in Wasser gekocht, und ein jeder nimmt zerlassene Butter darzu nach Belieben. Wo ich noch gewesen bin, hab' ich eine vortrefliche Tafel gefunden. Man gibt gewöhnlich keine Servieten; die Tischtücher sind so lang, daß man sie auf den Schoß legen und Mund und Hände damit abwischen kann. Für jede Mahlzeit, selbst für das Frühstück, wird ein anderes gegeben.

Wenn die Frauenzimmer eine Weile beym Nachtische gesessen sind, stehen sie auf und gehen in ein anderes Zimmer; die Mannspersonen aber setzen sich an einen andern Tisch und lassen die Flasche (und das ist gewöhnlich Claret) nach der Reihe herum gehen; doch ist man dabey vollkommen frey. Der Hausherr fängt an und trinkt gewöhnlich des Königs toß, oder Gesundheit. Nachher trinkt jeder nach der Reihe die Gesundheit einer Dame, die wenigstens von einem in der Gesellschaft gekannt, und keinem von der Gesellschaft verwandt seyn muß. Sündigt einer im letztern Falle, so kann der, dessen Verwandte sie ist, ihm zur Strafe einen pumper auflegen, d. h. ein ganz

volles

volles Glas, da man gewöhnlich nur ein Viertel füllt. Dies alles geschieht ohne Geräusche und ohne das geringste Zunöthigen.

Bey vielen Protestantischen Iren ist eine gewöhnliche Gesundheit on the glorious memory of the King William, (auf das glorreiche Andenken König Wilhelms). Die Protestanten betrachten ihn als den König, dem sie ihre eigentliche, festgesetzte Constitution zu danken haben. Ueberhaupt steht dieser Wilhelm III. in ganz besonderem Ansehen, und die Nation hat, ihm zu Ehren, nicht weit von Droghedk, wo er über den Boyne ging, und seinen Schwiegervater schlug, eine Pyramide errichtet, die die schönste und größte in der neuern Welt seyn soll. Die Aufschrift findet sich im Twiß. Eben so sehr verabscheuen ihn die Catholicken, und betrachten hingegen Jacob II. wie einen Heiligen. In der That war es unter Wilhelm III. daß die Catholicken hier aller bürgerlichen Freyheiten beraubt und in den unglücklichen Zustand gesetzt wurden, aus dem das Irische Parlement sie erst vor zwey Jahren riß. Doch davon ein andermal.

So lange als die Mannspersonen beym Weine zusammen sitzen, steht durchgehends im nämlichen Zimmer ein Nachttopf, dessen sich ein jeder bedient. — Wenn die Mannspersonen

 aufste-

aufstehen, gehen sie wieder zu den Damen, wo Thee und Caffee servirt wird. — Am Ende der Mahlzeit stochert man sich die Zähne, spült sich den Mund aus, putzt die Zähne mit dem Tischtuche und wäscht sich die Hände, alles am Tische und im Beyseyn der Frauenzimmer. Doch dies ist nicht nur in England und Irland gewöhnlich, sondern ich sah es auch in verschiedenen großen Häusern auf dem festen Lande.

Was mich in Irland wunderte, war, daß man über der Mahlzeit noch Gesundheiten trinkt. In England ist dies unter den Großen ziemlich abgeschaft, wiewohl ich es in den bürgerlichen Häusern fand, in denen ich zu London speißte.

Den 22. August.

Nach einigen Tagen Regen fand ich entsetzlich viel Koth in der Stadt, und machte zugleich die Bemerkung, daß Polizey und Reinlichkeit in diesem Betracht besser seyn könnten. Dieses findet besonders in gewissen alten Gassen statt, die von den übrigen so sehr verschieden sind, daß man in einer andern Stadt zu seyn glaubt, wozu auch die Armuth, die sich in denselben hin und wieder zeigt, nicht wenig beyträgt.

Gegen den Koth findet man in allen Gassen eine Menge öffentliche Kutschen, die von der

Regierung numerirt sind, und deren Preiß festgesetzt ist, so wie zu London und Paris. Kurz, die Hackneycoatches sind gerade das, was die Franzosen Fiakers nennen. Wenn Herr Twiß die Dubliner so abscheulich findet, so muß er die in einigen Orten Deutschlands, hauptsächlich aber die Pariser nicht gesehen haben. Ueber diese leztern geht nichts; Kutsche, Pferde und Fuhrmann sind über alle Beschreibung elend und unreinlich. — Auch Porte-Chaisen gibts zu Dublin in großer Menge.

Twiß hält sich sehr dabey auf, wie man in Irland die Post betrügt. Als ein Engländer sollte er doch wissen, daß in seinem Lande nichts gewöhnlicher ist als das. Die Peers so wohl als die Parlementsglieder vom Unterhause geben ihren Freunden häufig mit ihrem Namen bezeichnete Adressen, und sehr oft macht man auch, ohne weitere Umstände, ihre Namen nach. Und so geht es hier auch.

Dublin hat am Nordwestlichen Ende der Stadt einen Park, der an Größe schwerlich seines gleichen hat; man gibt ihm über sechs Meilen Umfang. Was ließe sich da nicht alles machen! Aber er gehört dem Könige, und dieser bekümmert sich weiter nicht darum, sondern überläßt das Einkommen davon dem Vicekönige, dem Staatssekretaire, den Thorhütern und verschiedenen andern Bedienten. Diese können keinen weitern Vortheil daraus ziehen, als daß sie Vieh darinnen weiden lassen und Damhirsche tödten, deren es eine große Menge darinne gibt. Der schönste Theil des Parks ist das Mittel, wo viel artig angelegte Waldung ist, nebst einem Garten und einer artigen, doch simpeln Sommerresidenz des Viceköniges. Das hiesige Parlement ließ dieses Gebäude bauen, so wie ein anderes nahe dabey für den Sekretair. Nicht weit von diesen Gebäuden ist im Walde ein großer runder Platz, von welchem aus vier Wege nach vier entgegengesetzten Seiten gehauen sind. Mitten auf diesem Platze steht eine schöne kannelirte Säule, auf welcher ein Phönix sich in seinem Neste verbrennt. Auf dem Fußgestelle steht diese Aufschrift: Civium oblectamento campum rudem et incultum ornari iussit Phil. Stanhope Comes de Chesterfield Prorex. Auf der entgegengesetzten Seite: impensis suis posuit Phil. Stanhope Comes de Chesterfield Prorex. Er ließ auch auf beyden Seiten der Hauptstrasse einige tausend Bäume pflanzen, welche eine Menge kleiner Wäldgen formiren, indem ihrer sieben oder neun beysammen stehen, alle dreyßig oder vierzig Schritte. Dieser Mann, von dem, ich weis nicht aus welcher Schwachheit, ich immer sehr gerne spreche, war hier Vice-König

König in einem der kizlichsten Zeitpunkte, als der lezte Prätendent in Schottland landete und auch in Irland alles in Gährung war. Hier übte er die Grundsätze aus, die aus seinen Briefen so bekannt sind, er wußte das Interesse des Hofes und der Nation so wohl zu besorgen, daß er sich den erstern unendlich verpflichtete, und bey der andern zugleich so beliebt machte, daß hier sein Name noch jezt mit Freuden genannt wird. Da der Phönix-Park dem Könige gehört, hatte Carl II. so wenig Achtung für das Publikum, daß er ihn seiner Maitresse der Herzogin von Cleveland schenkte. Allein der Herzog von Ormond, ein Irländer, der damals Vice-König war (und von welchem ich Ihnen verschiedenes schreiben werde) weigerte sich, das Siegel unter die Schenkungsakte zu drücken. Als er wieder nach England kam, überhäufte ihn die Herzogin mit Vorwürfen und Schimpfworten. Der Herzog ließ sie ausreden, und sagte dann ganz gelassen zu ihr: Madam, I hope to see you an old woman *). Sie hatte Verstand genug zu fühlen, was eine Maitresse ist, wenn sie alt wird, und ließ den Herzog in Ruhe. Und die Schenkung unterblieb.

Dublin,

*) Madame, ich hoffe Sie als eine alte Frau zu sehen.

Dublin, den 23. Aug.

Ich habe hier mehr Zeit für mich, als ich dachte, daß ich haben würde. Wir essen so späte zu Mittage, daß niemand an ein Nachtessen denkt, und so komme ich Abends zeitig auf mein Zimmer. Ich bin heute wieder den ganzen Vormittag in der Stadt umher gelaufen, und kenne nun, wie ich glaube, ihre verschiedenen Theile so ziemlich. Je mehr ich mich darinnen umsehe, je mehr erstaune ich über den äusserſten Contrast. Eine Menge langer, breiter mit artigen Häusern besezter Gassen wechseln mit andern ab, wo die Häuser und die Kleidung des Volks die äußerste Armuth und Unreinlichkeit ankündigen. Manche Gassen sind schlecht gepflastert und schwimmen in Koth. Doch sind die schönen Gassen bey weitem die mehrern.

Die öffentlichen Gebäude sind hier so schön, als ich sie irgendwo gesehen habe, und die Regierung so wohl als besondere Gesellschaften lassen es sich, seit einer gewissen Anzahl von Jahren ganz besonders angelegen seyn, der Stadt so viel als möglich Schönheit zu geben. So weiß ich mich z. E. keines edlern und schönern Gebäudes zu erinnern, als die hiesige Börse, welche weit schöner, als die Londner ist. Es ist eine ungeheure Kuppel, deren zwey in die Augen fallende Seiten auf einer Reihe Korinthischer Säulen ruhen.

hen. Wenn man auf der Essex-Brücke ist, zeigt sich dieses majestätische Gebäude am Ende einer schönen Gasse. Die Brücke selbst ist ganz nach der zu Westmünster gebaut (sie ist aber nur 250 Schuh lang) und eine zweite, die Königinbrücke, gibt ihr wenig an Schönheit nach. Drey andere sind zwar steinern, aber schlecht. Der Fluß Liffey ist auf beyden Seiten mit hohen Mauern eingeschlossen. Zwar ist er an sich selbst gar unbeträchtlich; allein die Nähe des Meers schwellt ihn auf, und die Fluth steigt hier (mehr oder weniger) 10 Schuhe. Die Häuser sind nicht bis an die Ufer des Flusses gebaut, sondern die Gasse ist fast überall darzwischen. Man nennt diese Gassen längst dem Fluße hin, quay's und sie sind sehr schön, und erhalten durch die Aussicht auf den Fluß und die Schiffe, ein lebhaftes Ansehen.

Das Parlement bewilligt ohne Unterlaß Summen, mit welchen gewisse geschworene Leute ganze Gassen an sich kaufen, die Häuser niederreissen, die Gasse regelmäßig anlegen, neue Häuser bauen und an die Meistbietenden verkaufen. Mit dem daraus gelößten Gelde werden wieder andere Gassen, oder alte Häuser gekauft, und das immer so fort. Da alle diese Gebäude von Ziegel gebaut werden, so geht das überaus geschwind, und in der Zeit, daß ich zu C**k.

war, fand ich die eine Seite einer ganzen Gasse geändert. Ich wundere mich nicht wenig, daß dieses in einem freien Lande sich so leicht thun läßt, da man in einer Stadt, wie Strasburg, sehr bitterlich über ein fast gleiches Verfahren klagt.

Das Parlementshaus ist nicht nur das schönste Gebäude zu Dublin, sondern es ist unter Kennern als ein Meisterstück vortreflicher Architektur bekannt. Die Vorderseite ist ein Portikus, dessen Dach auf zwanzig Jonischen Säulen ruht. Schade, daß diese Seite nur den geringsten Theil des Gebäudes darstellt. Die Hauptmasse zieht sich sehr tief zwischen andern Gebäuden hinein, und ist von aussen ganz unsichtbar. Man sagt, es habe 40,000 Pf. Sterl. gekostet. Das Haus der Gemeinen versammelt sich unter einer Kuppel, die ringsherum auf Säulen ruht, hinter welchen, oben eine Gallerie ist, welche den Zuhörern, die man einläßt, einen großen Raum gewährt. Kurz, dies ist der schönste und edelste Theil des Gebäudes und dem Hause der Peers weit vorzuziehen. Was diesem leztern ein altväterisches Ansehen gibt, sind zwey ungeheure, gewirkte Tapeten, deren eine die Schlacht am Boyne, die andere, die Belagerung von Derry vorstellt. Wilhelm III. macht auf der erstern eine Hauptfigur, nebst dem Herzoge von Schomberg, wie er vom Pferde stürzt und stirbt. Ich habe

habe Ihnen schon weiter oben geschrieben, in welchem besondern Ansehen das Andenken dieses Wilhelms hier steht, und ich muß bey der Gelegenheit eine Bemerkung wiederholen, die ich schon mehrmals gemacht habe. Es ist sonderbar, daß viele Völker eine gewisse anhängliche Schwachheit für ihre Eroberer haben, für die sie gerade das Gegentheil empfinden sollten. So ist Wilhelm III. geehrt, weil er dieses Reich gegen den rechtmäßigen König Jacob II. eroberte. — So hat man hier, noch in neuern Zeiten, dem Richard Strongbow (Grafen von Pembrocke) Statuen und Denkmäler errichtet, weil er im zwölften Jahrhundert Irland für den Englischen König Heinrich II. eroberte. Und eben so steht Wilhelm der Eroberer noch heut zu Tage in England in grossem Ansehen.

Es ist bekannt, daß keine Nation in der Welt den Geist der öffentlichen Stiftungen, besonders der wohlthätigen, in so hohem Grade hat, wie die Engländer. Hospitäler und andere Stiftungen, die ungeheure Einkünfte besitzen, haben ihre Stiftung entweder ganz oder zum Theil irgend einer Privatperson zu danken. — Die Irländer, ob schon bey weitem nicht so reich, wie jene, haben auch eine Menge solcher Stiftungen aufzuweisen. So gibt es zu Dublin überaus viel Hospitäler für Kranke, für Invaliden, für Narren, für Kindbetterinnen ꝛc. ꝛc.

Das

Das, welches der berühmte Swift für Mondsüchtige stiftete, und worzu er 11,000 Pf. hinterlies, wird Ihnen bekannt seyn. Er selbst hatte das Unglück, darinne als ein solcher zu sterben. Unter Mondsüchtigen versteht man alle Arten von Narren. Swift war ein Irländer und Dechant zu St. Patrik zu Dublin. Auffallend ist es einem Fremden, daß einer der ersten Geistlichen fast nichts als Satyren schrieb. Sein Mährchen von der Tonne, das auf dem festen Lande am meisten bekannt ist, macht nicht den zwölften Theil seiner Werke aus.

Auch das Kindbetterinnen Hospital hat seinen Ursprung einer einzigen Person zu danken. Ein Wundarzt, Mosse, stiftete es. Nachher baute man eine Rotunda, nach dem Model der bekannten Londner, zu Raneleigh, darneben, wo öffentliche Conzerte gegeben werden, von denen der Profit dem Spitale gehört. Es ist eins der schönsten Gebäude zu Dublin, und hat ganz das Ansehen eines Pallastes, mit Säulenordnung, Vorhof rc. rc. Jede verheurathete Frau dieser Stadt hat, gegen gewisse Certifikate ihrer Armuth, das Recht, ihr Wochenbette umsonst darinnen zu halten. An dasselbe stößt ein geräumiger und überaus artiger Garten. Ich glaubte, er sey zum Gebrauche der Wöchnerinnen, erfuhr aber daß er für die Subscribenten des Conzertes sey, die darinnen spazieren zu gehen das Recht haben.

Er

Er wird bisweilen illuminirt und muß dann eine vortrefliche Wirkung machen. Die Schönheit, Pracht und Geschmack, die ich in der Kapelle dieses Hospitals sahe, fiel mir sonderbar auf, weil das Innere der übrigen Kirchen, die nicht zu Hospitälern gehören, gar sehr unansehnlich ist. Es macht der Nation Ehre, daß viele dieser milden Stiftungen den Vice-König, Canzler, den Erzbischoff von Dublin und die vornehmsten Peers des Reichs zu Vorstehern haben.

Ich bin heute so viel umhergelaufen, daß ich ganz müde bin. Um die Stadt recht zu sehen, mußte ich natürlich zu Fuße gehen. Lord T** gab mir deswegen einen Mann zu, der die Stadt vollkommen kennt: und dieser Mann war aus Sanen, in den Alpen des Cantons Bern. Es ist unbeschreiblich wie der Schweizer sich überall in der Welt herum nistet. Blos in der B** Familie hab ich schon eine ganze Menge gesehen. Der vorige Hofmeister war ein Schweizer; die Hofmeisterin der Töchter ist aus Nyon, am Genfersee; der Kellermeister ist aus Murten im Canton Bern, ein anderer Bedienter aus dem Canton Solothurn; Mylords Friseur aus der Gegend bey Basel, und noch ein anderes Frauenzimmer gleichfalls aus Nyon.

Die Gesetze Irlands sind, so wie die Englischen, strenge und blutig. Wie ich gestern in der Stadt umher ging, stieß ich auf einmal an ein ungeheures Gebäude, dessen düstere, schreckenvolle Masse mir Schauder erregte. Ein ungeheures Viereck, ohne Fenster, fast ganz von Quadersteinen erbaut, auf jeder Ecke ein runder Thurm, ganz freistehend, und stark mit Wache besetzt — alles kündigte Newgate oder das Gefängniß an, welches erst neuerlich gebaut worden ist. Ich sahe vor einem großen Fenster desselben eine herabhangende Fallthüre. Diese wird aufgezogen, der Delinquent zum Fensterchen ausgeführt, auf die Fallthüre gestellt, und so bald er den Strick um den Hals hat, fällt sie herab. Und dieses Schauspiel gibt man, mitten in der Stadt, sehr oft. Der Diebstahl wird hier, so wie in England, noch mit dem Strange bestraft. Vergangene Woche wurde ein Knabe von vierzehn Jahren deswegen gehangen.

Die Casernen (baracks) würden, wegen des großen Umfangs der Gebäude und Regelmässigkeit eine schöne Zierde der Stadt ausmachen, wenn sie nicht ganz an einem Ende derselben lägen. Wenn ich Ihnen sage, daß hier für 6000 Mann Platz ist, so können Sie sich einen Begriff vom Umfange dieser Gebäude machen. Sie sind durchgehends von Stein erbaut, ziemlich regelmäßig und einfach, erhalten aber eine große Würde und ein vortreflich Ansehen durch die Größe ihrer Masse. Ein Theil derselben ist ganz

neu,

neu, völlig von Quadersteinen erbaut; die Höfe werden sehr reinlich gehalten. Da diese Gebäude auf einer kleinen, luftigen Anhöhe liegen, haben sie eine schöne Aussicht auf den Meerbusen und die Berge auf dessen beiden Seiten.

England hat zwey Ritterorden; Schottland hat auch seit langer Zeit seinen eigenen; nur Irland hatte keinen. Der König konnte keinen bessern Zeitpunkt wählen, auch für dieses Land einen zu stiften, als den gegenwärtigen. Sie wissen, lieber Freund, daß seit ein Paar Jahren hier alles in Gährung ist, und der Hof suchte vermuthlich viele Familien dieses Landes sich verbindlich zu machen, indem er vergangenes Jahr den Orden des Irischen Heiligen St. Patrik oder Patricius stiftete. Im Winter 1783. wurden die neuen Ritter in der Kirche des heiligen Patricius feyerlich vom Vice-Könige eingeweiht. Man kann nicht weniger als ein Graf (Earl) seyn, um ihn zu erhalten. Die silbernen Strahlen des Sterns fassen einen himmelblauen Zirkel ein, in welchen die Devise mit Gold gestickt ist: Quis Separabit MDCCLXXXIII. Innerhalb dieses Zirkels liegt auf Silber ein rothes Andreas-Kreuz. Die leeren Felder, welche das Kreuz läßt, sind durch ein dreyblätteriches Kraut, welches man hier St. Patrikkraut nennt, ausgefüllt; im vierten Felde ruht der Stiel dieses Blattes. Auf jedem der drey Blätter ist eine goldene Krone gestickt, flickt, wodurch die drey Reiche angezeigt werden, auf die sich das quis separabit beziehet. Das Band ist hellblau und wird von der Rechten zur Linken getragen. Der Orden hat funfzehn Ritter, wovon der König Großmeister ist. Am Ende des Bandes hängt ein Ring von massivem Golde, in der Größe eines Laubthalers, auf welchem abermals die Devise steht. Dieser Orden kann nicht gekauft werden, wie der Englische Bathorden, und ist also auch nicht erblich. Das eben genannte St. Patrikkraut ist nichts anders als ein dreyblätteriches Kleeblatt. Man nennt es hier so, weil dieser Heilige und Apostel von Irland die Dreyeinigkeit durch ein dreyblätteriches Kleeblatt erklärte*).

Die Residenz des Vice-Königes, welche man gemeiniglich nur the Castle nennt, ist ein ziemlich weitläuftiges Gebäude, dessen vier Seiten einen

*) Im Monat Julii 1784. schrieb mir der Verfasser dieser Briefe über diesen Orden noch folgends: „Als dieser Orden gestiftet wurde, mußte man wenigstens ein Earl seyn, um ihn zu bekommen, und die Zahl der Ritter wurde blos auf funfzehn festgesetzt. Seitdem hat der König hierinnen dispensirt und vor kurzem bekam ein Englischer Lord den Orden über die festgesetzte Zahl.“

einen geraumigen Hof einschliessen. Es würde verdienen bemerkt zu werden, wenn man nicht von der Residenz eines Vice-Königes mehr erwartete. Er bekommt jährlich von der Nation 16,000 Pf. Sterlinge Irisch *), welche ihm baar ausgezahlt werden, und welche er bekommt, wenn er auch nur ein Paar Monate bleibt, welches schon öfters geschehen ist. Bleibt er hier, so kommt er mit diesem ansehnlichen Gehalte nicht aus, sondern muß von dem seinigen zusetzen. Er hat eine ansehnliche Wache zu Fuß und zu Pferde, und die Offiziers müssen ihre Reihe halten, wie beym Könige. Er heißt hier und in England nicht Vicekönig, sondern Lord Lieutenant. In der Stadt wird man ihn nicht gewahr, und in Gesellschaften spricht man so wenig von ihm, als wenn er nicht existirte. Im Hause der Peers hat er eben den Sitz, den in England der König einnimmt.

Dublin, Montags den 24 Aug.

Als ich vor neun Wochen das erstemal hier war, und die Pracht und den guten Geschmack

 sahe,

*) Seitdem, schreibt wie der Verfasser in dem angeführten Monate, ist diese Summe durch eine Parlementsacte auf 20,000 Irische Pf. gesetzt worden.

sahe, mit dem einige Häuser, in denen ich war, inwendig meublirt und ausgeziert sind, so glaubte ich, daß solche Häuser hier Ausnahmen machten, weil sie reichen Herren gehören, die viel gereißt sind. Als ich aber nachher in andern Häusern bekannt wurde, und bey meinem jetzigen Hierseyn in noch mehrere kam, so wurde ich gewahr, daß Wohlstand, Bequemlichkeit, überflüss'ger Raum, guter Geschmack fast allgemein in den Häusern herrscht; in sehr vielen ist auch mit diesem allen noch große Pracht verbunden. Ich bin noch an keinem Orte gewesen, wo man so allgemein gut logirt ist, als hier. Es versteht sich, daß ich immer nur von dem reichern und vornehmern Theile der Einwohner rede, denn andere hab' ich nicht zu sehen Gelegenheit gehabt.

Fast durchgehends find ich in den Häusern Stukkaturarbeit; die entweder alt und im Italienischen Geschmacke, oder neu, und im besten antiken Geschmacke ist. Cornischen, Frisen, Plafonds, Verzierungen an den Caminen und Thüren — alles ist Stukkaturarbeit. Die Zimmer sind durchgehends überaus groß und hoch, und so auch die Fenster und Scheiben.

Viele Häuser sind im Geschmacke der sogenannten Loggie di Raphael im Vatikan ausgeziert, eine gewiß höchst angenehme und geschmack-

volle

volle Art, die seit zehn Jahren besonders in den grossen Häusern sehr Mode geworden ist. Sie werden, lieber Freund, diese Raphaelischen Logen vermuthlich aus Kupferstichen kennen, (man hat eine sehr kostbare Sammlung davon) wo das Ganze etwas schwer aussieht. Durch die Ausführung im Grossen aber wird es ganz ausserordentlich leicht und delikat, und die verschiedenen Farben, anstatt eckelhaft zu werden, fliessen sehr sanft in einander. Doch muß ich dabey sagen, daß man weder hier, noch auf dem festen Lande, die Raphaelischen Modelle vollkommen befolgt, sondern sie etwas leichter macht und der wahren Antike näher bringt. Die Gemälde, die dieser Stil schlechterdings erfordert, sind gewöhnlich grau in grau, und mehrentheils Copien nach den besten und bekanntesten Antiken; hin und wieder hab ich auch Copien nach der Angelika Kaufman gesehen.

Auf Marmor hält man hier sehr viel, und man hat ihn aus allen Ländern, besonders aber hab ich eine große Menge Carrarischen gesehen.

Das Holzwerk ist, wie in England, durchgehends von Mahagoni, und wird, wie die Zimmer überhaupt, sehr reinlich gehalten.

Wo ich noch gespeißt habe, hab' ich Mannigfaltigkeit, gute Zubereitung, gute Art zu serviren und Ueberfluß gefunden. Durchgehends servirt man auf Silber. Torten, Eingemachtes, Gallerte und Früchte werden auf Porzellan servirt.

Daß Irland eben so fähig ist, gute Köpfe zu erzeugen, als irgend ein anderes Land in Europa, darf ich Ihnen nicht sagen. Die Namen eines Lorenz Sterne, Goldsmiths, Brooke, Berkley, Rich. Steele, Bickerstaf, Howard, Swifts ꝛc. sind auch denen bekannt, die weniger Kenntniß von auswärtiger Litteratur haben, als Sie, lieber Freund. Ich könnte deren noch eine große Menge nennen; allein sie sind weniger auf dem festen Lande bekannt, als die angeführten, wiewohl sie gar sehr verdienten, gekannt zu seyn, wie z. E. Walter Harris. Ich habe vergessen, Prior oben an zu setzen, denn er ist eben so bekannt, als er es zu seyn verdient. — Demohngeachtet kann ich doch nicht sagen, daß Liebe zu den Wissenschaften in Irland allgemein sey; ich habe eine gewisse Unthätigkeit gefunden, mit der die Leute ihre Zeit lieber mit völligem Nichtsthun verschlendern, als daß sie sich durch Lektur unterhielten. Woher diese Unthätigkeit kommt, weiß ich nicht (der unheitere Himmel müßte denn dazu beytragen) so viel aber weiß ich, daß man sie der ganzen Nation ein wenig zur Last legen

kann.

kann. Dieser Unthätigkeit ist die äusserste Armuth zuzuschreiben, die sich auf dem Lande und zum Theil auch in den Städten zeigt, und die der gemeine Mann lieber erträgt, als daß er arbeitet. Doch von der Armuth der untersten Classe ein andermal.

Swift ist hier noch immer im frischen Andenken. Daß er einer der satyrischten Köpfe war, weiß jedermann; das aber ist weniger allgemein bekannt, daß er seiner satyrischen Laune gegen jedermann freien Lauf ließ, alle Welt auf das heilloseste, und ohne Schonung, anfiel, die Großen verachtete und erniedrigte, wo er sie fand, und das ganze menschliche Geschlecht so ziemlich als Geschöpfe behandelte, die unter seiner Würde waren: freylich lauter Eigenschaften, die für einen Pastor primarius nicht eben sehr anständig waren. Er hatte unter andern das Besondere, daß er ein Vergnügen fand, den Leuten die härtesten Dinge ins Gesicht zu sagen, oder Ihnen seine Verachtung öffentlich zu zeigen. Hier haben Sie ein Paar Anekdoten, die Sie vielleicht belustigen. Ich weiß nicht, welcher Irische Peer (ich glaube der Graf von Shannon) die Devise in seinem Wapen hat: Eques haud male notus. Da der Herr nicht eben als ein guter Zahler bekannt war, so sagte Swift, man müsse seine Devise übersetzen: Better known

 than

than trusted *). Ein gewisser D. Delany hatte zum Motto auf seiner Kutsche:

Nam avos et proavos et quae non fecimus ipsi,
Vix ea nostra voco.

Swift schrieb darunter:

By this grave motto be it known,
Delany's coach is not his own **).

Die Iren, seine eigenen Landsleute suchte er zu beschimpfen und lächerlich zu machen, so viel er konnte. Wenn er in seinem Narrenhause lucida intervalla hatte, führten ihn die Aerzte spazieren, um ihm frische Luft zu geben. Ein neugebautes Zeughaus, das Swift nie gesehen hatte, fiel ihm einmal in die Augen. Er lachte ganz entsetzlich, zog sein Taschenbuch heraus und schrieb:

Behold! a proof of Irish sense!
Here Irish wit is seen;

When

*) Besser, daß man ihn kennt, als traut.

**) Aus diesem ernsthaften Motto sieht man, daß Delany's Kutsche nicht die seinige ist.

When nothing left, that's worth defense,
We build a magazine *).

Er fuhr fort zu lachen und sagte: After the steed is stolen, shut the stable door **): und seitdem soll er nie mehr ein vernünftiges Wort geredet haben. Die einzige Person, für die der Mann vielleicht wahre Hochachtung hatte, war die bekannte Stella.

So viele berühmte Schriftsteller die Iren aufzuweisen haben, so wenig haben sie Künstler. Zwar weiß ich jezt die Namen verschiedener, die Verdienste haben; aber es ist keiner darunter, dessen Namen ich jemals nennen hörte, ehe ich auf die Insel kam. Statüen, Gemälde und andere Kunstwerke, die man in der Stadt Dublin und in den Häusern der Grossen sieht, sind fast durchgehends von Ausländern. Auch hält man hier zu

Lande

*) Seht! Ein Beweiß von Irischem Verstand! Hier seht man Irischen Wiz! Wenn nichts mehr da ist, was einer Vertheidignug werth ist, bauen wir ein Zeughaus.

**) Nachdem das Pferd gestohlen ist, schließt die Stallthüre zu.

Lande noch viel aufs Anstreichen. So besah ich z. E. vor drey Monaten eine grosse steinerne Statue Wilhelms III. zu Pferde, die nicht weit vom Parlementshause steht; und als ich jezt wiederkam, hatte man sie ganz neu mit Strohfarbe beschmiert.

Das zusammen genommen, hab ich mich nicht wenig gewundert, so viele grössere und kleinere Gemäldesammlungen zu finden, und ich bewunderte, auch bey dieser Gelegenheit die Unverschämtheit, mit der Twiß von allem spricht. Nachdem er etliche Gemäldesammlungen genannt hat, sagt er, daß auf der ganzen Insel keine andern wären. Ob ich schon nur einen kleinen Strich von Irland gesehen, so könnte ich doch noch manche nennen, in denen Stücke von Werth sind, deren auch Lord T** zu Dublin so wohl, als zu C*** verschiedene hat. Auf dem Schlosse zu Kilkenny sind einige von ausserordentlicher Schönheit; aber hiervon zu seiner Zeit. Der Stücke Italienischer grosser Meister gibts wenige, das ist wahr; die besten und mehresten, die ich gesehen habe, waren aus der Flämischen Schule, oder besser, Niederländischen. Dies ist nun zwar der Fall fast überall, ausserhalb Italien, aber hier mehr, als irgend sonst wo.

Ich

Ich besuchte zu Dublin einen Architekten, einen gebohrnen Iren, der nie auf dem festen Lande gewesen ist, und der doch sehr gut zeichnet und der einige vortrefliche Gebäude zu Dublin aufgeführt hat. Das schönste aber wird das neue Custom-house (Zollhaus) seyn, das vor zwey Jahren angefangen worden ist, und das eins der schönsten Gebäude werden wird, die irgendwo existiren. Es nimmt, so weit als ich es fertig gesehen, einen ungeheuren Platz ein; ich glaube, seine Länge ist über 300. Fuß. Ich sahe, beym Baumeister, ein Modell vom ganzen Gebäude von Holz; es ist in Jonischer Ordnung, und oben darauf kommt eine majestätische Kuppel, die von Korinthischen Säulen getragen wird. Die Vorderseite wird ganz von Portlandsteinen erbaut.

Ich machte, bey der Gelegenheit, eine Bemerkung, die ich schon in England gemacht habe. Es ist unbegreiflich wie eine so kleine Insel, als Portland *) ist, die ungeheure Steinmasse hat liefern können, die man nur blos in England sieht. Die ganze St. Paulus-Kirche, die Westmünster-Brücke und unzählige andere Gebäude in England, sind, so wie

*) Portland ist eine Halbinsel in Dorset-Shire.

wie die Essex-Brücke zu Dublin, von Portlandstein. Es ist ein Grau, das mehr ins Weisse fällt, als ins Gelbe. Der Stein ist hart und läßt sich doch sehr gut hauen.

Ich habe Ihnen schon mehr von Gebäuden in Dublin erzählt, als Sie vielleicht zu lesen Lust haben; nur von den Kirchen hab ich Ihnen nichts gesagt. Die Ursache ist, daß sie sich sehr wenig auszeichnen, einige wenige ausgenommen. Die beiden Hauptkirchen sind ein Paar alte, düstere, geschmacklose Gebäude, die nichts von den Gothischen Schönheiten haben, die man öfters an solchen Gebäuden findet. Doch sind einige Monumente darinne, als z. E. des Dichters Th. Prior und des Grafen von Pembrocke (besser bekannt unter dem Namen Richard Strongbow, den er bekam, weil er vortreflich mit der Armbrust schoß). Sonderbar ist es, daß ihm dieses Denkmal erst 1570. volle vierhundert Jahre nach seinem Tode errichtet ward. Einige andere werden Sie wenig interessiren, wie denn überhaupt solche Sachen sich besser sehen, als in einer Beschreibung lesen lassen. Auch Swifts Stella hat ein Denkmal. Was den Kirchen zu Dublin fast durchgehends fehlt, sind Thürme; die ganze Stadt hat keinen einzigen hohen oder vorzüglich ansehnlichen aufzuweisen. Das Innere der Kirchen ist mehr als einfach; die allermehresten sind nicht nur ohne

Zier-

Zierrathen, sondern es herrscht auch darinne eine gewisse traurige Leere.

Hier sind vier Prediger für zwey französische Kirchen, die eine ist eine eigentlich reformirte, die andere eine anglikanische. Ich habe zwey dieser Prediger kennen gelernt, wovon der eine ein liebenswürdiger Wadtländer, der andere ein düsterer Holländer ist.

Es ist hier eine Universität, ohngefähr nach Englischem Schnitt, in der diejenigen, die nicht Kosten genug anwenden wollen, oder können, eine Englische Universität zu besuchen, ihre Studien vollkommen enden können. Der Unterricht wird hier nicht, wie auf den deutschen Universitäten, in einer Menge zerstreut liegenden Häusern gegeben, sondern alles ist an einem Orte beysammen. Twiß sagt ganz kurz davon: Die Universität hat ein einziges, der Dreyeinigkeit gewidmetes Collegium. Darinne hat er ganz recht; aber er sagt nicht, daß dieses Collegium aus vier ungeheuren Höfen besteht, die alle zusammen rings herum mit Gebäuden umgeben sind. Er sagt ferner, das Gebäude sey vier Stocke hoch und habe drey und zwanzig Fenster an der Vorderseite. Auch dieses ist wahr: es ist ein schönes Gebäude, in Korinthischer Ordnung, ganz von gehauenen Steinen; aber es ist blos der Eingang ins Collegium, und macht

von

von den übrigen Gebäuden vielleicht kaum den funfzehnten Theil aus. Eine Kirche, öffentliche Bibliothek, Anatomie, die verschiedenen Hörsäle, Buchdruckerey, und die Wohnungen für die Lehrer und eine grosse Menge der Studenten, alles ist hier beysammen.

Der Vorsteher dieses Collegiums heißt Provost (Probst:) und hat einen ansehnlichen Rang. Er hat ein besonderes Haus, neben der Vorderseite des Collegiums, dessen schöne Architektur, Säulen und Pilaster ihm eher das Ansehen eines kleinen Pallastes geben, als des Hauses eines Schul-Monarchen.

Ein Park hinter dem Collegium machte mir vieles Vergnügen, und ich brachte, an einem erträglichen schönen Morgen, eine kleine Stunde sehr angenehm darinnen zu. Zwar ist es nichts anders als ein grüner Platz; allein seine Grösse, das liebliche Grün, die vielen alten und hohen Bäume, mehrentheils majestätische Ulmen, und der Gedanke, das alles in einer Stadt zu sehen, machte mir den Spaziergang überaus lieblich.

Dublin, den 27. Aug.

Wenn ich immer in dieser Stadt leben müßte, so würde eine meiner grössten und angenehmsten Unterhaltungen seyn, des Morgens längst dem

dem Liffey hin und am Hafen spazieren zu gehen, besonders wenn die Fluth hoch ist. Sie können sich nichts Interessanteres denken, lieber Freund, besonders wenn das Wetter heiter genug ist, daß Sie weit in den Meerbusen hinein sehen können. Der Anblick des Meeres, und der Berge, die die Bay auf beiden Seiten einschließsen, hat, nebst etlichen hundert Schiffen, die Sie, näher und ferner, immer da sehen können, etwas, das einem das Herz erweitert und das sich nicht wohl beschreiben läßt. Von der Essex-Brücke an ist der Liffey manchmal so bedeckt, daß man von einem Schiffe auf das andere schreiten und gleichsam wie über eine Brücke gehen könnte. Das Gewühl der Menschen darauf, die theils auf den Schiffen ihr Wesen treiben, theils in unzähligen Booten zwischen den Schiffen, wo oft nicht der geringste Platz zu seyn scheint, sich künstlich durchschlängeln; der Anblick der Masten, die einem Walde gleichen, bald mit gespannten, bald gestrichenen Seegeln; das Wehen der Englischen, Französischen, Spanischen, Holländischen, Nordischen Flaggen; die Mannigfaltigkeit der Schiffe, an Form, Gestalt, Grösse mit zehn, funfzehn, zwanzig und mehrern, oder ohne Kanonen; das Kommen der einen, und Abgehen der andern; die Geschäftigkeit dieser, welche aufladen, und jener, welche abladen; die Mannigfaltigkeit der Figuren, Trachten, Sprachen und hundert andere Dinge, würden mich oft viele Stunden nach einander beschäftigen. Ich gehe langsam den Fluß hinab, der immer breiter und breiter wird, und sich zulezt in den Meerbusen verliert. Hier ist nun der Anblick größer und erhabener, und die Schiffe, die vorher einen langsamen und gezwungenen Gang hatten, erscheinen in ihrer ganzen Majestät, und nehmen, von allem Zwange entledigt, einen freien, schnellen und edeln Lauf.

Lieber Freund! es ist ein imposantes Ding um ein großes Schiff, das mit vollen Seegeln dahin fährt. Gestossen und geschlagen von Wellen, geht es ruhig in majestätischer Größe, ein schwimmender Pallast, seinen Weg, läßt die Häuser zurück, die neben ihm klein scheinen, und spaltet die unwillige, widerstrebende Welle.

Gewisse Ladungen von ganz schlechten und geringen Sachen sind mir besonders aufgefallen, z. E. wenn ich Schiffe sahe, die nichts als Holz aus Norden brachten, oder Kohlen, oder Sand aus England, oder Steine aus Portland und Bath.

Ich muß Ihnen hier ein Paar Worte von einem Werke sagen, das, wie man mich versichert, seines gleichen nicht hat: es ist ein hoher Damm, der vom Ufer weg drey volle Meilen weit in in die Bay hinaus geht, wo er sich mit einem großen, sehr schönen Leuchtthurme, von weissen Steinen endet. Dieser Wall ist so breit, daß, ausser dem Wege für die Fußgänger, zwey Kutschen einander ausweichen können. Durch diesen Wall wird die Einfahrt in den Hafen nicht nur sicherer, sondern er gibt auch die Bequemlichkeit (er ist aber noch nicht vollkommen fertig) daß die Reisenden in der Nähe des Leuchtthurmes sich ans Land setzen, und in einer Kutsche in die Stadt fahren können. Auf dem Vorgebirge Howth steht ein anderer Thurm: beide haben in der Nacht ein starkes Feuer und geben einen schönen Anblick.

C***, den 28. Aug.

Ich kam, wie Sie wissen, am Ende des Juny an diesem Orte an, und will nun von da aus meine weitern Bemerkungen datiren, indem ich mich bisweilen an einige andere Orte, die ich besucht habe, versetzen will. Auf dem ganzen Wege von 110 Englischen Meilen hierher ist, Kilkenny ausgenommen, kein einziger beträchtlicher Ort. (Ich fahre fort, beständig nach Englischen Meilen zu zählen, denn die Irischen sind verschieden. Man sagt, vierzehn Englische machen gerade eilf Irische Meilen.) Wir kamen den ersten Tag über Neat, Timolin, Castletown, lauter Städte, die kaum diesen Namen verdienen, nach Carlow, die Hauptstadt der Grafschaft. Diese Stadt ist besser als die übrigen; doch kann ich ihr keinen höhern Rang anweisen, als unter unsern Sächsischen Städten der dritten Classe. Dann kamen wir über Lochlein-Bridge, einer kleinen Stadt, nach Kilkenny, wo sich die Scene in jeder Betrachtung ändert, denn die Stadt sowohl, als die ganze Gegend umher hat überaus viel Anziehendes. Doch da ich nachher wieder dahin gekommen bin, und mich länger da aufgehalten habe, so soll diese Stadt gelegentlich einen eigenen Artikel haben.

Wir kamen endlich in die Gegend von Carrick, und sahen ein schönes, bergichtes Land, in welchem der Fluß Sure sich hin und wieder silberwallend im Grün zeigte. Man nennt diese Stadt Carrick on Sure, zum Unterschiede einer andern, gleiches Namens, welche an dem Shannon liegt, dem größten Irischen Flusse. Die Stadt ist klein, aber ausserordentlich bevölkert, und merkwürdig durch eine große Menge Ratine, und anderer wollener Stoffe, die da gemacht werden, und wodurch sich die Stadt von dem übrigen, unthätigen Theile dieses Strichs Landes rühmlich auszeichnet. Eine ansehnliche steinerne Brücke leitet über den Fluß auf eine Anhöhe, von welcher herab ich eine reizende Aussicht hatte, die ich oft nachher auf meinen Spaziersterritten wieder genossen habe. Die Stadt, die vom Ufer des Flusses weg sich ein wenig längst den Hügel hinan zieht, scheint grösser als sie ist, und man sieht den artig in die Augen fallenden Gebäuden nicht an, daß sie enge und unreinlich zusammen stehen.

An dem einen Ende der Stadt zeigen sich am Ufer des Flusses, die ehrwürdigen, mit Epheu verwachsenen Trümmer eines großen Schlosses, das Richard Strongbow erbaute, und das, fast sechshundert Jahre nachher, Cromwell zerstörte. Das, was noch ganz davon steht, ist noch immer zur Wohnung einer Familie genug, die es jezt besitzt — Einen andern weit größern Ueberrest einer ehemaligen Abtey sieht man nahe bey der Brücke; ein schöner Gothischer Ueberrest, der auf einem grünen Hügel steht, und der auch Cromwellen, diesem geschwornen Feinde der Katholiken, der Pfaffen und der königlichen Macht, seine Vernichtung schuldig ist. Ich fand diese Trümmer so schön, daß ich nachher verschiedene male ansetzte, sie zu zeichnen; fand aber nie Zeit genug darzu.

Den Fluß sieht man etliche Meilen weit in seinem Laufe nach Waterford; das angenehme Grün, das man in die weite Ferne sieht, erlaubt dem Auge nicht zu bemerken, daß diese schöne und fruchtbare Gegend so wenig angebaut ist.

Auch vergißt man anfangs, daß, einige schöne Landhäuser ausgenommen, welche mit elenden, zerstreuten Hütten contrastiren, in der ganzen weiten Gegend, die man von der Anhöhe überschaut, fast kein Dorf zu sehen ist, und daß die Spitzen der Berge alle ohne Waldung sind.

Ich bin mit Fleiß etwas weitläuftig in dieser Beschreibung gewesen, denn ohngefähr so wie diese Gegend, hab' ich nachher die ganze Grafschaft Waterford und den größten Theil verschiedener andern gefunden. Ueberall ein schönes, fruchtbares, aber schlecht angebautes Land; überall Trümmer von Kirchen, Abteyen und Klöstern; überall kostbare Gebäude und schöne Parke, neben den elendesten Hütten, die ich je gesehen habe, fast nirgends Dörfer, und unter dem Landvolke die schmählichste Armuth.

Nach einer Stunde langte ich zu C*** an. — Von Dublin bis hierher sind ohngefähr 110 Meilen; ich habe also einen ansehnlichen Strich dieses Reichs durchwandert, und will nun etwas vom ganzen Wege sagen.

Dieser ganze Weg geht, einige unbeträchtliche Hügel ausgenommen, durch eine ungeheure Ebene, die aber, in einer ansehnlichen Ferne, rechts und links, oder gegen Morgen und Abend von Bergen begränzt ist. Es zieht sich also eine

lange

lange Bergkette so wohl mitten durch diese Insel, als längst den St. Georgen-Canal hin. In diesen Bergen werden unzählige Schaafe ernährt, deren Wolle, wie die Iren behaupten, besser ist, als die Englische. Bis hierher haben aber die Iren sehr wenig Vortheil aus dieser Wolle gezogen; denn der größte Theil geht roh nach England, wo die berühmten wollenen Zeuge gemacht werden, die man in allen Welttheilen trägt; und der Ueberrest durch Schleichhandel nach Frankreich, theils auch in andere Länder. Die Schaafe sind in Irland, so wie in England, fetter, schmackhafter und gar viel größer, als irgendwo auf dem festen Lande, das ich weiß, selbst die großen Schöpse in den Alpen nicht ausgenommen. Die Rindviehzucht ist auch beträchtlich, und ich kann diese Stunde noch nicht begreifen, warum das Fleisch davon besser ist, als in den Alpen, wo das Vieh bessere Kräuter findet, als sonst wo. Die Englische Zubereitung der sogenannten Rosbeefs mag freilich viel darzu beytragen. Milch, Sahne und Butter sind gleichfalls vortreflich. Doch kommen die Käse den Englischen und Schweizerischen nicht bey, weil sie wenig ausgeführt, und also nicht mit Sorgfalt zubereitet werden. In Häusern, die selbst welche machen, hab' ich vortrefliche gefunden.

Kaum ist man am Ende der Stadt Dublin, so zeigen sich auch schon die elenden Leimhütten, die fast von allen Irischen Städten den äussersten Theil einnehmen. Da ist nichts, das eine große Stadt ankündigt, in der so viele Eleganz und Reichthum ist, nichts von den kleinen Gärten und Landhäusern, die man gewöhnlich in der Nähe beträchtlicher Städte findet. Die Großen entfernen ihre Landsitze von der Stadt, und die niedern Stände sind zu arm, um etwas ausser der Stadt zu ihrem Vergnügen zu haben. — Sie werden erstaunen, wenn ich Ihnen sage, daß ich auf einer Strecke von 110 Meilen kein einziges erträgliches Dorf gesehen habe; und gleichwohl ist es so. Schon in England merkte ich an, daß man fast keine Dörfer sieht, und gab die Ursache an; hier kommt zu dieser nämlichen Ursache noch eine zweite, die große Armuth des gemeinen Volks, welche keine eigene Güter besitzen, sondern von den Großen, oder überhaupt von den Güterbesitzern (Lords of the Manor) ein Stück Landes auf zwanzig, dreyßig bis hundert Jahre pachten, das Land, aus Faulheit, schlecht anbauen und mit der elenden Hütte sich begnügen, die auf diesem Stücke Landes stehet. (Von diesen Hütten, die fast alle sich gleichen, sollen Sie nächstens eine Beschreibung haben, die Sie unglaublich finden wer-

werden.) Die reichen Pachter wohnen ebenfalls gerne auf den Gütern; die Güterbesitzer wohnen mitten in ihrem Parke: und so bleiben natürlich sehr wenig Leute übrig, die in Dörfern zusammen wohnen könnten; und daher kommts denn, daß man nicht nur keine ansehnlichen, sondern fast gar keine sieht. — Daß die Städte, durch die ich reißte, so geringe sind, kommt vom Mangel der Fabriken und Manufakturen. Im nördlichen Irlande, wo die bekannten und wichtigen Linnenmanufakturen sind, ist das anders.

Woher mag es doch kommen, lieber Freund, daß die gesegnetsten Länder die ärmsten und unangebautesten sind? Daß der Mensch sich gern der Faulheit überläßt, wenn der Boden ohne sein Zuthun trägt, ist ausgemacht; aber daß der Mensch lieber in einer eckelhaften Armuth schmachtet, als den guten Boden bearbeitet, ist mir unbegreiflich. Irland gehört gewiß unter die herrlichsten Länder Europens, wenigstens der größte Theil der Insel. Das Land ist überaus fett, und treibt mit einer Ueppigkeit die ich nirgends gesehen habe. Das Clima ist ausserordentlich mild, und fast alle Arten natürlicher Produkte kommen darinnen fort, wenn nur die Leute bauen wollten. Die Sümpfe und Moräste, um derentwillen Irland so verschrien ist, sind weder so gefährlich noch so beschwerlich, als man

man vorgibt. Auch sind sie nicht so gemein, als man sagt, und an manchen Orten gewähren sie eine gute Viehzucht.

Das Land ist von einer Menge Flüsse durchwässert, und wenn der Canal, der den Liffey mit dem Shannon verbinden soll, fertig ist, so ist das Land vielfach mit dem Meere verbunden, und kann durchaus durchschifft werden. Der Barrow trägt Barken bis Carlow, und da er in den Sure (Sewre oder Siure) fällt, ist er mit dem Meere verbunden. Selbst der Newre oder Nure bey Kilkenny ist nicht ganz unschiffbar; er fällt in den Barrow. Diese drey Flüsse zusammen machen bey Waterford die breite Mündung und den guten und tiefen Hafen, der nach Dublin und Cork der ansehnlichste ist.

Ich erstaunte, auf dem ganzen Wege, so viele Trümmer von Kirchen, Klöstern und ungeheuren Abteyen zu finden, die unter der Königin Elisabeth, Cromwell und Wilhelm III. und überhaupt in den Irischen Revolutionen zerstört worden sind. Durch eben diese Revolutionen ist das Land immer entvölkert worden, indem allemal eine Menge Familien auswanderten.

Ich bin auf meiner Reise und Rückreise in sieben Wirthshäusern gewesen, und überall hab ich wohlgekleidete Leute, reinliche Bedienung und

und Zimmer, gute Betten, papierene Tapeten, eine artige, gut bereitete Tafel, öfters marmorne Camine, und silbernes, porcelanenes, oder englischirdenes Tafel- und Theezeug gefunden. — Die Weine sind in den Wirthshäusern eher besser, als die Englischen. — Die Postpferde sind nicht so gut: sie sind auf den nämlichen Fuß, wie in England zu haben: doch findet man sie noch bey weitem nicht im ganzen Reiche.

Die Straßen sind fast durchgehends gut. Bettler finden sich an den Posthäusern Schaarenweiß ein. — Ueberall, so wie auch hier um C*** herum sah ich auf den Straßen Weiber, die Tabak rauchten, und das mehr als Männer. Kurz das Rauchen ist unter dem Pöbel, besonders unter dem weiblichen Theile, so gemein, als es unter den Leuten vom Stande verschrien ist. Unter diesen letztern ist auch das Schnupfen äusserst selten.

C***, den 19. August.

Da ich in meinen Nachrichten über Irland eine gewisse Ordnung weder beobachten kann, noch will, so schreibe ich Ihnen jedesmal wie mir gerade die Gegenstände einfallen. Heute will ich Sie mit der letzten Revolution in Irland unterhalten. Diese Revolution, welche die Protestantische Thronfolge in den drey Reichen sicherte, te, ist Ihnen zwar genugsam aus der Geschichte bekannt; allein ich will Ihnen Folgen davon in Irland zeigen, über die Sie erstaunen werden, und die mich mehr als einmal innigst betrübt haben.

Sie wissen, daß das Kriegstheater, nach der Landung des Prinzen von Oranien, nicht lange mehr in England blieb. Jakob II. der sehr wenig persönlichen Muth hatte, wovon sein Schwiegersohn gar sehr viel besaß, floh bald nach Irland, wo er wußte, daß die Katholiken, die bey weitem den größten Theil der Nation ausmachten, und die sich seit Cromwells Zeiten, ja schon seit der Elisabeth her, nie gar wohl befunden hatten, eifrig seine Parthey unterstützen würden. Wilhelm III. folgte ihm, und schlug ihn in der bekannten Schlacht am Boyne. Jakob verlohr allen Muth, erhielt sich, mit genauer Noth, noch einige Zeit zu Waterford, schiffte sich dann nach Frankreich ein, um nie seine Reiche wieder zu sehen. Man spricht noch heut zu Tage schimpflich von seiner Furchtsamkeit, mit der er eine so starke Parthey, die ihn unterstützte, aufgab. Wilhelm ward nun bald Herr von Irland, und eilte, so viel er konnte, zu einer neuen und festen Gesetzgebung. Das Haus der Lords war sehr zu seinem Dienste; das Haus der Gemeinen folgte, und Wilhelm war nun Herr im Irischen Parlemente. Er zog einen ungeheuren Theil der Gü-

ter

ter ein, die den Katholiken gehört hatten, verschenkte viele davon und machte sich Freunde dadurch: und nun entwarf er, vereint mit dem Parlemente, die Gesetze, die mir zum Theil so barbarisch scheinen, die die härteste Intoleranz athmen, und wodurch die Katholiken auf die elendeste Art unterdrückt wurden. Dies ist die Ursache, warum die Protestantischen Iren diesen König vorzüglich als den Stifter ihrer Constitution betrachten, und warum noch heut zu Tage in manchen Häusern on the glorious memory of the King William and the Queen Mary *) einer der gewöhnlichsten Toste ist.

Die Statute, die damals festgesetzt wurden, werden Ihnen im Ganzen bekannt seyn; aber das wissen Sie vielleicht nicht, daß Gesetze darunter waren, in denen die Papisten auf eine Himmelschreiende Art behandelt wurden. Es wurden ihnen bürgerliche Freiheiten genommen, die man keinem Fremden versagt; sie wurden in unzählichen Fällen eingeschränkt, und wie eine andere Gattung von Menschen behandelt. Kein katholischer Peer darf im Hause der Lords erscheinen; kein Katholik darf für das Unterhaus gewählt werden; keiner kann irgend ein öffentliches

Amt

*) Auf das glorreiche Andenken des Königs Wilhelm und der Königin Maria.

Amt bekommen. Dies ist in England ziemlich auch so: doch ist der Fall nicht der nämliche. Ein Irischer Papist kann gar nichts werden, nicht einmal Fähndrich bey der Armee. Und gleichwohl waren die Katholiken bey weitem der zahlreichste Theil der Nation. Unter andern unedlen, harten Gesetzen war auch dieses: daß kein Papist ein Pferd haben durfte, das mehr als zehn Pfund oder Guineen werth war. (Man wollte sie dadurch verhindern, gute Pferde für den Krieg zu ziehen.) Hielt einer ein Pferd, das mehr werth war, so durfte ein Protestant es nur schätzen lassen: fand sich's, daß es mehr werth war, so gab ihm der Protestant zehn Pfund und nahm ihm das Pferd. Leute von Stande betrachteten zwar eine solche Handlung als infam; allein es fanden sich doch Niederträchtige, die noch spät Gebrauch davon machten.

Ich bin hierinnen etwas weitläuftig gewesen, weil dieses Sie zu einem Aufschluß über die Nation überhaupt, und dann über die letzten Transaktionen vor zwey und drey Jahren, führen wird.

Der Königin Anna war so wenig daran gelegen, als dem Hause Hannover, den katholischen Iren aufzuhelfen, weil man sie natürlich als ewige Feinde der Protestantischen Thronfolge betrach-

betrachtete. Indessen fühlten sich viele durch ihre traurige Lage zu sehr gedrückt, und gingen zur anglikanischen Kirche über. Bald trat ein katholischer Peer über, um im Hause der Lords seinen Platz einzunehmen. Bald ein anderer, weil er Hofnung hatte, einen Theil seiner verlornen Besitzungen wieder zu erhalten. Hier ward ein Katholik Protestant, weil er Hofnung hatte, von einer Grafschaft zum Mitglied ins Unterhaus gewählt zu werden; dort, weil er Freunde hatte, die ihm ein Amt verschaffen konnten. Auch die reichen, geistlichen Pfründen waren eine Lockung. Auf diese Art nahm der reichere, bessere und aufgeklärtere Theil der Katholiken allmählig ab; indessen der andere immer tiefer und tiefer fiel, und an vielen Orten zugleich in Wildheit und Barbarey versank. Der Gottesdienst wurde an den mehresten Orten in elenden Leimhütten, mit Stroh gedeckt, gehalten, und wohlhabende Katholiken liessen ihre Söhne nicht Theologie studieren, weil das Volk zu arm war, um seine Lehrer und Prediger ordentlich zu bezahlen. Im Lande konnten sie nicht studieren, und da die jungen Theologen und Schullehrer oft zu arm waren, um nach Frankreich zu gehen, so kann man leicht begreifen, was das für Aufklärer des Volks waren.

Diesen

Diesen Umständen ist es zuzuschreiben, warum in manchen Büchern den Iren überhaupt Unwissenheit, Wildheit und Mangel an Aufklärung vorgeworfen wird. Dieser Vorwurf trift hauptsächlich die Provinz Connought, wo die Papisten am wenigsten mit den Protestanten gemischt sind, und wo es in der That hin und wieder sehr finster und traurig aussehen soll. Diese Provinz ist am weitesten gegen Abend entlegen, hat, wegen Mangel der Industrie und Handlung mit den übrigen am wenigsten Verbindung, und kann, besonders wenn ich den südlichsten Theil davon wegnehme, kaum eine Stadt aufweisen, die genannt zu werden verdient.

Auf diese Art entstunden in Irland so zu sagen zwey Nationen, deren die eine immer ansehnlicher ward, sich immer mehr und mehr aufklärte, mit dem übrigen Europa und besonders mit England in Verbindung stand, indessen die andere immer abnahm. Und obschon die Katholiken noch jezt den zahlreichern Theil der Nation ausmachen, so sind sie doch bey weitem der schwächere. Hier haben Sie eine Berechnung, die im Jahr 1776. gemacht wurde, und die neuer ist, als die, die sich im Guthrie und andern Büchern findet.

Pro-

	Protestanten.		Katholiken.
Connought —	28,522.	—	344,294.
Leinster —	197,670.	—	553,413.
Munster —	77,915.	—	495,164.
Ulster —	377,978.	—	278,607.
	682,085.		1,671,478.

Noch immer gibt es, ungeachtet alles dessen, was ich gesagt habe, große, sehr ansehnliche und wackere Familien unter den Katholiken; allein sie stehen in keinem Verhältnisse gegen die Menge. Wenn ich nicht gewußt hätte, daß Katholiken in Irland sind, so würde ich zuverlässig die ganze Insel für Protestantisch gehalten haben. Glauben Sie wohl, daß unter der grossen Menge Menschen, die ich in Irland kennen gelernt habe, ich mich nur zweer Familien erinnere, die katholisch sind. Mönche gibts keine hier, denn wer sollte sie ernähren? Alles, was sie ehmals hatten, und sie hatten sehr viel, ist genommen worden.

Der Hof zu St. James muß natürlich diese Veränderung in der Lage Irlands schon längst bemerkt haben, und so sehr ihm ehmals daran lag, die katholische Parthey zu schwächen, so wenig kann es vortheilhaft für ihn seyn, wenn die Protestantische zu stark wird. So lange beide

Partheyen ohngefähr gleich stark und gegen einander gespannt waren, so konnte der Hof, wenn ein Aufstand hätte vorfallen sollen, eine von beiden immer gewinnen. Ich fürchte nur, das Gleichgewicht ist schon zu sehr aufgehoben, und die Protestanten sind bey weitem die mächtigsten. Dem sey nun wie ihm will, so viel ist gewiß, daß der Hof sich sehr leicht die Abänderungen gefallen ließ, die das Parlement vor zwey und drey Jahren zum Besten der Katholiken vornahm. Sie werden davon in den Zeitungen gelesen haben; und also habe ich weiter nichts davon zu sagen, als daß das Parlement die Papisten in einen großen Theil der bürgerlichen Freiheiten und Rechte eingesetzt hat, die sie vor Wilhelm III. hatten. Verschiedene Männer hatten schon lange vorher öfters, im Parlemente, über die Schändlichkeit der Unterdrückung gesprochen, unter welcher die Katholiken seufzten; verschiedene der Großen arbeiteten oft daran: allein sie konnten nie durchdringen bis vor drey Jahren, da jedermann auf einmal von einem Geiste der Großmuth belebt zu seyn schien. Im Grunde glaube ich, trug noch ein anderer Umstand sehr viel darzu bey, über den sie nächstens ein langes Kapitel haben sollen: es ist die Errichtung der sogenannten Volunteers in Irland.

Waterford, den 31. Aug.

Ich glaube, lieber Freund, wir haben so viel Politik mit einander verhandelt, daß Sie froh sind, die Scene zu ändern. Der Weg von C*** hierher ist sehr bergicht, und durch Mannichfaltigkeit, weite Aussicht und den Fluß Sure, den man die mehreste Zeit zur Seite hat, überaus angenehm. Wir waren eben in eine Art Gasse gefahren, deren beide Seiten mit Leim- und Strohhütten besetzt waren, als mir Lord T** sagte, wir wären in Waterford. Ich hatte schon einen Ausruf von Verwunderung auf der Zunge, als mir einfiel, daß ich mehrere Irische Städte gesehen, deren äusserster Umfang aus solchen Hütten besteht, welche von Gerbern, Fleischern und andern unreinen Handwerkern, und dann auch von armen Taglöhnern bewohnt werden. Wir kamen bald in bessere Gassen, und ich sahe Häuser, die Reinlichkeit, Wohlstand und zum Theil auch Reichthum verriethen. Die Stadt hat an einigen Orten Festungswerke und ist von großem Umfange; allein die mehresten Gassen sind enge, unregelmäßig und ein wenig bergicht. Man sieht es ihr an, daß sie eine alte Stadt ist, die nicht, wie Dublin, nach und nach verschönert und nach einem gewissen Plan verändert worden ist. Sie existirte schon im neunten Jahrhunderte, und war, als Rich.

Strongbow hier landete 1171, ein ansehnlicher Ort. In der Folge war sie lange die zwiete Stadt Irlands, bis Cork sie um diesen Rang brachte. Jakob II. schiffte sich hier nach Frankreich ein. Wilhelm III. residirte nachher zweymal daselbst, und bestätigte und vermehrte ihre Freiheiten.

Der schönste und interessanteste Theil der Stadt ist ohnstreitig der Quay, d. h. die Reihe Häuser, welche gegen den Hafen zu stehen, und zwischen welchen, und dem Hafen; eine Breite gelassen ist, auf der verschiedene Wagen neben einander fahren können. Dieser Quay ist fast eine Meile lang, hat viele artige Häuser, Kaufmannsläden und Buden. Da die Schiffe hier befrachtet sowohl als abgeladen werden, so hat man hier das Vergnügen, das beständige Gewühl beschäftigter Menschen zu sehen, unter allerhand Formen und mit mancherley Sprachen: besonders sind viele Portugiesen darunter. — Der Fluß ist hier so breit, daß man ihn wie das Meer betrachten kann, ob er schon noch acht Meilen davon entfernt ist. Gegen über erheben sich einige Hügel, die eine angenehme Aussicht über die Mastbäume und zwischen durch geben. Daß der Hafen sehr tief ist, können Sie daraus abnehmen, daß ich den D. Franklin hier sehe, ein Kriegsschiff von 60 Kanonen, das einige hiesige Kaufleute nach dem Frieden gekauft haben

ben, und das nun, in seinem Alter, als ein friedliches Kauffahrtey-Schiff segelt. Demohngeachtet hat die hiesige Schiffahrt eine große Beschwerde durch die Seichten und Sandbänke bey Dungannon, sechs Meilen näher dem Meere, wo große Schiffe manchmal liegen bleiben, und die Springtide, d. h. die größere Fluth, die sich nur alle Monate ereignet, erwarten müssen.

Man hat hier verschiedene Fabriken angelegt, allein es will noch nicht recht damit fort. So besah ich z. E. eine große Glasfabrike, zu der man aber den Sand aus England holen muß.

Das hiesige Bißthum ist eine reiche Pfründe, und hat einen schönen Pallast, nebst einer neuen bischöflichen Kirche, die recht artig ist, und die auf freiwillige Subscription erbaut ward. Vom gegenwärtigen Bischoffe, dem D. Newcome, hab ich Ihnen ein andermal geschrieben. Ausser verschiedenen andern Kirchen der hohen oder anglikanischen Kirche, sind hier noch vier Katholische, eine Presbyterianische, eine Quakerische, eine Anabaptistische und eine französisch-reformirte.

Von den Einwohnern dieser Stadt hab ich wenigere hier, als zu C*** gesehen. Einige darunter hab ich so gesittet und bekannt mit

Welt, Eleganz und Litteratur gefunden, als immer jemanden vom festen Lande. Unter andern hat mich das Unglück des Lords P. in die Bekanntschaft eines Waterfordter Arztes gebracht, dem ich in den acht Tagen, die er zu C*** zubrachte, meine ganze Hochachtung geschenkt habe. Man sieht die Aerzte hier ohngefähr mit dem nämlichen Auge an, wie in England, wo sie, wie bekannt, sehr in Ehren gehalten werden. Da ihr Studium theuer ist, so sind es mehrentheils Leute von Vermögen und Erziehung, und ihr Stand als Arzt verschaft ihnen in den besten Häusern nicht nur den gelegentlichen Eintritt, sondern sie werden als ein Theil der Gesellschaft betrachtet, in welcher sie mit feinen Sitten und dem Tone der Welt, Aufklärung und Kenntnisse vereinigen.

Eben so gleichen auch die Irischen Geistlichen, in manchen Betrachtungen, den Englischen. Der Mann vom Stande empfängt sie an seiner Tafel und in seinen Gesellschaften, und lebt im Ganzen auf einen ganz andern Fuß mit ihnen, als man an vielen Orten des festen Landes thut, wo ich diesen Stand oft auf eine sehr harte Art heruntergesetzt gesehen habe. Ich muß aber auch sagen, daß der Englische und Irische Geistliche, in Ton und Art sich weniger von den übrigen Menschen unter-

unterscheidet, als es z. E. oft in Sachsen geschieht.

Die Bevölkerung von Waterford wird hier auf 30,000 Seelen gesetzt, ich bin aber gewiß, daß, wenn ich ein ganzes Drittheil davon nehme, ich der Wahrheit näher komme. — Sie haben hier ein stehendes Schauspiel, da ich aber niemals da übernachtet, so hab ich nichts davon gesehen.

C***, den 1. Sept.

Die Welt gehört hier zu Lande den Reichen und Großen! — So hab ich schon unzähligemal bey mir selbst ausgerufen: Und ob schon dieser Satz so ziemlich in den mehresten Ländern wahr ist, so hab ich ihn doch nirgends so auffallend gesehen, als hier. Die Großen und Reichen haben hier ungeheure Striche Landes, und diejenigen, die es bauen, leben in der äussersten Armut. Wer einen Estate, d. h. ein Gut, oder einen Strich Landes hat, verpachtet einen Theil davon an einen Landwirth oder Pachter, der gewöhnlich schon ein gewisses Vermögen hat. Dieser wird öfters sehr reich, kauft sich eigene Güter, und lebt auf den Fuß eines Gentleman, erzieht seine Kinder dem zu Folge, und wird manchmal mit der Zeit ein Parlements-Glied. Die größern Pach-

Pachter theilen das Land in kleine Stücke und verpachten diese wieder an Arme, welche denn auf diesem Stückgen Lande in einer elenden Hütte leben. Wer einen großen Estate hat, hat oft mehrere Pachter, denen er den größten Theil seiner Länder überläßt, und das, was ihm noch übrig bleibt, verpachtet er selbst, in kleinen Stücken, an jene armen Landleute, von denen ich geredet. Dieses ist, mehr oder weniger der allgemeine Gang, und das in England so wohl als in Irland, nur mit dem Unterschiede, daß in jenem der gemeine Landmann sich viel besser befindet, als in diesem.

Hier läßt Lord L** fast alles, was im Parke liegt, durch eigene Leute besorgen, an deren Spitze ein Pachter steht, der sein Haus mit vielen Nebengebäuden im Parke hat. Das Uebrige ist theils in größern, theils in kleinern Stücken verpachtet, zum Theil an Arme, die der Lord nie zu sehen bekommt, und die er nicht kennt, weil alles durch einen Intendanten besorgt wird.

Ich bin mit Fleiß in verschiedene dieser Hütten gegangen, die auf diesen weitläuftigen Gütern zerstreut liegen. Denken Sie sich eine niedrige Mauer von Leim ins Gevierte, oben mit dünnen Balken belegt, welche mit Stroh behan-

behangen sind: so haben Sie die ganze Wohnung des größten Theils der niedern Landleute. Der Boden ist in diesen Hütten manchmal mit Steinen belegt, gewöhnlicher aber ists die bloße Erde. Aeusserst selten ist in diesen kleinen, engen Hütten eine Abtheilung; die ganze Hütte macht gewöhnlich nur ein Zimmer aus, in welchem die ganze Familie wohnt, schläft, kocht, sich wärmet, und alles ihr Hausgeräthe hat. Ein kleines Fenster, theils mit Glas, theils mit Papier versehen, gibt weniger Licht, als die Oefnung der Thüre, welche man gewöhnlich offen läßt. Ueber der Stelle, wo das Feuer gehalten wird, ist in manchen dieser Hütten ein gemauerter Schornstein; in vielen aber gar nichts, und da mag der Rauch selbst sehen, was er für einen Weg findet, den er denn gewöhnlich zur Thüre hinaus nimmt, wenn er die Oefnungen im Dache, die nicht selten sind, nicht groß genug findet. Dieses ganze Gemälde ist nach der Natur, und keineswegs übertrieben.

Nebengebäude gibts keine; denn da das Klima äusserst mild ist, so lebt alles Vieh, Sommer und Winter, unter freiem Himmel. Wird irgend eins krank, nun so nimmt man es ins Haus. Das Heu wird in großen Schobern aufgehäuft und bleibt unter freiem Him-

Himmel. Der Getraidebau scheint blos von den reichern Pachtern getrieben zu werden.

Auf diese Art lebt hier der niedere Landmann, geht barfuß, wenig und schlecht bekleidet, und nährt sich mit Erdäpfeln, Käse und Milch. Mit dem, was er von seiner Viehzucht gewinnt, bezahlt er den Pacht, und das Uebrige vertrinkt er in Wisky, einer Art Kornbrandtewein. Bey dem allen ist er nichts weniger als unglücklich. Im Gegentheil, seine Lage scheint ihm zu behagen; er ist unthätig und gibt sich nicht die geringste Mühe, durch bessere Anbauung des Landes seinen Zustand zu verbessern. Den Neid kennt er nicht; denn seine Nachbarn leben wie er, und die Reichen liegen zu sehr ausser seinem Kreise, als daß er an sie hinauf denken sollte. Er schlendert ganz gelassen durch den schönen Park des reichen Güterbesitzers und denkt an keine Vergleichung.

Ueberhaupt ist es eine allgemeine Bemerkung, daß der eingeschränkte Mensch, (und vielleicht die mehresten Menschen überhaupt) selten weit über seinen Stand hinausschaut. Unser Nachbar, unser Bekannter erregt unsern Neid, nicht der Fürst und die Großen der Erde, die der gewöhnliche Mensch mehrentheils als ganz ausser seinem Kreise betrachtet. Ein guter, wohlhabender Bürger wird sich nicht leicht einen Pallast, Kutschen und viele Pferde, und ein Heer von Bedienten wünschen; wohl aber die bessere Tafel und das bequemere Haus seines Nachbars, und vielleicht den Bedienten und das Reitpferd oder Cabriol eines andern.

Der Anblick und der ganze Zustand dieser armseligen Menschen, von einer andern Seite betrachtet, gibt mir oft Veranlassung, eine Vergleichung zwischen ihnen und den Reichen und Grossen des Landes, unter denen sie leben, anzustellen, und ich finde aufs neue die Bemerkung bestätigt, die ich seit der Zeit in mir herumtrage, seitdem ich viele der glänzenden Classen des Lebens gesehen habe.

Ich weiß nicht, warum ein grosser Theil unserer Gottesgelehrten in allem, was ihnen vorkommt, ohne Unterlaß auf eine andre Welt verweisen! Reichthum und Armuth, anscheinendes Glück und anscheinendes Unglück, Ungerechtigkeit auf der einen, und Duldung auf der andern Seite, Beraubung und Genuß — alles, alles soll in jener Welt gleichgemacht, compensirt werden. Das ist alles wahr, und ist auch ein ganz kurzer Weg den Knoten aufzulösen. Allein ich glaube, daß wenn wir die Dinge dieser Welt genau betrachten, wenn wir Gelegenheit haben, uns in allen den verschiedenen Ständen des mensch-

menschlichen Lebens umzusehen, so werden wir finden, daß schon hier in dieser Welt unendlich mehr Compensation ist, als man insgemein glaubt, d. h. daß der Antheil von Glück und Unglück, von Lust und Unlust, der einem jeden hienieden zugemessen ist, freilich nicht ganz gleich ist — wohl aber einander so ziemlich nahe kommt.

Ich habe mancherley Betrachtungen darüber angestellt, wenn ich auf den weitläuftigen Gütern des Grafen spatzieren reite, oder fahre, und die Menge von elenden, oft nur halb gekleideten Menschen sehe, die mit entblößtem Haupte da stehen, wenn der glänzende Wagen, oder das stolze Pferd, vor ihnen dahin fliegt. Welch ein Unterschied! Die einen leben im äussersten Ueberflusse, wohnen in prächtigen Sälen, kleiden sich in die besten Stoffe, raffiniren über ihre Tafel, und setzen die vier Welttheile in Contribution, um ihren Sinnen zu schmeicheln. Den andern fehlt es an allem; sie nähren sich mit Erdäpfeln und Buttermilch, oder mit bloßem Wasser; denn oft können sie die letzte nicht erschwingen. Und doch bin ich fest überzeugt, daß unter diesen Elenden mancher ist, der wahrhaft glücklicher ist, als irgend jemand von uns.

Mangel und Bedürfniß sind ein Wort, die Sache selbst existirt blos durch Vergleichung, und wir

wir kennen weder die eine, noch den andern, so lange wir sie nicht wirklich fühlen. Derjenige aber fühlt sie nicht, der sich mit dem begnügt, was er hat, nie aus seiner Sphäre tritt, sein Schlendrian-Leben einen Tag wie den andern fortführt, oder das, was er hat wahrhaft genießt. Diese Disposition aber findet man in den niedrigsten Ständen eher, als in irgend einem andern. Die eingeschränkte Seele ist der feinern Eindrücke unfähig, jedes Raffinement ist ihr fremd, und von tausend Dingen, die uns unglücklich machen, hat sie nicht einmal einen Begriff. So ein Mensch arbeitet seinen Tag weg, und denkt an wenig anders, als an das, was er gerade macht. Seine Einbildungskraft ruht unthätig, und wenn er des Abends nach Hause kömmt, schmecken ihm seine Erdäpfel weit besser, als mir das auf Silber getischte Nachtessen, zu dem ich keinen Appetit habe. Sein Schlaf ist ruhig, heiter und erquickend, denn er hat sich nicht übereessen, und seine Seele, die nicht wie die meinige, rege ist, erhitzt seinen Körper nicht. Sein Leben ist gewissermassen thierisch; aber er ist nicht unglücklich. Er hat wenig Genuß von Seiten seiner Seelen-Kräfte; aber tausend Dinge, durch die unser feineres Gewebe durchbohrt und abgenagt wird, machen auf ihn nicht den geringsten Eindruck. Ist er so glücklich, seine Erdäpfel noch mit einer andern Schüssel zu

vermeh-

vermehren, so hat er etwas, das der Reiche und der Grosse sich nie verschaffen kann: letzterer hat in seinen Vorraths-Kammern alles, was er wünscht, folglich hat er kein Verlangen zu befriedigen.

Daß dieser Elende nicht auch manche wahre Leiden haben sollte, ist freilich nicht zu vermuthen; auch sey der Gedanke ferne von mir, daß irgend jemand mit ihnen würde tauschen wollen. Ich wollte blos sagen, daß zwischen diesem Elenden und dem, den ein anderer beneidet, kein so ungeheurer Unterschied sey, so bald man wahre Glückseligkeit und Leiden gegen einander abwiegt.

Der Irische Landmann darf keinesweges, zur Entschuldigung seiner Trägheit vorschützen, daß das Land, das er baut, nicht sein eigen ist. Diese Entschuldigung fällt weg, so bald man weiß, daß die Pachte auf dreyßig, vierzig, funfzig, ja auf hundert Jahre geschlossen werden. Man hat mich versichert, daß der Englische Herzog von Devonshire Pachter hat, die seit mehr als zweyhundert Jahren auf seinen Gütern leben; und, was noch mehr erstaunenswürdig ist, er hat den Pacht-Contrakt nicht geändert; wenigstens war es so vor einer gewissen Anzahl von Jahren. Man gab ihm da 50,00 Pf. aus Gütern, aus denen er 80,000. hätte ziehen können. Manche Englische Familien zeigen hierinnen einen beson-

besondern Stolz und Größe. — In Irland findet dieses, wegen der heftigen Revolutionen, die das Land erlitten, nicht statt. So galten z. E. die Güter in dem Kriege zwischen Jakob II. und Wilhelm III. gar nichts, und die Güterbesitzer verpachteten sie auf viele, viele Jahre, bloß um gegenwärtig etwas Sicheres dafür zu bekommen. Auf einem Spazierritte zeigte mir ein Gutsbesitzer ein großes Stück Land, und sagte: „In zwey Jahren denk' ich dieses für 400 Pf. zu verpachten, gegenwärtig bekomme ich jährlich nicht mehr als zehn dafür, weil mein Großvater es auf neunzig Jahre verpachtet hat. Die Familie, die es gepachtet hat, ist seitdem reich dadurch geworden, lebt nun auf eigenen Gütern in einem großen, schönen Hause, und hat diesen Strich Landes an eine Menge armer Leute verpachtet.“

Ich erinnere mich nur kürzlich gelesen zu haben: The distribution of property in Ireland is more unequal than in England or America *). Schon in England haben die Reichen zu viel liegende Gründe, und die Armen zu wenig, und in Irland ist der Unterschied noch viel auffallender. Ich glaube nicht, daß es in Sachsen eine Familie gibt, die jährlich 4000 Pf. (24,000.

*) Das Eigenthum ist in Irland mehr ungleich vertheilt als in England und Amerika.

(24,000 Rthl.) hat: in Irland ist das eine Kleinigkeit, die mancher besitzt, der nicht einmal einen Titel hat, und der, nach unsrer Art zu reden, nicht einmal zum kleinen Adel gehört. Und doch ist auch das noch nichts, wenn ich es gegen England halte, wo es unzählige Familien gibt, die jährlich von 4 bis 10,000 Pf. Einkünfte haben. Aber dafür gibt es auch in England unzählige Kaufleute. Kein Land in der Welt hat verhältnißmäßig so viel Fabriken, und selbst der gemeine Mann ist theils reich, theils wohlhabend. Auf diese Art balancirt sich das, und der Kaufmann und die übrigen niedern Stände sind, gegen die reichen Güterbesitzer (Lords of the Manor) doch nicht arm. In Irland hingegen hat der Güterbesitzer alles.

Nach allem, was ich Ihnen nun vom Landbau und den niedern Landleuten in Irland gesagt habe, müssen Sie doch nicht glauben, dieß das der Zustand des ganzen Landes, ohne Ausnahme, ist. Nein, in Norden sieht es um ein gutes besser aus. Die Ursache ist in der Geschichte zu finden. Durch die Kriege, welche Elisabeth, und ihr Nachfolger, Jakob I. gegen die katholischen Iren führten, fielen der Krone 511,465. acres Land anheim, in den Grafschaften Donnegal, Tyrone, Colerain, Fermanagh, Carvan und Armagh. Die Papisten wurden größtentheils

theils aus diesen Provinzen vertrieben, und dieser Katholische und äusserst unruhige Theil von Irland, ward vom Hofe größtentheils mit Protestanten besetzt, welche mehr Industrie hatten, und durch welche der einzige Zweig des Irischen Handels, der ansehnliche Summen ins Land bringt, ich meyne die Linnenmanufakturen, hauptsächlich getrieben wird.

C***, den 2. Sept.

Ich bedaure oft, daß ich nicht mehr Gelegenheit habe, Leute aus dem Mittel- und niedrern Stande zu sehen. Unter diesen findet man immer am meisten Nationales; da hingegen die Höhern, und überhaupt alles, was gens du monde und gens de bonne compagnie genennt wird, in der ganzen Welt bis auf einen gewissen Grad einander gleicht. Erziehung und Gesellschaft modelt den Menschen nach einem gewissen Schnitt; seine rauhern, scharf markirten Seiten und Umrisse werden abgeschliffen, und das, was er Eigenes hat, verliert sich mehr oder weniger unter der Form. Und so hab ich noch an allen Orten Menschen gefunden, deren Gott ihr liebes, eigenes Selbst ist, und die ihre Selbstheit (Selfishnes, Egoismus) mit äusserer Höflichkeit, Sanftmuth und Cultur verkleistern; überall Menschen, über welche äussere

 Anmuth,

Anmuth, Willfährigkeit und feine Schmeicheley mehr vermag als triftige Gründe und wahres Verdienst; Menschen, die die Gesetze Gottes und der Natur eher verletzen, als die der Ehre, des Anstandes und des Hergebrachten; Menschen, die sich lieber durch ihre Leidenschaften und ihren Vortheil, als durch Vernunft und Billigkeit beherrschen lassen; Menschen, die dich mehr suchen, weil du ihnen gefällst, als weil es deine Tugenden verdienen; Menschen, die nicht handeln nach eigenen, überdachten Grundsätzen, sondern weil andere so handeln, und weil es Anstand und Hergebrachtheit so erfordern; Menschen, die Tugenden und gute Eigenschaften haben, ohne einen Werth darauf zu legen, und den Schein von andern suchen, die sie nicht besitzen; Menschen endlich, die durchgehends mehr schwach als böse, mehr leichtsinnig als lasterhaft sind, und die das Gute thun, mehr aus Temperament, als aus Grundsätzen.

Es gibt hier, wie in allem, Ausnahmen; im Ganzen aber ist das Gemälde, glaub ich, nicht übertrieben.

Wenn ich nun diese Menschen gegen die hier in Irland halte, und wenn einiger auffallender Unterschied ist, so ist er wahrlich zum Vortheil dieser letztern. Ich habe hier unter den Blutsverwandten mehr Verbindung, Antheil und Liebe

gefun-

gefunden, als irgendwo. Dienstfertigkeit und ein gewisses, allgemeines Wohlwollen hab ich oft mit Vergnügen bemerkt. Die Ehen sind fast allgemein heilig, und unter Eheleuten hab ich so viel Freundschaft gesehen, als in irgend einem Lande. Wenn man den Lasterhaften nicht vermeidet, weil er zur guten Gesellschaft gehört, so weiß man ihn doch zu unterscheiden, und hin und wieder ist jemand herzhaft genug, laut davon zu sprechen. Und dies ist mehr, als ich, ceteris paribus, an vielen Orten gefunden habe.

Die Frauenzimmer zeigen im Ganzen eine Zurückhaltung gegen die Mannspersonen, die vielleicht den Annehmlichkeiten der Gesellschaft nachtheilig ist, und der allgemeine ton de galanterie, der von Frankreich aus einen Theil von Europa überschwemmt hat, hat hier noch wenig Progressen gemacht. Zwischen beiden Geschlechtern ist die Absonderungslinie vielleicht noch viel stärker markirt, als in England. Ich habe hier mehr als einmal gesehen, daß alle Frauenzimmer an einer Tafel neben einander saßen, und eben so auch die Mannspersonen. Das bunte Gemische, das die Gesellschaften nach französischem Tone auf dem festen Lande so angenehm macht; die Freiheit, mit der man sich an Frauenzimmer wendet, auch die man nicht kennt, und Unterhaltung bey ihnen findet; die Leichtigkeit, mit der man in alle Arten von Unterredung eintritt; gewisse Rechte, die Ton und Gewohnheit geben — alles das hab ich hier sehr wenig gesehen. Mannspersonen leben deswegen mehr mit einander unter sich, reiten, jagen, speisen mit einander, und haben also, natürlich nicht jene feine Politur, die der Mann durch das sanftere Geschlecht erhält, und die den Franzosen, wenn er kein Geck ist, in der Gesellschaft so liebenswürdig macht. Der Ire dispensirt sich von einer Menge kleiner Dienste, Zwang und Aufmerksamkeiten, zu denen man sich in gewissen Gesellschaften auf dem festen Lande gegen das Frauenzimmer für verbunden hält. Ich habe mehr als einmal gesehen, daß Frauenzimmer auf ihr Pferd stiegen, und Mannspersonen ruhig dabey stunden, und einen Bedienten ganz ruhig das ganze Geschäfte machen ließen. Selten wird ein verheuratheteß, und noch weit weniger ein unverheurathetes Frauenzimmer, den Arm einer Mannsperson annehmen, der nicht ein naher Verwandter ist. Mehr als einmal hab ich gesehen, daß die jungen Frauenzimmer nach dem Thee spatzieren gingen, und die Mannspersonen blieben ruhig bey einander, oder gingen auf die Fischerey ꝛc. ꝛc.

Ein anderer Zwang, den die mehresten Frauenzimmer sich auflegen, fällt ins Lächerliche! Da auf den Tafeln nie Getränke steht, so muß

ein

ein jeder fordern was er jedesmal trinken will.
Nun werden die Damen Wasser, Bier und Cider
von den Bedienten fordern, so viel als sie trinken
wollen; nicht leicht aber wird eine ein Glas
Wein verlangen. Daher ist es eine besondere
Pflicht der Mannspersonen, über Tische Achtung
zu geben und die Damen zu fragen, ob sie ein
Glas Wein mit einem trinken wollen, welches
denn fast nie ausgeschlagen wird. Und diese
Pflicht liegt dem Herrn des Hauses nicht mehr
ob, als jeder Mannsperson, die sich an der Tafel
findet. So kann ich z. E. in einem ganz
fremden Hause ein Frauenzimmer zum erstenmale
sehen: und wenn ich bemerke, daß noch niemand
ein Glas Wein mit ihr getrunken hat, so werd'
ich es für Pflicht halten, es ihr anzubieten, und
sie wird es als eine Höflichkeit aufnehmen, die
ich ihr erzeige.

So frey als in Irland und England die
Mannspersonen in ihren Gesprächen sind, so sehr
sind sie auf ihrer Hut unter dem andern Geschlechte.
Da wird niemand leicht sich ein Wort entfahren
lassen, das im geringsten nach einer Unsittlichkeit,
Unanständigkeit oder Zweydeutigkeit
schmeckte — Nie wird sich ein Mann in Gesellschaft
erlauben, einem Frauenzimmer von Stande
die Hand zu küssen, wenn es auch seine nahe
Verwandte ist. — Nie wird sich jemand erlauben,

ben, vor Frauenzimmern auf eine leichtsinnige Art von Religion, Sitten und dergleichen zu sprechen; und selbst unter Mannspersonen hab ich es äusserst selten bemerkt. Dies ist mehr, als ich von vielen Gesellschaften, in denen ich gewesen bin, sagen kann.

Die Sprache der Gesellschaft ist seltener, als irgend eine, die ich noch kenne. Die vielen Worte und Redensarten von Höflichkeit, die in der französischen und deutschen Sprache, in gesitteten Gesellschaften herrschen, sind hier unbekannt, und man sucht im Reden so wohl als im Schreiben eine gewisse Kürze, eine gewisse Abgebrochenheit, die, in der französischen Sprache wenigstens, Unhöflichkeit seyn würde. Selbst die Ausdrücke Your Lordship und Your Ladyship, die in englischen Romanen so häufig vorkommen, werden selten gebraucht. Alle Mannspersonen sind, wenn man sie anredet, Sir oder Mylord, und selbst die Lords werden manchmal bloss durch Sir angeredet. Alle Frauenzimmer, mit und ohne Titel, verheurathet oder unverheurathet, sind in der Anrede, Madam. Redet man von Frauenzimmern, die den Titel haben, so sagt man allemal, Mylady die und die; ihr aber in der Anrede den Titel Mylady zu geben, ist lächerlich und nur unter den Bedienten gewöhnlich.

Ein Zug, den ich an den Iren auffallend bemerkt habe, ist ein gewisser Geist des Patriotismus und des öffentlichen Besten, zu dem sie mit Vergnügen beitragen. Sie haben diesen Zug, so wie das Mitleiden, vielleicht noch stärker, als die Engländer.

Gegen Fremde sind sie gewiß gefälliger und zuvorkommender als die Engländer, wie wohl auch diese, von dieser Seite, viel erträglicher sind, als sie sonst gewesen seyn sollen. Die Iren waren sonst der Hospitalität wegen noch berühmter als jezt. Dieser Zug nimmt bey den Nationen gewöhnlich ab, indem die Cultur zunimmt. Das, was in gewissen französischen und deutschen Häusern Hospitalität heißt, ist mehr ein Schaugericht, das der Hausherr sich selbst zu Ehren aufstellt.

Einen Hang zur Unthätigkeit hab ich, wenn ich nicht irre, den Iren schon weiter oben zur Last gelegt. Ich kenne deren manche, die lieber den ganzen Tag in Unthätigkeit herum ziehen, als ein Buch öfnen oder eine Zeile schreiben.

Da fast in allen Schriften über Irland von White-Boys (Weiße-Buben) die Rede ist, so werden Sie wohl auch über diesen Artikel etwas erwarten, um so mehr, da man durchgehends so davon geschrieben hat, als wenn sie noch existirten. Twiß sagt: die Grafschaften Waterford, Tipperary, Wexford rc. rc. sind mit Böswichtern überschwemmt, die, wegen ihrer Menge, in vielen Jahren nicht ausgerottet werden können. In der That waren sie schon damals, als Twiß dieses schrieb, so gut als vertilgt. Es waren Landleute, die sich in der Nacht verkleideten, indem sie ihre Hemden über den Kopf zogen (woher sie auch den Namen Weiße-Buben, haben,) und heerweise auszogen, um sich an ihren Feinden zu rächen. Ihre Feinde aber waren reiche Güterbesitzer, die etwan den Pacht erhöhen wollten; Obrigkeitliche Personen, von denen sie etwan waren gestraft worden; Zoll-Bediente rc. rc. Sie machten ihre Expeditionen gewöhnlich zu Pferde, fielen bewafnet in die Häuser und verübten oft entsetzliche Grausamkeiten. Sie raubten nicht; wohl aber aßen und tranken sie, so viel sie konnten, zerbrachen alles, was in einem Hause zerbrechlich ist, ließen die Wein- und Bierfässer auslaufen rc. rc. Wer nicht ihr Feind war, hatte nichts zu fürchten, und konnte ihnen, so wohl als die Reisenden, ohne alle Gefahr auf der Strasse begegnen. Der Haß zwischen Katholiken und Protestanten mag nicht wenig zu dieser Wirthschaft beygetragen haben. Man schickte sonst die Truppen gegen sie, und wenn man einen White-Boy fing,

so

so wurde er gehangen. Durch Strenge, und vielleicht auch durch Verbesserung der Sitten nahmen sie nach und nach ab; und seit der Errichtung der Volunteers, die nun im ganzen Lande herum wohnen, ist ihre Existenz ganz unmöglich gemacht. Indessen erhielt sich noch nachher der Name; und wenn irgendwo liederliche Leute nächtliche Ausschweifungen begingen, so nannte man sie White-Boys.

Clonmel, den 3. Sept.

Ich bin hier für einige Tage, um die Musterung und Operationen von 1200 Volunteers zu sehen. Der Ort selbst, obschon die Hauptstadt der Grafschaft Tipperary, hat für mich nichts merkwürdiges, als daß es Sterne's Geburtsort ist. Sein Vater, ein Offizier, stund hier in Garnison, als ihm sein Lorenz geboren ward. Ich bin versichert, daß das wenige Leute hier wissen, und das Haus, in dem er gebohren ward, hat nicht die Ehre der Wallfahrten, die so häufig in das Haus zu Stratford geschehen, in welchem Shakespear geboren ward. Auch hat ihm niemand ein Denkmal errichtet. Armer Sterne! Wohnte ich zu Clonmel, ich wollte dir, gleich deinem Yorik, wenigstens einen einfachen, plattliegenden Stein stiften, für das Vergnügen, das manche Stellen deiner Schriften mir gemacht haben, mit der Aufschrift: Alas, poor Yorik *).

Die Gegend, in der Clonmel liegt, ist reizend, und der Weg dahin nicht weniger schön. Eine lange, liebliche Ebene, die sich zwischen hohen Bergen hinzieht, vom Süre durchwässert, der hier klein und ruhig in seinen grünen Ufern fließt, weil er nicht mehr von der Fluth, welche nur bis auf ein Paar Meilen über Carik steigt, beunruhigt wird.

Doch dies ist nicht, wovon ich Ihnen schreiben wollte, lieber Freund! Ich denke Sie von hier aus mit einem langen politischen Kapitel zu strafen, mit einer Begebenheit, die einzig in ihrer Art ist, die in der Irischen Geschichte auf die eine oder andere Art Epoche machen wird, und die in ihren Folgen eben so wichtig ist, und vielleicht noch werden wird, als ihr Anfang unbedeutend war. Sie werden leicht errathen, daß ich von den Volunteers reden will, von denen wir seit drey Jahren genug in den Zeitungen gelesen haben, und durch welche nach und nach die Veränderungen bewirkt worden sind, durch welche Irland nun beynahe ein eigenmächtiges Reich geworden ist.

Der

*) Ach! armer Yorik!

Der Anfang dieser Volunteers war ganz gering, wurde zu Dublin-Castle verspottet und zu St. James verlacht. Aber es war ein Ungeheuer, das, gleich der Fama, im Gehen Kräfte erlangte und in kurzer Zeit zum Riesen empor wuchs. Nunmehro ist es eine Gewitterwolke, die, unglückschwanger, über England hängt, unaufhörlich donnert und alle Augenblicke zu bersten droht. Der Geist der ganzen Nation ist dadurch verändert worden.

Irland war im letzten Kriege von aller Bedeckung entblößt. Alle Truppen waren in Amerika, und selbst in England behielt man nicht einmal so viel, als nöthig war, das Land gehörig zu decken. Engländer haben mich versichert, daß sie diese Stunde noch nicht begreifen können, warum die Franzosen keine Landung gewagt, die gewiß hätte gelingen müssen; wenigstens, sagt man, wäre es leicht gewesen, die Häfen Portsmouth und Plymouth zu zerstören. Dem sey wie ihm wolle, die Iren erwarteten mit Zuverlässigkeit eine Landung, erwarteten sie mit Gewißheit, und die ganze südliche Küste zitterte. Die Personen, die hier herum Güter haben, haben mir eine schauerliche Beschreibung von der Angst gemacht, in der sie waren. Die Furcht eines Insulaners, der nicht gewohnt ist, Feinde in seinem Lande zu sehen, und welcher weiß, daß alle

alle Landungen mit Unordnung und Ausschweifungen verknüpft sind, ist an sich selbst schon natürlich. Aber das war nicht die Hauptbesorgniß, sondern die gröste Angst hatte man vor den Katholiken, deren es hier herum weit mehrere als Protestanten gibt. Ein armer, verdorbener, elender Pöbel hatte sich in den Kopf gesetzt, daß, so bald ihre Glaubensgenossen, die Franzosen, sich der Küste würden bemächtigt haben, so würden sie, die Irländer, in alle ihre alten Rechte eingesetzt werden, und die von ihren Vorfahren verlohrnen Güter wieder erhalten. Das erste also, was man von diesen katholischen Iren, bey einer Landung der Franzosen, erwartete, war, daß sie über die Protestanten herfallen, sie mishandeln und alle reichen Häuser plündern würden. Manche Protestanten hatten schon ihre Weiber und Kinder nach Dublin geschickt.

In dieser allgemeinen Noth kamen einige Männer auf den Einfall, sie wollten eine Association machen, eine gewisse Form und Ordnung unter sich einführen, sich bewafnen, und so erwarten, was sie für Heerd und Feuer thun könnten. Dieser Einfall fand Beifall; ein Haus folgte dem andern, ein Ort dem andern, und so war in kurzer Zeit die ganze hiesige Gegend unter den Waffen. Die verschiedenen Ortschaften nahmen verschiedene Uniformen an; die Reichen mach-

machten die Cavallerie, die Aermern die Infanterie; man theilte sich in Compagnien und Regimenter, wählte Anführer, und that, mit einem Worte, alles, sich die Form regelmäßiger Truppen zu geben. Das Ding nahm zu, wie eine Seuche, ging immer weiter und weiter, und so war endlich in kurzer Zeit, das ganze männliche Irland, eine freiwillige Armee. Ja, lieber Freund, ganz Irland, denn vom Herzog von Leinster an, bis herab auf den Handwerker, ist alles Volunteer. Manchem der Großen mochte das Ding in der That zuwider seyn; allein er mußte Volunteer werden, theils, um so gut ein Patriotisches Ansehen zu haben, als die andern, denen nur der Patriotismus eine Art Schwindel geworden war; theils aus einer Menge politischer Gründe. Manche Peers errichteten Regimenter auf ihren Gütern und montirten vielehundert Arme. Leute aus dem Mittelstande und kleinere Güterbesitzer ergriffen begierig diese Gelegenheit, um mit den Großen in nähere Verbindung zu kommen, und ein gewisses Ansehen von Gentlemen dadurch zu erhalten. Jetzt that, dachte und sprach die ganze Nation von Volunteers. Man machte Gesänge für Volunteers, in allen Kupferstich-Fabriken wurden Volunteers gemacht zu Fuße und zu Pferde, alle Zeitungen waren voll davon; auf jedem irdenen Gefäße stund ein Volunteer, und selbst die Buchstabier-

Bücher

Bücher der Schulknaben mußten nach Volunteers schmecken. So hab ich z. E. oft ein Buch für Kinder gesehen: „The young gentlemen Volunteer's Spelling book ꝛc. ꝛc.“ Die Musterungen, Pläne, Manoeuvres, das Getrommel und Gepfeife nahm kein Ende. Man schmaußte häufig zusammen, trank noch besser, sprach von Ehre, Irischer Würde, Patriotismus und — Freiheit. Die Franzosen blieben zu Hause, den Volunteers ward, in der Unthätigkeit, die Zeit lang, und nun fingen sie an — von Freiheit laut zu reden, von Unterdrückung, freiem Handel, eigener Kraft und Englischer Ungerechtigkeit.

Was nun allmälig erfolgte, wissen Sie, denn ich vermuthe, daß die Sächsischen Zeitungen eben so voll davon gewesen sind, als die Schweizerischen und der Courier de l'Europe. Das Irische Parlement machte an England eine Forderung nach der andern, das Englische Ministerium war voll Partheyen, ein Vice-König kam auf den andern, und Irland erhielt, die Waffen gegen Frankreich in der Hand, alles, was es von England forderte. In diese Zeit fielen zum Theil auch die Veränderungen, die das Irische Parlement in der Lage der Katholiken vornahm: und nun machte ein grosser Theil dieser letztern mit den Uebrigen gemeine Sache. Die Protestantischen

schen Volunteers wollten zwar anfangs mit den Katholischen nichts zu thun haben; allein das legte sich nach und nach, und ein gewißer Lord wagte es einmal ein Corps Katholischer Volunteers nach Waterford zu führen, weil er gehört hatte, daß diese Stadt keine einlassen wollte. Man empfing sie jedoch ziemlich freundschaftlich, und der Lord gewöhnte sie durch eine kühne Rede noch mehr daran. Er sagte zu einer Menge Bürger, die um ihn herum stunden. „Ich glaube wahrhaftig, daß kein katholisches Corps in diese Stadt gekommen ist, seit mein Großvater Jakob dem II. eins zuführte.“ Diese Rede war so kühn, daß man vor Erstaunen schwieg.

Irland hat nun ohngefähr alles erhalten, was es von England verlangt hat; allein der Geist der Nation ist nun einmal aufgewacht, alles ist in Gährung und die Unruhen dauern fort. Der Hof hat zwar sehr a propos den St. Patrik-Orden vergangenen Winter gestiftet, und sich manche Grafen (Earls) dadurch verbunden; allein der große Hause sieht diese blauen Bänder und Sterne mit Verdruß. Hierzu kommt, daß diesen Sommer ein neues Parlement gewählt worden ist, welches im Oktober seine Sitzungen anfangen wird. Eine neue Parlementswahl ist allemal eine stürmische Zeit, und der Kabalen gibts da kein Ende. Die Großen müssen den

Nie-

Niedern schmeicheln, um ihre Brüder, jüngere Söhne und Verwandte ins Unterhaus zu bringen. Hier waren die Volunteers wieder eine herrliche Sache, und man benutzte gar sehr die Gelegenheit, auf eine so schöne und bequeme Art, ganze Heere zu kitzeln, Mahlzeiten zu geben, als ein guter Volunteer jedermann als seines Gleichen zu betrachten, die Hände zu schütteln, von Patriotismus und National-Vortheil zu schwatzen, und hundert solcher Sächelchen mehr. Das neue Parlement ist gewählt, und nun sind alle öffentliche Blätter voll von Patriotismus und politischen Raisonnements, wodurch die Nation nur immer mehr und mehr erhitzt wird.

Viele wackere Iren mögen geglaubt haben, daß wenn sie einmal alle die Rechte und Freiheiten erhalten hätten, die ihnen England hat einräumen müssen, ihr Land auf einmal in einen sichtbaren Flor kommen würde. Allein ein solcher Flor kann sich nur auf innere Stärke, Arbeitsamkeit und Industrie gründen: und da es mit diesen nur langsam geht, so sehen sie sich in ihren schönen Hofnungen betrogen, und denken auf andere Mittel. Ich bin äusserst begierig, was die Volunteers für Forderungen an das neue Parlement machen, und wie weit dieses sie am Hofe treiben wird. Vor kurzem trug sich etwas zu, das ausserordentlich Aufsehen machte.

Der

Der Irische Bischoff von Derry *) (eigentlich Londonderry) that den Volunteers, ungebeten den Vorschlag, sie sollten eine Hauptversammlung anstellen, (diese existirt nun wirklich zu Dungannon) sollten mit einander berathen, und alles, was sie dem Parlemente zu sagen hätten, wollte er im Oberhause zu Dublin vortragen.

Nachdem ich Ihnen, lieber Freund, so viel von den Volunteers geschrieben, würde es Ihnen nur Langeweile machen, wenn ich Ihnen nun noch von ihren Kriegsmanöuvres, die ich bey Clonmel gesehen, eine Beschreibung machen wollte. Nur so viel will ich sagen, daß ich über ihre Leichtigkeit, Fertigkeit und Ordnung erstaunt bin. Sie sind mit allem versehen; Zelte, Kanonen, Pulverwagen, Feldscheers, Zimmerleute, alles mußte hervor! Selbst

*) Dieser Bischoff ist der Englische Graf von Bristol; er war ein jüngerer Bruder, studierte Theologie, ward befördert, und erbte hernach die Englische Peerschaft von dem Lord, seinem ältern Bruder. Er lebt die mehreste Zeit über auf dem festen Lande, und darum erregt dieser sonderbare Schritt nur desto mehr Verwunderung. A. d. V.

Selbst die Geistlichen waren nicht vergessen, welche, zu meinem grossen Erstaunen, in ihrer vollen priesterlichen Tracht, mit aufzogen, nach Trommel und Pfeife marschirten (manche freilich ein wenig ungeschickt) und bey ihren Detaschements an der Seite stehen blieben. Die ganze kleine Armee war vortreflich gekleidet.

C***, den 7. Sept.

Die einzige Ordnung, die ich in diesen Briefen beobachte, ist, daß ich so viel als möglich die Gegenstände mische, um wenigstens von dieser Seite nicht langweilig zu werden. Heute also von etwas anderm, und zuerst von der Sprache der Irländer. Sie wissen, daß diese Nation eine eigene hat; aber das wird Sie befremden, daß man unter Leuten vom Stande fast niemanden findet, der sie versteht. Die mehresten verstehen nicht das Geringste davon, und kennen keine andere Muttersprache, als die Englische. In der That wird aller Schulunterricht und aller Gottesdienst in der Englischen gehalten, welche so ziemlich jedermann versteht, wenigstens sind die Ausnahmen selten. Gleichwohl spricht bey weitem der größte Theil der Nation Irisch, denn der Pöbel redet unter sich keine andere Sprache. Bücher gibt es keine darinnen, als einige Gebet-

Bücher

Bücher, und die Bibel, und auch von dieser weiß ich nicht, ob man sie ganz hat. Ich habe öfters, wenn ich Landleute beysammen gefunden, scharf aufgehört, habe aber nie das allergeringste davon verstehen können. Sie ist ganz guttural, selbst noch mehr als die Züricher, und äusserst unangenehm fürs Ohr.

Ich habe nicht bemerkt, daß sie irgend eine besondere Aehnlichkeit mit den Sprachen hätte, die mir mehr oder weniger bekannt sind. Manchmal glaubte ich, ein Italienisches Wort zu hören, und auf Nachfrage hab ich gefunden, daß einige die nämliche Bedeutung hatten, als die nämlichen Worte in dieser Sprache. Daß sie mit der Englischen Sprache viel mehr Aehnlichkeit habe, als mit irgend einer andern kultivirten, kann ich nicht finden. Sie können selbst zusehen, wenn Ihnen etwan Twiß in die Hände fällt, in dessen Reisebeschreibung sich ein Verzeichniß von etwan hundert Worten findet. Mit der Wallisischen und Schottischen soll sie sehr viel Aehnlichkeit haben, so sehr, daß manche Leute dieser drey Nationen sich bis auf einen gewissen Grad sollen verstanden haben. Wenigstens ist das Wallisische eben so guttural, hart und unangenehm. Ich habe gefragt, ob sie mit dem Celtischen, z. E. mit dem Originale von Ossian, viel Gleichheit habe;

de; ich vermuthe es, aber niemand konnte mir es sagen. Von dem Englischen, das die gemeinen Leute hier sprechen, versteh ich nur sehr wenig.

Was der Landschaft hier einen Theil ihres Reizes benimmt, ist die Kahlheit ihrer Berge. So weit als ich das Land hier rings herum kenne, so hab ich überall die höhern Theile der Berge ganz ohne Waldung gesehen. Da das Land sonst ganz voller Wälder war, sahe man dies als ein Zeichen der Wildheit und für ungesund an, und setzte allen denen einen Preiß aus, wie in den unangebauten Gegenden von Amerika, die die Wälder ausrotten würden. Man ging nun wacker daran, haute die Wälder nieder, ohne etwas an ihre Stelle zu setzen, oder, wegen der Höhe, Beschwerlichkeit und Schärfe der Luft, setzen zu können. Das Vieh, das man nachher dahin schickte, rottete nach und nach auch die jungen Sprößlinge aus, die etwan aus den alten Wurzeln hin und wieder hervorwuchsen. Auf diese Art sind nun die Berge kahl, wenn nicht etwan ein Gutsherr einen Theil derselben sorgfältig wieder angebaut hat, und es wächst nichts auf denselben, als Farren- und Heidekraut, (bruyere) ein Mittelding zwischen Gras und Gestrippe, dessen Saamen der Auerhahn sehr liebt, weswegen ihn auch die Franzosen Coc de bruyere nennen. Einiges hat

hat eine weisse Blüthe, anderes eine rothe. Eine dritte Gattung, die die Engländer furs nennen, hat eine gelbe Blüthe, wächst ziemlich hoch und findet sich sehr häufig an allen ungebauten Orten in Irland so wohl als in England.

Wegen Mangel der Wälder gibt es hier kein anderes Wildpret, als Haasen und Kaninchen; die Damhirsche findet man blos in den Parken, der eigentliche Hirsch ist sehr selten, und Rehe gibt es keine, so wenig als wilde Schweine. Wildes Geflügel aller Art und mehr, als ich auf dem festen Lande kenne, gibts in großer Menge. Bären gibts keine, Wölfe nur sehr wenig; Füchse desto mehr, denn sie werden, wegen der par force Jagd, nie getödet, sondern sorgfältig erhalten.

Giftige Thiere, als Scorpionen, Schlangen, Kröten rc. rc. findet man auf der ganzen Insel nicht. Man hat den Versuch gemacht und verschiedene Arten herüber gebracht, es bleibt aber keine am Leben. Was die Ursache dieses wunderbaren Phänomens seyn mag, kann mir niemand sagen. Auch waren sonst keine Frösche in Irland. Erst unter Wilhelm III. hat man sie herübergebracht, und noch jezt sind sie in geringer Anzahl und machen kein Geschrey, wie auf dem festen Lande. —

Die Eichen schätzt man hier vorzüglich wegen ihrer Schaale zum Schwarz färben, und weit mehr wegen des Schiffbaues. Sie werden, für den letztern Zweck, selbst den Englischen vorgezogen, weil sie sich noch weniger als diese, splittern. Wenn eine Kanonenkugel in ein Schiff geht, so thut sie gewöhnlich weit weniger Schaden, als die Holzsplitter, welche umher fliegen und die Mannschaft mehr verstümmeln als tödten. Die Irische Eiche läßt die Kanonenkugel durch, und bekommt blos ein rundes Loch. Diese Eichen aber sind klein, und gegen unsere deutschen sehr mager und unansehnlich. — Desto grösser und schöner sind die hiesigen Eschen, Buchen und Ulmen. Ja es gibt hier alle Arten von Bäumen, die ich nur irgendwo zerstreut gesehen habe. Dem ohngeachtet verbraucht man weit mehr Steinkohlen, als Holz. Oefen gibt es hier so wenig als in England.

Die herrschende Religion ist in Irland die nämliche als in England, d. i. die Bischöffliche, oder so genannte hohe Kirche. Für diese sind hier vier Erzbischöffe und achtzehn Bischöffe, deren Einkünfte im Ganzen beträchtlicher seyn sollen, als die der Englischen *). Dem Bischoffe von Derry

*) In den Briefen über England wird dies zurück genommen, und die Ursache angegeben, warum man

Derry gibt man jährlich auf neuntausend Pfund; dem Erzbischoffe von Armagh nicht viel weniger. Der von Offeri, welches nur ein Anfangs-Bißthum ist, dreytausend. — Ich vermuthe, daß dies alles, wie gewöhnlich ein bißgen vergrößert ist. Diese Summen sind aber so stark, daß, wenn man sie auch um ein Drittheil herunter setzte, noch immer eine gewaltige Summe bleibt für Männer, die nicht den Aufwand zu machen brauchen, zu dem gewöhnlich die katholischen Bischöffe auf dem festen Lande genöthigt sind. Nebst dem haben sie den Vortheil, daß sie ihre Brüder, Söhne, Neffen rc. rc. versorgen, und zwar so versorgen können, daß sie manchmal einem zwey, drey Pfarreyen geben können, ohne daß das Publikum sich darüber aufhält. Der Bischoff von Osseri, soll über tausend Pfund aus seinen Pfarreyen gehabt haben, ehe er Bischoff ward. Diese Pfarreyen (Livings) läßt man durch junge oder arme Geistliche besorgen, die der Pfarrer (Rector) nach Belieben wählt und bezahlt. Sie heißen Curates.

Dieses geschieht gar sehr auch in England. Gewöhnlich beobachtet der Bischoff, in Vergebung

man die Einkünfte der Bischöffe in Irland insgemein für größer hält.

A. d. H.

bung der Pfründen, einen gewissen Anstand; denn wenn er es zu arg macht, so zieht er sich allgemeines Geschrey und Verachtung zu. So hatte z.E. ein Bischoff seinem Sohne — ich weiß nicht ob eilf oder dreyzehn Pfründen gegeben, und wurde dadurch das Scandal des ganzen Landes. Einst schrieb er einem seiner Geistlichen, er werde Morgen durch den Ort reisen, und wünsche, daß der Pfarrer für ihn, seinen Sohn und seinen Bedienten die Mahlzeit bestelle. Der Pfarrer sagte dem Wirthe, der Bischoff von — werde Morgen mit fast seiner ganzen Klerisey hier her kommen, und der Wirth rüstete eine Mahlzeit für zwanzig Personen.

Was den Irischen und Englischen Bischöfen ihre Einkünfte ein wenig schmälert, ist, daß sie ein Haus in der Hauptstadt halten, und als Peers, den Winter da zubringen müssen. Die Bank der Bischöffe kommt, im Hause der Lords, nach der Bank der Earls, und erst nach ihnen kommen die Viscounts und Barons. Sie haben, wie a[illegible]ers, den Titel Mylord, aber ihre Gemahlinnen sind nicht Myladies. Auch setzt man den Lordstitel nie zu ihrem Namen, z. E. Lord Beresford; sondern man sagt: Mylord the Bishop of Osery. Auch heissen ihre ältesten Söhne nicht right honorable, wie die ältesten Söhne der gebohrnen Peers. Dies ist eben so in England.

Neben

Neben der herrschenden Kirche haben in England freie Ausübung des Gottesdienstes auch — die Presbyterianer, welches hauptsächlich die Religion der Schotten ist; die Dissenters, die Methodisten, die Quacker ꝛc. ꝛc. Eben so auch in Irland, aber es gibt hier von allen diesen Gemeinden nur wenige, da England hingegen voll davon ist. Der Gottesdienst wird in England und Irland regelmäßiger besucht, und der Sonntag heiliger gehalten, als ich noch in irgend einem Lande gesehen habe. An Musik, Tanz und öffentliche Vergnügungen ist nicht zu denken; kein Frauenzimmer rührt ihre Filosche oder Sticknadel an, und in der Karte wird fast nirgends gespielt, so wenig als mit Würfeln. Selbst in Dublin und London bin ich über den Anstand erstaunt, mit dem der Sonntag in diesen Hauptstädten gefeiert wird.

Eben so sehr fällt mir auch die Liturgie auf, wo alle Sonntage alle Zuhörer eine so große Menge Gebete auf den Knieen verrichten, daß ich es, der ich es nicht gewohnt bin, auch jezt noch kaum aushalten kann. Unter diesen Gebeten ist die ganze lange Lutherische Litaney, welche der Geistliche alle Sonntage verliest, wobey der Küster den Chorus macht, und das We beseech thee to hear us, Good Lord (erhöre uns lieber Herre Gott) und das Deliver us,

Good Lord (behüt uns lieber Herre Gott) statt der Gemeinde betet. Evangelium und Epistel wird auch, wie in Sachsen, verlesen, so wie der christliche Glaube alle Sonntage wiederhohlt wird. Anstatt der Lieder werden Psalmen vorgelesen, und nur der Küster singt ein Paar Verse, während der Zeit der Klingelbeutel herum geht.

Kilkenny, den 9. Sept.

Mit Vergnügen führe ich Sie in diese Stadt, die vor andern Städten Irlands, so wie auch die Gegend umher, so vieles voraus hat. Die Luft ist hier reiner, der Himmel heiterer, die Tinten der Landschaft wärmer, und die Steinkohlen haben einen feinern Rauch, weil man eine besondere Art brennt, die hier gefunden wird. Die Stadt liegt auf zwey mäßigen Anhöhen, von denen man eine reizende Aussicht auf ein Land hat, das besser gebaut und stärker bewohnt ist, als an andern Orten dieser Insel, die ich gesehen. Kurz, hier vereinigt sich alles, um der Sitz des größten, reichsten und mächtigsten Edelmanns zu seyn, der je existirte. Ich rede vom Herzoge von Ormond, diesem großen, mächtigen Manne, der in der Geschichte Irlands so merkwürdig ist, und dessen Nachkommen ihm so unähnlich sehen. Lassen Sie mich, lieber Freund, Ihnen

Ihnen einiges von der Geschichte dieser Familie erzählen.

Mir fiel zu C*** ein Werk in die Hände, das in drey Folianten enthielt —— die Geschichte Jakobs II. Herzogs von Ormond. Sie können denken, daß meine Aufmerksamkeit und Neugierde nicht wenig erregt ward. Freilich hatte ich keinesweges Lust, drey Folianten zu lesen, um die Geschichte eines Edelmannes zu lernen; aber den Eingang mußte ich lesen. Der Verfasser geht in ein spätes Alterthum zurück und beweißt, daß die Herren Butler (dies ist der Familienname) ich weiß nicht, ob im neunten oder zehnten Jahrhunderte schon berühmt waren. Dann zeigt er, daß sie schon in den Akten des zwölften Jahrhunderts als Butler von Irland vorkommen. Dies war eine Würde, die sich ohngefähr durch Erzschenke übersetzen ließ, denn im Englischen heißt butler das, das die Franzosen Maître d'Hotel oder bouteiller nennen. Als solche hatten die Herren Butler gewiße Rechte und Einkünfte in Irland. Dann bekamen sie die Peerschaft und hiessen Earls of Butler, und zuletzt wurden sie in den Herzogsstand erhoben und bekamen den Titel Ormond. Und nun fiel diese Familie auf einmal. Der unglückliche Herzog von Ormond verlohr unter Georg I. nicht nur den Herzoglichen Titel sondern auch die

Peerg

Peerschaft und fast alle seine Güter. Er selbst flohe nach Frankreich, und hatte nie Muth genug, gleich andern zurück zu kommen und auf Discretion Gnade zu suchen.

Man hat mich versichert, daß sein jährliches Einkommen sich auf 300,000 Pf. belief, welches denn beynahe zwey Sächsische Millionen wären. Da ich diese Summe viel zu übertrieben glaubte, so fragte ich andere Leute darüber, und diese sagten mir, daß die Familie jezt so viel aus den Gütern ziehen würde, wenn sie sie noch hätte. Dies macht nun freilich einen Unterschied, weil seit der Zeit alle pretia rerum ausserordentlich gestiegen; aber die Summe ist noch immer so ungeheuer, daß ich schlechterdings nicht daran glauben kann. So viel ist indessen gewiß, daß ihm fast die ganze Grafschaft Kilkenny gehörte, und daß er ansehnliche Güter in verschiedenen andern Provinzen hatte. Ausser seinem Residenzschlosse zu Kilkenny hatte er Lustschlösser und eine Menge Landhäuser, und hielt eine Art Hof, von dem seine Familie noch diese Stunde etwas beybehält, ob sie schon keinen andern Titel hat, als Herr und Frau Butler. Das gegenwärtige Haupt der Familie soll jährlich 12,000. Pf. haben. Er läßt seine Kinder in England und in der hohen Kirche erziehen. Man vermuthet, daß der älteste Sohn, so bald er mündig ist,

ist, das wird thun sollen, worzu der Vater zu stolz war. Wenn er sich als Protestant dem König darstellt und um Gnade bittet, wird er ganz gewiß die Peerschaft wieder erhalten, und vielleicht auch etwas von den verwirkten Gütern.

Das Schloß zu Kilkenny hat, ehe man hinein kommt, vollkommen das Ansehen der Residenz eines Fürsten; wenn man aber in den Schloßhof kommt, so sieht man, daß von den vier Seiten, welche das Quadrat des Ganzen ausmachen, eine völlig in Ruinen verfallen, eine zweyte schlecht reparirt, und die dritte unbrauchbar ist. Und doch ist in der vierten noch Platz genug für eine Familie, die auf einen so großen Fuß lebt, als die Butlerische. Das Innere dieser Seite zeigt noch immer die ehemalige Größe. —— Man vergleicht dieses Schloß, wegen der Aussicht und der Gegend umher, mit Windsor-Castle, dem großen Schloße, das Wilhelm der Eroberer, Eton gegen über, baute, und wo der jezige König sich oft aufhält. Sie kennen diese Gegend, lieber Freund, aus Popens Forests of Windsor. Diese Aussicht füllte mich mit ausserordentlichem Vergnügen; sie hat wirklich etwas Italienisches, und vereinigt damit Cultur und romantische Wildheit.

Aber

Aber fast eben so anziehend als sie, sind ein Paar Gemählde, von denen Twiß nichts erinnert, und wovon das eine eine Madonna mit dem Christkinde ist. Man hatte schon vorher meine Aufmerksamkeit darauf erregt, durch eine Geschichte, die mir sehr abentheuerlich vorkommt. Der König von Preussen habe nämlich von diesem schönen Correggio gehört, habe ausdrücklich deswegen einen Kenner nach Kilkenny geschickt, und 30,000 Pf. dafür anbieten lassen. Gestehen Sie, daß dieses eine Anekdote ist, die wohl verdient wieder erzählt zu werden. Der König von Preussen, der 30,000 Pf. für einen Correggio bietet! Auch dann noch, wenn ich die Pfunde in Thaler verwandele, ists noch auffallend genug. — Ich sahe nun dieses Gemählde, und vermuthe, daß man sich mit dem Namen des Mahlers geirrt hat, denn es ist vermuthlich ein Raphael, kein Correggio. — Daß die Familie auch eine noch größere Summe ausgeschlagen haben würde, versteht sich.

Irische Schriftsteller nennen Kilkenny sehr majestätisch — die Marmorstadt. In der That sind nicht nur eine große Menge schlechter Häuser, Treppen, Gartenmauern rc. rc. von Marmor, sondern es ist auch eine ganze Gasse damit gepflastert. Dies fiel mir nun im geringringsten nicht auf, denn das schlechte Städtchen Aelen im Canton Bern ist gerade im nämlichen Falle. Die Ursache ist, daß es da so eine große Menge Marmor gibt, daß jede andere Steinart, wegen der Zufuhr, theurer seyn würde. Ich sahe verschiedene Hütten um die Stadt herum, die um nichts besser waren, als die Irischen Hütten, die ich Ihnen beschrieben habe. Sie waren aber von Marmor, welcher vermuthlich näher und wohlfeiler war, als Leim und Stroh.

Auf der andern Anhöhe der Stadt steht der Pallast des Bischoffs von Osseri, welcher nichts mehr und nichts weniger als ein mittelmäßiges Haus ist. Von der Bischöflichen Kirche, welche dicht darneben steht, hab ich sehr viel in einem Tour through Ireland gelesen; ich habe aber nie die erhabenen Merkwürdigkeiten daran ausfindig machen können, ob es schon ein großes, altes und ehrwürdiges Gebäude ist.

Mit weit mehr Aufmerksamkeit betrachtete ich ganz nahe bey dieser Kirche, einen jener Thürme, die Irland besonders eigen sind, deren Twiß bey zwanzig auf der Insel zählt, und aus denen kein Mensch weiß, was er machen soll. Ich habe deren drey gesehen, keiner aber

aber ist so vollkommen erhalten, als der hiesige. Alle Antiquaren haben sich die Köpfe darüber zerbrochen, und jeder hat eine eigene Muthmassung. Sie sollen aus den Zeiten der Dänen herstammen, gleichwohl aber gibts in Dännemark keine. Sie sind alle rund, fast alle von gleicher Höhe und gleicher Dicke, haben alle fast keine andere Oefnung als eine kleine Thüre, die aber so hoch über dem Boden ist, daß niemand mit der ausgestreckten Hand auch nur bis an die Fußschwelle reichen kann, und alle stehen nahe bey einer Kirche, oder wenigstens bey Trümmern, die ehemals eine Kirche waren. Mit den Muthmassungen der Gelehrten darüber, will ich Sie verschonen, um Ihnen das Vergnügen nicht zu rauben, Ihre eigenen zu machen. Ich selbst habe gar keine gemacht, sondern gestehe demüthig meine tiefste Unwissenheit.

Uebrigens sind in Kilkenny eine Menge Familien, die von ihren Renten leben; der Handel wird in allen solchen Städten höchlich verachtet, und die Gesellschaft ist sehr angenehm, weil man aus dem geselligen Leben und seinen Annehmlichkeiten ein Studium macht. Hier haben Sie vollkommen die Beschreibung von Lausanne und ohngefähr vom ganzen Pays de Vaud. Man legt sich auf Ton, Annehmlichkeit, Moden, Liebenswürdigkeit; man sinnt Feste, aller-

allerhand Spiele und hunderterley Dinge aus, die Zeit angenehm hinzubringen, während daß der Einwohner von Basel, Manchester, Frankfurt, Hamburg rc. rc. auf seinem Comptoir sitzt, und, wenn er Abends in Gesellschaft kommt, manchmal auf seinem Gesichte eine Rechnung von Procenten trägt.

Der Bischoff setzte die Anzahl der Einwohner von Kilkenny auf 12,000. und in der That wäre genug Platz für sie in dieser Stadt, welche Twiß eine kleine, angenehme Stadt (a pleasant little town) nennt; allein ich glaube nicht, daß die Bevölkerung so stark ist; ich bin zu sehr an Vergrößerungen dieser Art gewöhnt. — Man kann diese Stadt durch zwey Hügel, in zwey Theile theilen, deren einen man die Irische, den andern die Englische Stadt nennt.

C***, den 11. Sept.

Diejenigen, welche glauben, daß die Engländer wenig aus Adel und alten Familien machen, irren sich gar sehr! Man weiß in diesem Lande eine Unterscheidungslinie zu ziehen, so gut wie in andern Ländern; nur ist sie in England nicht so scharf markirt, und wahres Verdienst kann leichter seinen Weg zwischen durch machen, als in andern Ländern, und der Gelehrte und Künstler werden geschätzt und geehrt, wenn auch ihr Name nicht in den Annalen des Königreichs zu finden ist. Nebstdem hat der Handel in England ein grosses Ansehen gewonnen, und die Lehnsherren haben hier nicht die Macht über den gemeinen Mann, den sie auf dem festen Lande von Europa haben, wo das Feudalsystem noch immer mehr oder weniger sich erhält. Ein Englischer Lehnsherr (Lord of the Manor) hat selten mehr Gewalt, als die, die er durch Beziehung gewisser Einkünfte erhält.

In Irland hält man schon mehr auf Adel und alte Familien, und der Handel steht in weit geringerm Ansehen. In England treten oft jüngere Linien aus grossen Häusern, und selbst jüngere Enkel der Grafen (Earls) in den Kaufmannsstand; in Irland wird dieses selten, oder gar nicht geschehen. Manche Familien maaßen sich hier den Ruhm eines ganz besondern Alterthums an.

Haben Sie niemals, lieber Freund, von den Milesischen Familien in Irland gehört? Diese behaupten von den alten Milesiern in Kleinasien herzustammen, welche als eine Colonie, viele hundert Jahre vor Christi Geburt, mit den Phöniziern nach Irland gekommen seyn sollen. Diese Familien, die mehrentheils ein O oder ein M (Mac) vor ihrem Namen haben, sind nun ziemlich gesunken, und haben, nach-

dem

dem den mehresten, als Katholiken, die Peerwürde in den Revolutionen genommen wurde, wenig Credit mehr im Lande. Die O-Neil in Munster, und die O-Brien in Ulster waren besonders merkwürdig, und man hat mich versichert, daß es noch nicht funfzig Jahre ist, daß, wenn die Häupter dieser Familien einander trafen, sie sich so grüßten: „der große O-Neil zu Munster grüßt dich, großer O-Brien, zu Ulster.“

Bey Begräbnissen ist der Gebrauch der Klageweiber noch sehr gemein in Irland, besonders auf dem Lande, aber nie unter Standspersonen.

Die Irländer sind eben so verliebt in die Zeitungen und öffentlichen Blätter, als die Engländer. Jede ansehnliche Stadt hat ihre Zeitung, und in Dublin werden deren verschiedene gedruckt. Der Ire hält einen großen Theil aller dieser Zeitungen, und, nicht zufrieden damit, läßt er noch verschiedene der Englischen kommen, als die London Evening Post, den Craftsman, den London Advertiser u. a. Hier liegt beständig eine solche Menge von Zeitungen im Gesellschaftszimmer, daß ich so ziemlich alle Tage für ein Paar Stunden Arbeit gehabt hätte, wenn ich sie alle hätte lesen wollen. Ich kenne verschiedene Iren, die keine andere Lektüre kennen. Aus dem Gesellschaftszimmer kommen diese Zeitungen unter die ersten Bedienten, von diesen zu den Livreybedienten, und öfters hab ich, wenn ich in die Ställe ging, Kutscher, Reitknechte und Stalljungen damit beschäftigt gesehen.

Wahr ists, diese Zeitungen sind die vollkommensten, die in der Welt existiren. Auch ist dieses auf dem festen Lande bekannt, wohin eine große Menge derselben regelmäßig geschickt wird. Sie sind die vollkommenste Encyclopädie, die man sich nur denken kann. Alles, alles ohne Ausnahme findet einen Platz darinnen. Die Neuigkeiten der ganzen Welt, detaillirter, als irgendwo; alle Nationalgeschäfte, Heurathen, Geburten, Todesfälle, Ehescheibungen, neue Bücher und Kupferstiche, Erfindungen aller Art, Arzeneyen, Pommade, Puder, Modekrämereyen, Bankerute, Ankunft und Abgang der Schiffe, Räubereyen, Diebstäle, verlohrne und gefundene Sachen, gelehrte und andere Anekdoten, Lobreden, Pasquille, Ausfälle gegen Collegien und einzelne Personen, Bitten und Danksagungen, Altes und Neues — und — wenn würde ich fertig werden, alle die Artikel zu nennen, die in den Englischen und Irischen Zeitungen Platz finden.

Alle sind auf ungeheure Regalbögen, sehr enge gedruckt, und haben durchgehends vier, oft

oft fünf Colonnen auf jeder Seite. Jedermann liest sie, und jeder nimmt daraus, was ihm gefällt; doch werden sie häufig ganz gelesen. Die Freiheit, die darinnen herrscht, übersteigt alle Begriffe; die Impertinenz, mit der der König, die Minister, die Parlements-Glieder und alle Großen des Reichs behandelt werden, ist unbeschreiblich. Dies amüsirt den gemeinen Mann, und — ist, wenn ich nicht sehr irre, die Hauptursache, warum diese Zeitungen an vielen Orten des festen Landes so häufig gelesen werden.

Da diesen Sommer ein neues Parlement gemacht wurde, so war die ganze Nation in Bewegung. Ich könnte Ihnen Bögen vollschreiben, von dem, was ich bey der Gelegenheit gesehen, gehört und gelesen habe. Die Parlementsstellen tragen an sich selbst nichts ein, aber sie sind zu allem Nutze. So bald einer ins Unterhaus kommt, so ist er eine wichtige Person für das Land so wohl, als für den Hof; er hat Einfluß in unzählige Dinge, und kann für sich oder seine Familie eine Menge Dinge begehren, die der König zu vergeben hat: z. E. die einträglichsten Aemter im Lande. Ein Mann habe so viel Verdienst als er will; wenn er nicht im Parlemente sitzt, oder durch ein Parlementsglied unterstützt wird, so ist er für den Hof nur eine gleichgültige Person. Ein gewisser Lord wandte diesen Sommer alles an, seinen Bruder wieder zum Parlementsgliede einer Grafschaft zu machen, und es ging; ja er fand so gar Mittel, den Sohn dieses Bruders, der noch nicht zwanzig Jahre alt ist, gleichfalls ins Parlement zu bringen. Der Lord sitzt also als Peer und Haupt der Familie im Oberhause; sein Bruder im Unterhause, und hat zugleich ein Königliches Amt, das jährlich 2000 Pfund einbringt; der dritte Bruder sitzt als Bischoff im Oberhause, und hat jährlich bey 3000 Pf. Der Neffe, im Unterhause, wird nun bey Zeiten auch irgend ein Hofamt bekommen. Ein anderer Neffe ist ein Geistlicher, und erwartet Pfründen vom Bischoffe; und ein zweyter Neffe ist auch wieder für die Theologie bestimmt. Und das ist ohngefähr der Gang, den die Großen des Reichs zu nehmen suchen.

Sie sehen, lieber Freund, daß auf diese Art die Regierung Irlands im Grunde Aristokratisch ist, und daß das Volk blos als Mittel betrachtet wird. Ein jeder, der jährlich 40 Schillinge (2 Pfunde) Einkommen aus eigenen Grundgütern hat, ist ein Freeholder, und gibt seine Stimme zur Wahl der zwey Parlementsglieder für seine Grafschaft. Aber was ist das? Die Kleinen hängen von den Großen ab, und die Nation wird nicht durch das Parlement repräsentirt, sondern, wie ein Volunteer sagt, von eini-

einigen Großen, und von einer Menge von Bettlern. Auch fühlt die Nation das, und die Volunteers, die jezt zu Dungannon versammelt sind, verlangen, daß die Verfassung wegen der Parlementswahlen geändert werden solle. In England ists nicht viel anders, und der alte Lord Chatham (der berühmte Pitt) drang oft auf das, was jezt die Iren verlangen. Aber dabey findet der Hof seine Rechnung nicht. Birmingham, Manchester und andere beträchtliche Städte, senden kein Mitglied zum Parlement, weil sie nicht existirten, als die Constitution gemacht würde. Kleine, elende Städte hingegen, in denen manchmal kaum sechs oder acht Freeholder sind, und welche noch darzu von einer reichen Familie in dieser Grafschaft abhangen, senden zwey Glieder ins Haus. Und so gehts denn überall tout comme chés nous, und die Welt ist in gewissen Hauptsachen aller Orten die nämliche.

Ich muß Ihnen doch, bey der Gelegenheit, etwas von einer Mahlzeit erzählen, der ich beywohnte, und die mich nicht wenig interessirt hat. Wir waren 300 Personen an einem Tische, den ein Lord auf einem grünen Platze neben dem Hause hatte aufschlagen lassen. Es waren Volunteers aus seiner Grafschaft, die sichs da herrlich wohl seyn liessen, und die Freygebigkeit, die Güte, Menschlichkeit und Gemeinheit des

Lords bewunderten und lobten, der mit ihnen alle Gesundheiten trank, die Hände schüttelte, den Patriotismus der Volunteers lobte, und von der Prosperity of Ireland sprach. — Sie hatten unter andern einen general-toast-master, den sie auf den Tisch stellten, und der der ganzen Gesellschaft die Gesundheiten angab. Mit einer ungeheuern Stimme schrie er jedesmal die Gesundheit aus, und schwengte dann den Hut in die Luft, so lange, bis die Gläser leer waren. Das Ganze ging sehr kriegerisch zu, denn diese Volunteers kamen alle unter den Waffen, mit ihrer Musik, und machten einige Manöuvres vor und nach der Mahlzeit. Es waren darunter vierzig Mann zu Pferde, welche früher kamen, und die Infanterie mit dem gewöhnlichen Schwerdtgruße empfingen.

C***, den 11. Sept.

Meine Kenntniß der Naturgeschichte hab ich hier gar sehr erweitert, wie wohl freilich nur in einem einzigen Zweige, nämlich der Seefische. Ich habe, vermittelst einiger Gelehrten, die Sache systematisch und klassisch verhandelt, und ich kann Ihnen jezt sehr genau sagen, wie der Rhombus, die Solea, der Scomber und andere Fische, aus denen die Lateiner sehr viel machten, aussehen und schmecken. Ich weiß, welche Fi-

sche

sche auf dem mittelländischen Meere am besten sind, und welche an den Küsten von Irland und von Neu-Foundland. Ich weiß, daß die Amerikanische Schildkröte unendlich besser ist, als die Mediterraneische, und daß man für letztere kaum eine Guinee gibt, indeß man die erstere mit drey, vier, fünf und sechs bezahlt. Engländer und Iren sind unmäßig darein verliebt! Sie müssen öfters die Satyre Englischer Schriftsteller gelesen haben, wenn von der Glückseligkeit eines Londner Aldermans die Rede ist, wenn er eine Schildkröte auf seinem Tische hat. Dieses arme Thier wird an den Küsten von Amerika gefangen, muß den ganzen langen Weg über den Ocean machen, sich oft viele Meilen weit zu Lande tragen lassen, dann noch oft viele Tage in einem engen Fasse schmachten, bis es die Ehre hat, für eine Gesellschaft von Europäischen Kennern sein Leben zu verlieren. —

Scherz bey Seite — Die moralischen Anmerkungen, deren man sich hier kaum erwehren kann, will ich Ihnen ersparen; aber das muß ich sagen, daß ich hier in meiner Erziehung versäumt worden bin, und daß ich alle diese Herrlichkeiten nicht nur äusserst unverdaulich, sondern höchst unangenehm im Geschmacke finde. Ich gäbe für die herrlichste Amerikanische Schildkröte schwerlich ein Gericht guter Irischer Erdäpfel. — Einmal brachte man einen Stör (Sturgeon) der

 neun

neun Schuhe lang war und 217 Pf. wog. Das war nun eine große Herrlichkeit, und ich selbst würde begierig und wartete mit Verlangen davon zu essen. Mir war als wenn ich ein Stück Leder auskauete, das vier Wochen in Fischthran gebeizt worden, und ich wußte nicht, wie ich mit Ehren den Bissen wieder aus dem Munde bringen sollte, den ich nicht ganz verschlucken, und noch weniger verdauen wollte.

Dieses weggerechnet, ist die Irische Küche delikat, überaus simpel und gesund, und der haut-gout hat hier bey weitem nicht so überhand genommen, wie auf dem festen Lande von Europa. — Suppe gibts weder hier noch in England, weder zu Mittage noch zu Nacht. Wenn ja in manchen Häusern manchmal eine auf den Tisch kommt, so ist dies was besonderes, und ist eigentlich nicht viel anderes, als eine Fleischbrühe, besonders von Schöpsenfleisch.

Ich hab Ihnen wohl nie vom großen Irischen Canal geschrieben? Man nennt ihn den großen, zum Unterschied eines oder mehrerer kleinen im Norden, und in der That ist es eine der größten Unternehmungen neuerer Zeit, die nicht durch eine Krone, nicht durch ein Parlement, sondern durch eine Subscription ausgeführt wird. Durch diesen Canal wird die Insel von Osten gegen

gen Südwesten schiffbar, der Liffey mit dem Shannon vereiniget, und also das Irische Meer, oder der St. Georgen-Canal mit dem Ocean, queer durch die Insel. Man wollte diesen Canal von Dublin aus so viel als möglich in gerader Linie bis in die Gegend bey Athlone am Shannon führen, und auf einer neuen Karte von Irland ist er auch so angezeigt. Auf Kitchins Karte von Irland geht er ziemlich in gerader Linie von Dublin gen Westen. Allein, als es zur Ausführung kam, mußte man ihn nicht nur durch einen Sumpf von mehr als zwanzig Meilen leiten, sondern es fanden sich auch so viel andere Schwierigkeiten, daß man ihn gen Süden bringen mußte, bis tief hinab in die Grafschaft Queens-County. Ich glaube, daß er diesen Sommer bis Maryborough in dieser Grafschaft fertig werden sollte, welches denn die Hälfte des ganzen Werks wäre.

Die Iren machen sich große Hofnungen von diesem Canale; allein Lord T*** hat mich versichert, daß er, wenigstens jezt, gar nicht die großen Vortheile einsähe. Inländische Schiffahrt ist einem Lande nur alsdenn recht nützlich, wenn allgemeine Industrie in den innern Provinzen herrscht, und die Ausfuhr ihrer künstlichen sowohl als natürlichen Produkte, durch einen Canal befördert wird. Von dieser Art ist der

Brid-

Bridgewater Canal, und verschiedene andere in Nord-England, auf welchen nicht nur alle natürliche Produkte, besonders Steinkohlen, überaus leicht und wohlfeil von einem Orte zum andern, und in die Seehäfen gebracht werden; sondern durch welche auch Manchester, Warrington, Leeds und eine Menge anderer Städte, in denen viele hundert Fabriken sind, ihre Waaren in die Seehäfen, hauptsächlich nach Liverpool führen, und von daher, mit der nämlichen Leichtigkeit, Seide, Baumwolle und alle ausländische Waaren erhalten. Industrie und Handel existirten hier zuerst, und die Canäle wurden nachher gegraben. Allein damit geht es in allen Ländern nur langsam, und in Irland besonders langsam: und so wird dieser Canal zwar immer nützlich seyn, aber den Erwartungen der Iren nicht eher entsprechen, bis der Geist der Nation allgemein thätiger wird. Ich sah ein Stück von diesem Canal, ohnweit Dublin, und fand ihn überaus schön. Er scheint dauerhaft angelegt zu seyn, hat eine Reihe von Ulmen an seinem Ufer, und der Weg für die Pferde ist schön und fest.

Die Münze in Irland ist vollkommen die nämliche, wie in England, nur mit dem Unterschiede, daß der silberne geprägte Schilling, anstatt 12. Pence, 13. gilt, und folglich die Guinee 22. 9. anstatt 21.

Ich

Ich weiß nicht, woher diese Verschiedenheit kommt; aber das weiß ich, daß man um nichts dadurch gebessert ist, und daß man anstatt einen Schilling S. 1. 1., und anstatt einer Guinee — P. 1. 2. 9. bezahlt, so daß diese Verschiedenheit zu nichts dient, als die Rechnungsart beschwerlich zu machen, weil man beständig ungleiche Zahlen bekommt. Die halben Pence, die hier gäng und gäbe sind, werden auf der Insel geschlagen, und sind ganz nach dem Fuße der Englischen; auf der einen Seite ist das Portrait des Königes, und auf der andern, anstatt der weiblichen Figur Englands, die Irische Laute. Es ist eine Kupfermünze, die an Größe und Werth von dem französischen Sols wenig unterschieden ist. Da man weder hier noch in England keine kleinere Silbermünze hat, als die halben Schillinge, so würde es sehr beschwerlich seyn, eine so große Kupfermünze als die halfpence sind, in der Tasche zu tragen; allein die Krämer wissen glücklicherweise dieser Beschwerde abzuhelfen, und bis jezt bin ich wunderselten im Falle gewesen, von dieser Münze Gebrauch zu machen, weil man gewöhnlich Schillinge und halbe Schillinge (Six-pence) fordert, und diese sind klein genug.

Irland ist, für mich, eher theurer, als wohlfeiler, denn England. Die Lebensmittel mögen

mögen im Ganzen hier wohlfeiler seyn, so wie auch die Leinwand; alles Uebrige aber, was zur Kleidung gehört, steht gewöhnlich hier in einem höhern Preiße. Alles, was aus England kommt, ist ganz natürlich hier theurer als dort, weil nicht nur die Fracht und der Gewinnst des Kaufmanns darzu kommt, sondern auch, weil die mehresten Englischen Waaren bey der Einfuhre nach Irland Abgaben bezahlen, und neue Englische Waaren, die ich in meinem Koffer habe, muß ich hier bey der Landung veraccisiren, oder sie sind contreband.

Der Wein ist durchaus wohlfeiler in Irland, als in England, weil ihn der Ire gerade aus Frankreich, Portugal und Spanien hohlt, und bey der Einfuhr in sein Land nicht so viel zu bezahlen hat, als der Engländer in dem seinigen. Daher kommt es, daß man auch in den Wirthshäusern oft ziemlich guten Wein findet, da hingegen in dem Getränke, das man in den Englischen Wirthshäusern für Wein gibt, oft nicht ein Tropfen Wein ist. Es ist eine Art Brandtewein, oder Rum versetzt mit Honig, Zucker-Wasser rc. und mit Pflaumen- oder Schleensaft, wenn rother verlangt wird. Man braucht noch andere Ingredienzien, um einer jeden Weinart den Geschmack zu geben, den die wirkliche dieses Namens hat. Ein solches Getränke, ob schon kein

Trau-

Traubensaft, ist weder ungesund, noch unangenehm, noch wohlfeil; die Bouteille kostet gewöhnlich eine halbe Krone. Selbst an den Familientafeln in England, wird oft ein gemachter Wein gegeben, z. E. von Honig, oder von Rosinen; beide sind sehr gut. Nebst dem haben sie Stachelbeeren- und Johannisbeeren-Wein; beyde sind stark und gut. Selbst der Birn und Aepfelmost (cider) sind oft überaus stark und sehr angenehm zu trinken; und ob schon beide im Lande gemacht werden, so wird doch oft die Flasche mit einem Schillinge und mehr bezahlt. Der gewöhnliche Preiß des Clarets (Bourdeaux rouge) ist eine Krone, und für guten Burgunder und Champagner bezahlt man noch mehr. Demohngeachtet wird an den Englischen Tafeln so viel und mehr Wein getrunken, als in irgend einem Lande, und man gibt oft vier, fünf bis sechs verschiedene Sorten, Punsch und Rum ungerechnet.

Die Kleidertracht der Iren ist von der Englischen wenig oder gar nicht unterschieden. Ein extrafeines Tuch, ein äusserst feiner Hut, seidene Beinkleider, seidene Strümpfe, weisse Westen und die feinste Leinwand zum Hembe, sind die gewöhnliche Tracht, und der ganze Staat. Man trägt hier und in England die Röcke von einer Art, die wir auf dem festen Lande Neglische' und Fracken nennen, und die Weste gewöhnlich kurz abgeschnitten. Ganze Kleider werden nur bey ausserordentlichen Gelegenheiten getragen, und sind im gewöhnlichen Leben, und selbst in den Concerten und größern Gesellschaften so selten, daß ich weder hier noch in England meine mitgebrachten Kleider tragen kann, wenn ich nicht eine Aufmerksamkeit erregen will, die höchst unangenehm ist. Ein Mann, der mit einem Haarbeutel, einem Degen und dem Hute unter dem Arme, zu Fusse auf der Gasse ging, würde vom Pöbel und Gassenjungen verfolgt, wo nicht gemißhandelt werden. Selbst in London, wo doch beständig so viele Fremde sind, würde so ein Aufzug allgemeine Aufmerksamkeit erregen. Gold und Silber sind auch höchst selten; doch passirt es überall, wenn es nur kein ganzes Kleid, und kein Haarbeutel dabey ist.

Der gemeine Mann in Irland ist bey weitem nicht so gut gekleidet, als in England, und noch auffallender ist der Unterschied in der Unreinlichkeit. — Ueberhaupt zeigt sich hier ein merklicher Unterschied. In England scheint der Große so wohl, als die Gesetzgebung und ganze Regierung des Landes, eine gewisse Achtung für die niedern Stände zu zeigen; hier hingegen steht der gemeine Mann äusserst tief. In England gibts eine Menge Dinge, die blos für die Bequemlichkeit und zum Besten der niedern Stände de sind; hier sieht man so wenig davon, als in Frankreich und in den mehresten deutschen Monarchien.

Die Frauenzimmer in Irland kleiden sich mit vielem Geschmack, und ihre Tracht ist von der des festen Landes, welche überall mehr oder weniger, die französische ist, wenig unterschieden. Sie beobachten, so wie überall, sehr genau die neuen Moden, ohne sich von den französischen despotisiren zu lassen. — Auffallend war mirs, Kleider mit Schleppen bis in die niedern Stände herab zu sehen. So tragen z. E. alle Stubenmädchen hier im Hause, Röcke mit Schleppen und große Hauben. In diesem Aufzuge kehren sie täglich alle Zimmer aus, machen die Betten, und bringen Wasser in die Schlafzimmer.

Und hier, lieber Freund, lassen Sie mich meine Bemerkungen über ein Land enden, dessen Bekanntschaft ich mit Vergnügen gemacht habe. Komme ich, wie ich hoffe, künftiges Jahr wieder hierher, so will ich diese Bemerkungen, so wie ich mit dem Lande und den Menschen darinnen noch besser bekannt werde, fortsetzen und erweitern, und bey Gelegenheit die Irrthümer verbessern, die sich etwan in die gegenwärtigen Bemerkungen eingeschlichen haben. Ich bin weit davon entfernt, zu glauben, daß meiner Aufmerksamkeit nichts entgangen seyn sollte, und wenn ich eingestehe, daß in meinen Beobachtungen Fehler vorgegangen sind, so thue ich weiter nichts, als was jeder ehrliche Reisebeschreiber willig eingesteht, weil er aus der Erfahrung weiß, wie schwer es ist, gut und richtig zu sehen und jedesmal den rechten Standpunkt zu treffen, von wo aus man seine Beobachtungen anstellen muß.

In einigen Tagen gehe ich wieder nach England zurück, und da ich in Manchester wahrscheinlich bald eine Gelegenheit finden werde, so will ich Ihnen von dort aus diese Papiere zuschicken.

Manchester, den 28. Sept. 1783.

Daß ich glücklich zu Holyhead gelandet, wird Ihnen mein Brief sagen, den ich dort den nämlichen Tag auf die Post gegeben habe. Jetzt will ich Ihnen nur noch etwas von meiner Ueberfahrt erzählen.

Kurz ehe wir Irland verliessen, erfuhr Lord T** daß eine königliche Jacht überfahren sollte, und so gleich wurde beschlossen, mit ihr zu gehen. Zwar machen diese Jachten einen weiten Weg, denn sie landen gewöhnlich zu Parkgate in der Mündung des Dee, zwölf Meilen von Chester; dafür aber hat man sehr gute Bedienung, und die Jacht ist viel größer als die Paketboote. Glücklicherweise für uns waren alle

gute

gute Plätze schon besetzt. Wir gingen also mit dem Packetboot und hatten eine Ueberfahrt von sieben Stunden, eine fast unerhörte Sache auf dem Irischen Meere. Wir schifften uns nach Mitternacht ein, welches freilich sehr beschwerlich ist, und um so beschwerlicher, da man ein Paar Meilen in einem unbedeckten kleinen Fahrzeuge machen muß, weil das Packetboot, um geschwinder fortzukommen, gewöhnlich ausser dem Hafen vor Anker liegt. Es regnete, und der Sturm war abscheulich. Daß wir äusserst geschwind gingen, darf ich Ihnen nicht sagen, da Sie wissen, daß die Ueberfahrt von vier und siebenzig Meilen ist.

Ich bin jezt fest überzeugt, daß die Bewegung des Schiffes die Hauptursache der Seekrankheit ist. Je stärker dieses geht, desto heftiger ist das Erbrechen, und desto mehr greift die Krankheit an. Dieses hab' ich reichlich erfahren, denn ich war noch den ganzen folgenden Tag nicht wohl, ob man schon gemeiniglich sagt, daß diese häßliche Krankheit in dem nämlichen Augenblicke ganz vorüber ist, in welchem man den Fuß aufs Land sezt.

Wenn wir von Glück zu sagen hatten, daß unsre Ueberfahrt so schnell war, so waren wir noch weit glücklicher von einer andern Seite. Der Sturm nahm noch denselben Tag heftig zu, und wurde den folgenden und nächstfolgenden so heftig, daß ich überall beide Seiten der Straße mit Zweigen und Bäumen ganz überstreut fand. Es waren Eichen und Eschen darunter, die fast einen Schuh im Durchschnitt hatten.

Der St. Georgen-Canal ist in England, und noch mehr auf dem festen Lande sehr verschrien, und vielleicht nicht ganz mit Unrecht. Zwar geht es hier, wie mit dem Donauwirbel und mit der Rhodanfahrt unter dem Pont du Guard; es wird alles übertrieben. So viel aber ist gewiß, daß hier die Wellen kurz und rauh sind, da sie hingegen auf dem Ocean eine längere Form haben. Ob die Wallisischen Gebirge oder andere Umstände, oder Verschiedenes zusammen Schuld daran sind, will ich nicht entscheiden. Auch das ist bekannt, daß die Fahrt von Dublin nach Holyhead gemeiniglich besser ist, als die von Holyhead nach Dublin. Um allen Beschwerden abzuhelfen, hat man vor einigen Jahren einen neuen Weg durch Nord-West-Schottland bis in den Hafen Portpatrick angelegt; von da ist die Ueberfahrt nach Donnaghade noch kürzer, als von Calais nach Dover. Diesen Weg macht aber fast niemand, weil er in Rücksicht der beyden Hauptstädte London und Dublin, viel zu weit nördlich führt.

Dublin, den 15. Jun. 1784.

Herzlichen Dank, lieber Freund, daß Sie mich so bald nach meiner Landung in Irland mit einem Briefe bewillkommen, denn schon hab' ich Ihren Brief vom 27. May erhalten. Dieser ist also nicht länger als sechszehn oder siebzehn Tage gelaufen, und ich bemerke mit Freuden, daß, wenn Wege und Wind gut sind, wir gar nicht so entsetzlich weit von einander leben.

Das Meer fängt allmählig an, mir günstiger zu werden. Wir landeten den 9ten früh um drey Uhr nach einer ziemlich sanften Ueberfahrt (ein seltenes Ding zwischen England und Irland) von vierzehn Stunden. Ich war diesmal nicht vier Stunden lang krank und auch in diesen litte ich nur sehr wenig. Dafür muß ich freilich jezt ein wenig bezahlen. Wer auf dem Meere krank ist, ohne sich zu übergeben, soll, nach der Landung, ein Brechmittel brauchen, um die Galle fort zu schaffen, die allemal erregt wird. Dies hielt ich für unnöthig, und so fühlte ich Hitze, Kopfschmerzen, Ermüdung und Entzündung in der Brust.

Wenn man auf dem Meere nicht zu viel von der Krankheit leidet und die Bewegungen des Schiffes nicht zu rauh sind, so ist so eine Ueberfahrt so unangenehm eben nicht! So wie wir auf die Bay von Holyhead steuerten, weidete ich mich mit Vergnügen an der Aussicht, die die hohen Berge auf beiden Seiten der Insel Anglesea und besonders das äusserste südliche Vorgebirge der Bay, gewähren. Nach drey Stunden verschwand der Anblick vom Lande, und ich fühlte, zum erstenmale in meinem Leben, die Grösse, mit der das unermeßliche Gewölbe des Himmels einen jeden füllen muß, der nicht durch andere Umstände zum Fühlen unfähig gemacht ist. Da schwimmt der hölzerne Pallast dahin, und um mich her seh ich nichts als die runde, platte Scheibe des Meeres eingeschlossen, auf allen Seiten, durch eine halbe, ausgehöhlte Kugel, das Gewölbe des Himmels. Unsere Einsamkeit wurde auf eine Viertelstunde durch ein Schiff unterbrochen, das nach Parkgate seegelte, und das wir in der Entfernung von etlichen Meilen sahen. Nachher erschien in einer geringern Entfernung the King's Cutter, (eine Fregatte gegen die Contrebandirer) welche unser Paketboot mit der grosen Flagge begrüßte. Jedes Begegnen auf dem Meere wird interessant.

Manche Leute wissen viel zu erzählen von dem Anblicke der beiden Küsten, den man ohngefähr auf der Mitte der Ueberfahrt haben soll. Sie sagen, man sehe gar deutlich gegen Osten das Vorgebirge von Holyhead, und gegen Westen

sten die hohen Gebirge der Grafschaft Wicklow. Ich gestehe gerne, daß ich von vier Uhr an bis um neun Uhr, da ich zu Bette ging, keinen Schimmer von Land gesehen habe, ob schon das Wetter bis gegen Sonnenuntergang helle war. Alles war alsdann in Dampf gehüllt, und so bin ich noch nie so glücklich gewesen, einen Sonnen-Auf- oder Untergang mitten auf dem Meere zu sehen.

Bey der Einfahrt in die Dubliner Bay gibt es niedrige Orte, und da wir gegen eilf Uhr mit der Ebbe dahin kamen, mußten wir wieder zwey Meilen zurück steuern, weil der Wind zu stark war um Anker zu werfen. Ohne diesen Umstand, und ohne die allemal langweilige Fahrt durch den letztern Theil der Bay hätten wir unsere Ueberfahrt in zehn oder eilf Stunden machen können.

Vorgestern war ich in einem der hiesigen Schauspiel-Häuser, in Smoak Alley, und sahe Farghair's unanständiges und unmoralisches Lustspiel the beau Stratagem. Das Haus ist nicht so groß als das Leipziger, und hat, ausser dem Parterre, nur zwey Ränge Logen über einander, und die Gallerie. Gleichwohl sind gewöhnlich in diesem Hause die besten Schauspieler, und wie man sagt, ist es oft nicht voll. Von aussen hat es ein sehr schlechtes Ansehen; das

Innere ist gut, ohne weiter etwas Besonderes zu haben. Des Vice-Königs Loge steht ganz auf dem Proscenium, und hat einen Baldachin. Ich sahe ihn und die Herzogin; er legte sich einmal weit aus der Loge heraus, um mit jemanden zu sprechen, wofür er zwey Minuten lang entsetzlich ausgepfiffen wurde.

Erst künftigen Sonntag verlassen wir die Stadt. Mrs. Siddons, dieses theatralische Wunder, die in ihrer Art viel größer seyn soll als Garrik war, ist vor acht Tagen hier angekommen, und sollte zu Anfange dieser Woche auftreten. Allein dies ist von einem Tage zum andern verschoben worden, und nun spielt sie erst auf den Sonnabend. Und dies ist die Ursache unsres langen Aufenthalts zu Dublin. Sie spielt auf dem kleinern Theater, und hat tausend Guineen für zwey und zwanzig Abende. Dieses kleinere Theater steht unter dem Vicekönig, das größere unter dem Mayor. Ueberdies ist auch ein Opernhaus hier, aber für Englische Oper. Glauben Sie wohl, daß ich nicht ein einziges mal dort gewesen bin? So gleichgültig bin ich gegen Dinge geworden, in denen ich sonst das höchste Interesse fand!

Dem Anscheine nach ist jezt hier alles ruhig, obschon in allen öffentlichen Blättern Feuer lodert. Der bessere Theil der Nation sieht mit Verachtung, mehr als vergangenes Jahr, auf alle die Schreyer gegen England und das Parlement. Ich sehe immer mehr und mehr, daß die Parthey, die so viele Unruhe in Irland stiftet, die nämliche ist, welche die Königin Maria aus Schottland vertrieb, Carln I. aufs Blutgerüste brachte, sich beständig der Krone widersetzte, und bey allen Gelegenheiten nach Independenz strebte. Kurz, die mehresten sind Presbyterianer, alte und neue, (old light and new light) welche den eigentlichen Calvinisten am ähnlichsten sind, und gerade die nämlichen politischen Grundsätze haben, die die wahren Calvinisten überall und zu allen Zeiten gezeigt haben. Es sind die nämlichen, von denen ich Ihnen einmal schrieb, daß sie im letzten Kriege die Parthey der Amerikaner nahmen, und von denen gegenwärtig ein grosser Theil für Fox ist. Kurz, sie sind beständig in der Opposition, und man findet ihrer unter den Kaufleuten mehrere, als vielleicht in irgend einer andern Classe. In England sind sie mehrentheils in sehr guten Umständen; viele derselben nennen sich aufs neue Whigs.

Mittwochs, den 16. Jun.

Ich glaube, ich habe Ihnen niemals ein Wort von der hiesigen Hauptkirche St. Patrik geschrieschrieben! Man hat eigentlich zwey Hauptkirchen, diese und die Christ-Church. St. Patrik ist die Erzbischöffliche, und die, an der Swift Dekan (Dean) war. In der That läßt sich wenig davon sagen, denn es ist ein altes, kaltes, garstiges Gebäude, das sich durch nichts empfiehlt. Indessen besehen alle Fremde dieses Gebäude, wegen einiger Denkmäler, unter denen das dem hiesigen Erzbischoffe Smith errichtete, das schönste ist. Swifts Denkmal ist nicht viel mehr, als eine marmorne Tafel mit seiner Büste über derselben. Das berühmteste ist ohnstreitig das Denkmal, das Swift seiner Stella errichtete, ob es schon nichts weiter ist, als eine marmorne Tafel mit ohngefähr folgender Inschrift: „Hier ruht der Körper der Mrs. Johnson, besser der Welt bekannt unter dem Namen Stella, unter welchem der Dekan Swift in seinen Werken sie anführt. Sie starb rc. rc." und nun folgen ein Paar Zeilen zu ihrem Lobe.

Das Dunkel, in das die Geschichte dieses Frauenzimmers zum Theil gehüllt ist, hat hier zu Dublin aufs neue meine Neugierde erregt, wie denn der Mensch immer das zu wissen am begierigsten ist, was man ihm nur halb zeigt. Allein ich habe, alles Nachfragens ungeachtet, nichts weiter erfahren können, als was ohngefähr in Swift's Leben von Johnson steht. Das, wovon Johnsen nicht das Geringste erwähnt, ist die Sage,

die

die zu Swift's Lebzeiten ging, und welche hier noch von vielen geglaubt wird, nämlich daß er und Stella natürliche Kinder des Sir William Temple, und also Geschwister waren. Hieraus ließe sich nun manches in Swift's Geschichte erklären, z. E. daß man nie wußte, aus was für einem Lande er war, indem ihn jedermann für einen Irländer erklärte, er selbst aber sich für einen Engländer ausgab. Er sagte, er sey zu Leicester geboren, sein Vater sey ein Prediger nicht weit von dieser Stadt gewesen, und seine Mutter eine nahe Verwandte des Sir William. Sir Williams ausserordentliche Anhänglichkeit an Swift ließe sich auch daraus erklären. Stella war, wie man allgemein sagte, die Tochter von Sir Williams Haushofmeister (Stuart). Allein was ihr Familienname, oder ihr Mann Johnson war, weiß kein Mensch, und überhaupt weiß man nichts von ihrer Ehe. Swift's sonderbares Betragen gegen Stella ließe sich eben dadurch erklären, zumal wenn man annimmt, daß er nie mit ihr verheurathet war, wie viele Leute hier glauben. Dr. Johnson sagt, ein Bischoff habe sie heimlich zusammen gegeben, und habe es, nach Swift's Tode, einem seiner Freunde erzählt. Davon, daß Swift wahnwizig geworden, weil er erfahren, daß Stella seine Schwester sey, sagt Johnson kein Wort, und hält es also vermuthlich für eine Fabel.

Ich

Ich habe öfters von einem Denkmale gehört, das Swift einem seiner Bedienten errichtet, und fragte also darnach, als ich in der Kirche war, und da zeigte man mir eine kleine Tafel mit einer Inschrift, die in einem dunkeln Winkel neben einer der Thüren angemacht ist *).

Gleich neben der Kirche ist die Dekanswohnung (the deanery) und neben dieser der Erzbischöff-

*) Der Inhalt dieser Inschrift, die in Swifts Leben von John Hawkesworth ganz steht, ist ohngefähr: „Hier liegt Alexander Magee, D. Swifts Bedienter. Sein dankbarer Herr ließ dieses Denkmal dem Andenken seiner Bescheidenheit, Treue und Eifers in diesem niedrigen Stande, errichten.“ — Der Verfasser dieses Lebens setzt hinzu, daß Swift in seiner Handschrift gesetzt habe: Sein dankbarer Freund und Herr; aber einer von seinen Bekannten, der sich mehr durch Eitelkeit, als durch Weisheit ausgezeichnet, habe ihn vermocht, das Wort Freund wegzulassen, selbst wider seinen eignen wohlbekannten Grundsatz, daß ein treuer Bedienter allezeit nicht als ein armer Sklav, sondern als ein demüthiger Freund (humble friend) angesehen werden müßte. A. d. H.

bischöffliche Pallast, ein altes, unansehnliches, weitläuftiges Gebäude, das nichts merkwürdiges hat, als ungeheure, große Zimmer. Die Dekansstelle trägt jährlich 1000 Pfund.

Dublin, den 19. Jun, 1784.

Gestern war ich in dem hiesigen so genannten alten Männer-Hospital, (old men's Hospital) einer der besten Einrichtungen dieser Art, die man sehen kann, und ohnstreitig das wichtigste Charitätshaus, das Irland aufzuweisen hat. Vierhundert alte, ausgediente Soldaten empfangen hier Wohnung, Nahrung und Kleidung. Das Gebäude ist ein Viereck, dessen vier Seiten einen großen, reinlich gehaltenen Hof einschließen. Es liegt etwas höher als der übrige Theil der Stadt, hat verschiedene Alleen, grüne Plätze und einen Garten um sich herum. Der Zugang ist durch eine Allee von alten Bäumen, an deren Ende man das Portal sieht, welches, ohne besondere architektonische Schönheiten zu haben, sehr gut in die Augen fällt. Auf einer Seite wohnt der Comander in Chief, d. h. derjenige Englische General, der alle in Irland stehende königliche Truppen kommandirt. Es ist gegenwärtig der General Pitt, ein Verwandter des Ministers. Er sollte eigentlich in den Casernen wohnen; allein er hat hier eine schönere

nere Wohnung, und läßt seinen Platz in den Casernen für andere Generale, die gewöhnlich so viel Raum einnehmen, daß es oft den subalternen Officieren an Platz fehlt.

Das Speisezimmer der Invaliden ist ein ungeheurer Saal, in welchem alle vierhundert Mann mit ihren Officieren (unter denen aber keine höhern als Hauptleute sind) speisen. Die Gemeinen haben fünfmal in der Woche Fleisch, Fleischbrühe und Brod, zweymal bloß Brod und Käse. Abends bekommen sie Gerste. Sie sind in eine Art Uniform, von grobem, rothen Tuch gekleidet, blau aufgeschlagen. Sechs schlafen in einem Zimmer. In einer Ecke dieses Gebäudes steht ihre Capelle, wovon der Caplan unter ihnen wohnt. Im Speisesaal hängt Gewehr für nicht ganz tausend Mann, das mit vielem Geschmacke aufgestellt ist. Ueber den Fenstern hängen eine Menge Portraite von Vicekönigen in Lebensgröße. Kurz, das Ganze hat ein schönes, gefälliges und reinliches Ansehen.

Vielleicht ist es Ihnen nicht unangenehm lieber Freund, einen Begriff von der hiesigen Universität zu haben? Man nennt sie the Trinity College, nach Art der Englischen Universitäten, die eine große Menge Collegien haben; hier aber ist alles in einem einzigen beysammen. Ich hab Ihnen

Ihnen schon vor einem Jahre von dessen Größe und dem Umfange der Gebäude geschrieben. Sie können sich einen Begriff davon machen, wenn ich Ihnen sage, daß, ausser den öffentlichen Hörsälen, der Bibliothek, dem Museum, Speisehause, Anatomie, einer Buchdruckerey rc. auf dreyhundert Studenten darinnen wohnen mit ihren Privat-Hofmeistern, wenn sie welche haben, Aufwärtern und Bedienten. Auch ist da eine eigene Kirche und die Wohnungen aller Lehrer. Der Fond zur Unterhaltung alles dieses, und zur Bezahlung der Lehrer besteht in liegenden Gründen, die dem Collegium gehören. Die öffentlichen Examens und überhaupt alle öffentlichen Verhandlungen werden in einem großen Gebäude gehalten, das blos darzu ist. Man baut gegenwärtig ein neues, welches in einem schönen und großen Styl angelegt ist, mit einem Portale, das auf einer Säulenreihe ruht.

Das ganze Collegium, mit allem darzu gehörigen, steht unter dem Prevost, der einen ansehnlichen Rang und jährlich auf dreytausend Pf. hat. Er wohnt in einem schönen Gebäude, das neben der Vorderseite des Collegiums steht, und hat einen eigenen Garten. Hinter diesem ist ein Garten, oder vielmehr ein großer grüner Platz mit Sandgängen, und hinter diesen ist eine Art Park, von dem ich Ihnen vergangenes Jahr geschrie-

geschrieben habe. Es ist ein ungeheures Stück Grasland, mit Gängen und Alleen von alten Bäumen rings umher: ein herrlicher Platz! —

In der Buchdruckerey werden nicht nur alle Bücher und öffentliche Schriften für das Collegium, sondern auch andere gedruckt, und das Einkommen davon gehört der Universität.

Das Museum ist ein schöner, großer Saal, in welchem eine Sammlung von Naturalien, Münzen, Kunstwerken, Antiquitäten und Seltenheiten mancherley Art aufgestellt ist. Die ganze Sammlung zusammen ist sehr artig und interessant zu sehen; wenn man aber jeden Zweig besonders nimmt, so ist er höchst unvollständig, und will sehr wenig sagen. Ich habe Naturalien - Antiquitäten - und Münzsammlungen von Privatpersonen gesehen, die weit beträchtlicher sind. Das artigste ist das, was Capitän Cook hierher geschickt hat, z. E. die Figur eines Otaheiten, wenn er in die Schlacht geht, und eine andere, wie man zu den Begräbnissen auf dieser Insel geht. Auch haben sie eine Mumie.

Die Anatomie und das chymische Laboratorium sind in einem Gebäude beysammen. Die anatomischen Präparate hab ich viel besser und zahlreicher zu Strasburg und an andern Orten gese-

gesehen; aber nirgends hab ich eine so ansehnliche Sammlung von wächsernen Figuren gesehen, als hier, besonders von Weibern in Kindesnoth. Sie sind alle in Lebensgröße und sehr gut gearbeitet. — Das Gerippe des so genannten Irischen Riesen ist sieben Fuß zehen Zoll lang, und sieht sonderbar genug aus. Weit sonderbarer aber ist ein anderes von einem Manne, dessen knorpelichte und feste Theile allmählig zu Knochen wurden. Er verlor nach und nach den Gebrauch seiner Füsse, seiner Aerme ꝛc. ꝛc. dann versteinerten sich seine Kinnbacken, so daß man ihm nur flüssige Sachen eingiessen konnte, bis er endlich gar keine Nahrung mehr einnehmen konnte, und so umkommen mußte.

Um noch etwas von dem eben genannten Irischen Riesen zu sagen; Berkeley, der nicht an Materie glaubte, stellte ohne Unterlaß Versuche an, die sehr sonderbar waren, und zum Theil ins Grausame fielen. Unter andern fiel ihm ein, zu wissen, ob man den Menschen, durch künstliche Mittel, eine beträchtlich grössere Länge geben könnte, als ihm die Natur zugedacht hat. Er nahm einen armen Knaben aus der Gegend von Cloyne, wo er damals Bischoff war, und dehnte ihn durch allerhand Mittel täglich aus, so daß der Knabe in seinem sechszehnten Jahre sieben Schuhe lang war. Allein seine Glieder waren

 ausser

ausser allem Verhältnisse, seine untere Kinnlade ungeheuer, und sein Schädel von gewöhnlicher Grösse. Dabey war er äusserst schwach und gebrechlich an Körper und Seele und starb vor Alter in seinem zwanzigsten Jahre.

Der Versuch war in der That von grausamer Art; allein Sie werden die Neugierde und den Untersuchungsgeist des Bischoffs wenigstens einigermaßen entschuldigen, wenn sie bedenken, daß er glaubte, die ganze Natur sey für physische Experimente gemacht, und daß er sich selbst eben so wenig davon ausnahm, als andere Geschöpfe. So verlangte ihn z. E. gar sehr, zu wissen, wie es einem Menschen zu Muthe sey, der am Galgen stirbt. Er hing sich also auf, doch so, daß er vorher alles zubereitete, um sich zu rechter Zeit zu helfen und vom Stricke los zu machen. Allein, um wahrhaft die Gefühle eines Gefangenen zu haben, mußte er die Rettung bis auf den letzten Augenblick verschieben. Kurz, er war nicht mehr mächtig, sich selbst zu helfen, und es war ein Zufall, der ihm sein Leben rettete.

Die Bibliothek ist vortreflich eingerichtet, und steht in einem schönen Saale, der größer ist, als der, auf welchem die Leipziger Rathsbibliothek steht, ob schon schwerlich mehr Bücher hier

seyn

seyn mögen, als auf jener. Ueber den großen Fenstern sind kleinere, um welche rings herum eine geräumige Gallerie geht, deren Geländer mit marmornen Büsten großer Männer, alter und neuer Zeiten, besetzt ist, und immer vermehrt wird. Die Bibliothek ist alle Tage offen, und, was noch mehr ist, wird gebraucht! Eigentlich hat niemand ein Recht darzu, als die Studenten, doch mögen auch andere Leute sehr leicht die Erlaubnis des Gebrauchs vom Direktor erhalten. Die Manuscripte werden in einem besonderen Zimmer aufbewahrt.

Der Prevost ist so ziemlich souverain; doch ist die höchste Instanz ein Collegium, das aus dem Erzbischoff von Dublin, dem Lord Canzler, dem Prevost ꝛc. ꝛc. besteht.

Unter den Professoren ist jezt ein Berliner, für die deutsche und französische Sprache, und ein Portugiese, - für die spanische und italienische.

Ich schrieb Ihnen vergangenes Jahr, daß es zwey französische Kirchen hier gibt, aber das wußte ich nicht, daß die eine eine eigentlich reformirte, die andere eine anglikanische ist. Man macht aber so wenig Unterschied, daß einer der Geistlichen, der sonst an der reformirten Kirche stund, jezt an der anglikanischen ist. Auch eine deutsche Gemeinde hat man hier, die größtentheils aus Dänen besteht; ihr Prediger ist auch ein Däne. Dieser so wohl, als die französischen Geistlichen, erhalten ihre Bezahlung durch den Vicekönig; dies geschieht zur Beförderung des Handels und zur Bequemlichkeit der Ausländer, die sich etwan hier niederlassen wollen.

Die Stadt Dublin wird täglich verschönert, und ob ich schon nur neun Monate abwesend gewesen bin, so finde ich doch eine Menge Veränderungen. Man mag aber die Stadt so sehr verbessern, als man will, so werde ich mich doch nie an den entsezlichen Anblick gewöhnen, den die ungeheure Menge von Bettlern darbietet. Man ist nirgends vor ihnen sicher, so bald man zu Fuße geht, und es gibt Gassen, in denen sie einen Schaarenweise anfallen. Der schönste Spaziergang, den ich jemals im Innern einer Stadt gesehen habe, St. Steven's - Green, ist für mich, aus dieser Ursache, der lästigste Weg, den ich kenne. Ich kann schwerlich eine ganz hinreichende Ursache dieser vielen Bettler angeben, ob man mir schon sagt, daß die Trägheit des gemeinen Volks, auf der einen Seite, und die Nachläßigkeit der Polizey, die in diesem Punkte vom Lord Mayor abhängt, schuld daran sind. Man versichert mich, es seyen hier, wie

an

an andern Orten, öffentliche Häuser, denen man die Bettler beschäftigen könne. Im Ganzen muß ich die Bemerkung bestätigen, die ich schon vergangenes Jahr gemacht habe: daß es hier nur zwey Classen von Menschen zu geben scheint, Reiche und Arme! Alle Gassen wimmeln von Kutschen, Chaisen und Sänften, mit und ohne Kronen (coronets), von reitenden Bedienten und Livreen; ich sehe Pracht, Eleganz, gemahlte Wappen ꝛc. ꝛc. und — arme, kothigte, elend gekleidete Leute. Einem, der von Manchester kommt, wo Wohlstand so allgemein ist, fällt dieses doppelt auf. — Ein anderer Umstand, der die Dürftigkeit der mittlern Stände zeigt, ist der Mangel an schönen Gebäuden, Gartenhäusern und Landsitzen um die Stadt herum. Der Adel und die Güterbesitzer haben ihre Sitze im Lande herum, und der mittlere Stand, der Bürger, der sich gewöhnlich zunächst um die Städte anbaut, scheint hier zu arm darzu zu seyn. Dublin gehört in den ersten Rang der Europäischen Städte, und in der Entfernung von einigen Meilen von ihr, ist nichts, schlechterdings nichts, das die große Stadt ankündigt.

Der Luxus unter den Reichen ist hier gewiß sehr groß! Es ist auffallend, wenn man zu Dublin die ungeheure Menge Boutiquen sieht, die alle eine Folge des Aufwands der Reichen

 sind.

sind. Modekrämer-Läden gibt es unzählige, und in allen guten Gassen sieht man alle Arten des feinsten und elegantesten Hausgeräthes, aller Art, hinter der gläsernen Vorderseite der Boutiquen aufgestellt. Die Verkäufer, welche öfterer Weibspersonen als Mannspersonen sind, sind fast durchgängig reinlich und mödisch gekleidet. — Meine Kenntnis der hiesigen Einwohner ist, wie ich schon vergangenes Jahr klagte, ganz einseitig. Ausser zwey Englischen Hauptleuten und zwey Französischen Geistlichen, welche insgesammt Fremde sind, kenne ich hier keinen Menschen aus dem Mittelstande; ich sehe nichts als Vornehme und Reiche. Wenn ich in ein Haus komme, so bin ich gewohnt, eine Menge Bediente, ungeheure Zimmer, Camine von Italienischem Marmor, prächtige Bodenteppiche, alles Tischgefässe von Silber und feinem Porzellan, alle Meublen vom feinsten Stoffe und gutem Geschmack — kurz, Fülle und Ueberfluß zu sehen. Den Kaufmann, den Geistlichen, den Arzt, den Professor, den Künstler rc. rc. von allen diesen kenne ich nichts; wohl aber seh' ich die Armuth des niedrigsten Theiles der Menschen, die sich in ihrer ganzen Blöße öffentlich zeigt. Setzen Sie sich nun in meine Stelle, und fühlen Sie, wie stark dieser Contrast auf mich würken muß!

C***,

C***, den 17. Jun.

Am Sonnabende hab ich endlich die berühmte Mrs. Siddons gesehen. Ich hab Ihnen nur wenig von ihr zu sagen, denn ich finde es sehr beschwerlich, viel von Leuten zu sagen, von denen ich so gar viel gehört und gelesen habe. Alle Englische Journale sind ohne Unterlaß von ihr voll, alle Dichter üben ihre Kunst an ihrer Kunst, alles hat nur eine Stimme! Was kann ich also von ihr sagen, ausgenommen ich müßte das Gegentheil sagen wollen, und darzu müßte ich sie mehr als einmal sehen. Etwas jedoch muß ich sagen!

Sie hat nichts auffallendes: und dies, dünkt mich, ist eine große Lobeserhebung. So wie sie zuerst auf das Theater kommt, sieht man in ihr weiter nichts, (eine gute Figur und einen vortreflichen Anstand weggerechnet) als eine unbekannte Person, d. h. eine Person, die wir erst durch ihre Handlungen, die sie uns in fünf Akten zeigt, kennen lernen sollen; kurz, sie ist die Person, die sie spielt. Der Anfang eines dramatischen Stücks ist mehrentheils einfach und oft uninteressant; wir interessiren uns erst für die Personen, wenn wir sie kennen. Wir erwarten also, bey der ersten Erscheinung einer Person, keine starke Wirkung, und wenn ein Akteur sogleich eine starke Wirkung hervor bringt, so ist er Akteur, nicht die Person selbst; es ist Kunst, nicht Natur. Der Mann, der von Garrik sagte, „er finde gar nichts besonderes in ihm, er spiele so ganz gerade weg, wie es ein jeder unter den nämlichen Umständen thun würde" machte diesem Schauspieler ohnstreitig das größte Compliment, das ihm jemals gemacht wurde. Sie werden hierdurch verstehen, was ich von Mrs. Siddons und von der Einfalt ihrer Handlung sagen will.

Eben so ist auch ihre Stimme, von der sie ganz Meisterin ist. Nichts angestrengtes, nichts von Deklamation, nichts vom tragischen Tone! Sie spricht gerade so, wie man im Leben spricht. Aber ausserordentlich viel Deutlichkeit hat ihre Stimme, und richtige, eindringende Artikulation, verbunden mit der genauesten Wahrheit. Wenn sie aber in der Folge ihre Stimme anstrengt, so hat sie eine unbeschreibliche Macht darinnen, und spricht Ihnen mit einer ehernen Zunge Schauer in die Seele. Da ihre gewöhnliche Sprache so natürlich ist, so kann sie durch alle Schattirungen hindurch gehen, bis auf einen Grad, der einen Schauer über Nerven und Knochen treibt. Und doch schreit sie nie, kreischt sie nie, bellt sie nie, heult nie! Nichts von allen dem, auch in den Ausdrücken der heftigsten Bewegung und der zerreissendsten Leidenschaft.

Ihr

Ihr Gang hat nichts von der Schauspielerin, nichts vom Cothurn; sie geht wie andere ehrliche Leute. Die Bewegung ihrer Arme und die Stellungen und Biegungen ihres Körpers, haben mich ohne Unterlaß an die Griechischen Künstler erinnert, an die Einfalt der Antike, und an den Unterschied, der zwischen der griechischen und französischen Schule so auffallend ist. Die Bewegung ihrer Arme geht nie sehr weit vom Körper, und die Schlangenlinien ihrer Stellungen weichen nie zu sehr von der senkrechten Richtung ab. Also abermals hohe Einfalt, wie in den Helden Homers. Sie haut, schlägt, stößt nie um sich herum; aber in ihren einfachen Bewegungen ist das je ne sais quoi, das so unbeschreiblich ausdrückt, uns so ganz überzeugt, daß es Natur ist, und uns die Schauspielerin vergessen macht. Jede Bewegung ihrer Hand, ich möchte sagen, ihrer Finger, sagt etwas, daß wir die nämliche Bewegung machen möchten, weil wir das fühlen, was in den dabey ausgesprochenen Worten liegt. — Im Zärtlichen hat sie etwas so sanftes, so rührendes, so liebevoll einschmeichelndes, daß man den Mann beneidet, der das im Augenblicke genießt.

Genug von ihr, und vielleicht nur zu viel, denn ich habe sie nur einmal gesehen. Sie spielte Belvedera im befreyten Venedig. Sie ist zwey und dreyßig oder drey und dreyßig Jahre alt, ihr Wandel ist und war untadelhaft. Sie schlägt zu London Einladungen in vornehme Gesellschaft aus, und führt ein stilles, unbekanntes, häusliches Leben, mit einem Manne, der ein eben so schlechter Ehemann seyn soll, als er ein schlechter Schauspieler ist. Sie ist keine Schönheit, aber ihre Züge sind regelmäßig und edel; nur zwischen den Augen und um die Augenbraunen hat sie etwas, das ins Saure fällt, und welches die Frauenzimmer, die nicht ihre Freundinnen sind, fierce nennen.

Die Logen, die untern so wohl als die obern, kosten hier fünf Schillinge, das Parterre (Pitt) kostet drey, und die Gallerien zwey und einen. — Alle Plätze sind auf viele Wochen hinaus schon vermiethet, und Lord T** hatte viele Mühe, uns in drey verschiedenen Logen unter zu bringen.

Seit acht Monaten sind im Irischen Parlemente, (welches nicht, wie das Englische, vor Ostern aufgehoben worden ist,) verschiedene Bills durchgegangen und andere verworfen worden, wodurch das Volk äusserst aufgebracht worden ist. Ich will von beyden Arten nur eine anführen: 1) eine Bill, die durchging, war die Vermehrung der Truppen, und 2) eine, die ver-

wor-

worfen ward, war, daß man eine halbe Krone (Sch. 2. 6.) auf jede Yard *) englischen Tuchs bey der Einfuhr legen sollte, zum Besten der Irischen Fabriken, deren Tuch dadurch um so viel wohlfeiler geworden wäre. — Diese zwey Bills und drey oder vier andere, vermehrten das Geschrey des Volks gegen Englische Oberherrschaft, erhitzten immer mehr und mehr die Volunteers, und erhöhten die Klagen gegen das Irische Parlement, welches man schon längst als eine Versammlung erklärt hat, die nichts weniger, als der Repräsentant des Volks ist. Ein Mitglied des Unterhauses brachte abermals eine Bill ins Haus, das Parlement zu reformiren und auf eine mehr gleiche Repräsentation des Volks (more equal representation of the people) zu bringen. Auch diese Bill wurde gleich im Unterhause verworfen.

Das Volk schrie, über alles dies, gegen den Vicekönig und gegen das Englische Ministerium, denn alle Bills dieser Art, die entweder durchgehen oder verworfen werden, werden dem Vicekönige zur Last gelegt. Dieser kann zwar selbst keine Bill ins Haus bringen, allein er hat seine Leute, die sich bemühen, dasjenige durchzuse-

*) Etwas mehr als drey Schuh, oder fast zwey Sächsische Ellen.

zusetzen, was der Vicekönig auf Befehl des Ministeriums verlangt. Man warf vielen Irischen Parlementsgliedern in den öffentlichen Blättern vor, daß sie eine Heerde feiler Geschöpfe wären, die das Beste und das Wohl ihres Landes an England verkauften.

Was aber alle diese Klagen am meisten vermehrte, war, daß das Parlement vor zwey Monaten die Preßfreiheit angriff. Sie wissen, lieber Freund, wie kitzlich dieser Artikel hier und in England ist; man betrachtet die Preßfreiheit als den ersten Grundpfeiler Englischer Freiheit. Selbst Engländer stutzten über diese Bill, und manche Leute befürchteten, daß Pitt, (denn auf des Ministers Rechnung wurde sie zum Theil gesetzt) die Zuneigung des Volks dadurch verlieren würde; denn wenn ein Ding, das man für heilig hält, einmal angegriffen wird, so wird man allmählig mit dem Gedanken bekannt, und was heute in Irland geschieht, kann morgen in England vorgetragen werden. — Zu Dublin wurde der Pöbel so aufgehetzt, daß eine Schaar in die Gallerie des Unterhauses brach und Lerm machte. Herr Foster, der die Bill ins Haus gebracht hatte, wurde öffentlich auf der Gasse angehalten und beschimpft. Ein Paar Kerls hielten ihn an und verlangten, er solle das Geld mit ihnen theilen, das er für seine Bill

aus

aus England empfangen habe. Das Volunteer's Journal, ein Zeitungsblatt, hetzte das Volk in aller Form zum Aufruhre auf, und gab ziemlich deutlich den Rath, man solle Foster tödten. —

Indessen ging die Bill durchs Unterhaus, wurde aber im Hause der Lords so sehr abgeändert und limitirt, daß jezt viele sagen, es wäre besser gewesen, diese Bill nie in's Haus zu bringen; denn auf der einen Seite glaubt der Pöbel noch immer, seine Rechte seyen verletzt, und auf der andern hat man den Zweck nicht erhalten, den man sich vorsetzte.

Die Bill of the protecting duties, welche kurze Zeit vorher war verworfen worden, hatte folgende Wirkungen. So bald das Volk hörte, daß das Parlement nicht die halbe Krone Abgabe auf jede Yard Englischen Tuchs legen wollte, schrie es laut, der Vicekönig, dem man abermals die Verwerfung der Bill zuschrieb, suche blos den Vortheil der Englischen Manufakturen, und wolle den Untergang von Irland. Da man aber auf dieses Geschrey weiter nicht hörte, ergriff das Volk eigene Maasregeln. Eine Menge Kirchspiele (parishes) zu Dublin traten zusammen und verbanden sich unter einander, keine Art Englischer Tücher, oder anderer Stoffe zu tragen, sondern sich blos an die Landesmanu-

faktu-

fakturen zu halten, so lange bis die Regierung andere Maasregeln treffen würde. Ein Kirchspiel folgte hierinnen dem andern, eine Stadt der andern; die Volunteers waren gewöhnlich an der Spitze, und so existirt nunmehro dieser Vertrag unter vielen tausenden auf der ganzen Insel. Man nennt diesen Vertrag the non importation agreement. Ja man hat sich nicht nur wegen des engl. Tuchs, sondern auch wegen einer Menge anderer Dinge verglichen, und anheischig gegen einander gemacht, nichts zu tragen, oder im Hause zu haben, als was im Lande gemacht ist. Nur vor kurzem noch machten die Kutschenmacher zu Dublin unter einander aus, daß keiner eine Englische Kutsche, Chaise, Phaeton ꝛc. ꝛc. ausbessern wolle.

Unter allen Regierungsarten ist keine despotischer, willkührlicher, härter und kleinlicher, als die demokratische. Das Volk schreyt nach Freiheit, und das mehreste, was es thut, sind Aeusserungen und Handlungen des Despotismus. Die Geschichte gibt hiervon Beweise genug, und Genf und die kleinen Schweizercantone haben mir Beyspiele genug von dieser Wahrheit geliefert. Zwey Tage eh' ich Dublin verließ, hatte ich einen neuen Beweiß hiervon. Eine Heerde vom Pöbel brach in das Haus eines Schneiders, der Englisches Tuch verarbeitet hatte: eine Sache, die nach allen Landesgesetzen erlaubt und recht-

mäßig

mäßig ist. (Und merken Sie wohl, lieber Freund, der Stolz der Englischen und Irischen Freiheit ist, daß ein jeder thun kann, alles, was die Gesetze nicht ausdrücklich verbieten.) Der Schneider wurde mit Gewalt aus der Stadt in ein Feld geführt, wo man ihn nackt auszog, mit Theer beschmierte und in Federn setzte, (he was tarred and feathered.) Und so ließ man ihn gehen. Allein einige meynten, es wäre besser, wenn man ihn anzündete, und so rufte man ihn wieder zurück. Unterdessen kam ein Sherif mit Constables, allein der Pöbel warf Steine auf sie, und ich weiß nicht, was geschehen seyn würde, wenn nicht eben einige Compagnien aus den Casernen gekommen wären.

Lezthin las ich eine Bittschrift der Seidenwürker, in der sie die Herzogin von Rutland nicht nur bitten, für sich und ihr Haus lauter Irische Stoffe zu tragen, sondern sie bestimmen auch, für den Sommer so wohl, als für den Winter, die Art der Stoffe, deren Absatz sie jezt vorzüglich wünschen. Die Herzogin gewährte die Bitte und gab eine sehr verbindliche Antwort. Ich würde mich nicht im geringsten wundern, wenn ich nächstens hören sollte, daß das Volk den Großen vorschreibt, welchen Gebrauch sie von ihren Einkünften machen, welche Stoffe sie tragen und mit was für Meublen sie ihr Haus verse-

versehen sollen. Ueber diejenigen, die einen Theil des Jahres in England oder auf Reisen zubringen, ist schon genug gesprochen und geschrieben worden.

Im Ganzen hört der bessere Theil der Nation auf alles das sehr wenig, einige wenige ausgenommen, die sich an die Spitze der Volunteers gestellt haben und durchaus die Sprache der Mißvernügten führen. Ich schrieb Ihnen vergangenes Jahr, daß vom Herzoge von Leinster an, bis auf den geringsten Bürger herunter, fast jedermann ein Volunteer sey; aber gegenwärtig macht man einen großen Unterschied zwischen „ein Volunteer seyn“ und „die Grundsätze des main body of the Volunteers billigen und alles gut heissen, was die größere Anzahl derselben thut und zeither gethan hat.“ Der große Volunteers General ist der Graf von Charlemont, dessen Handlungen vom übrigen Adel nicht sehr gebilligt werden.

Wer aber noch weit mehr Führer und Haupt der Volunteers ist, ist der Bischoff von Londonderry. Es ist unbegreiflich, daß dieser Mann noch nicht einzusehen anfängt, wie viel Unheil er schon gestiftet hat. Kein Mensch kann begreifen, was er für Bewegungsgründe darzu haben kann. Ehrgeiz? So sehr er auch der Abgott des Volks ist, so können sie ihn doch zu nichts

nichts machen, als was er schon ist: Englischer Graf von Bristol und Irischer Bischoff von Derry. — Geldgeiz? Noch weniger! denn ausserdem, daß er ein reicher Englischer Peer ist, hat er die beste geistliche Pfründe in ganz Irland. Und zu dem hat er schon große Summen mit den Volunteers verthan. Viele erklären ihn daher für schwach (crazy) und behaupten, er sey vollkommen überzeugt, daß er als ein Menschenfreund und für das Wohl eines unterdrückten Volkes arbeite. Schwachheit und Eitelkeit, sich als den Beschützer und Vater so vieler Menschen geehrt zu sehen, mögen leicht das ihrige darzu beytragen. Er ist ein gutthätiger Mann: allein seine Gaben sind manchmal von einer sehr scheinenden Art! So ließ er z. E. vergangene Woche, auf eigene Kosten, tausend neue Mützen für leichte Infanterie einiger Volunteer-Corps machen. — In England, seinem Vaterlande, und von dem er ein Peer ist, ist er schon seit langer Zeit nicht mehr gewesen, und in das Irische Parlement geht er eben so wenig, weil er es nicht als den Repräsentanten des Volks betrachtet. Andere Leute sagen, seine Stelle im Irischen Parlemente gefalle ihm nicht, indem er, da er hier kein weltlicher Lord (temporal Lord) ist, blos auf der geistlichen Bank sitzen muß. Er ist jezt immer zu Derry, und kam letzten Winter nur einmal nach Dublin, begleitet von einem zahlreichen Corps

 von

von Volunteers. — Einmal schenkte er zwey hundert Pfund zur Erbauung einer katholischen Kirche. Diese Handlung, als von einem Prälaten der herrschenden Kirche, wurde von vielen bewundert; andere sagten, er suche dadurch die Katholiken in die Irische Opposition zu ziehen. Ich führe dieses blos an, zu zeigen, wie verschieden eine und die nämliche Handlung betrachtet wird, und wie schwer es im menschlichen Leben ist, zu entscheiden, welche Handlung aus großen und edeln, und welche aus eigennützigen Grundsätzen geschieht.

Wegen der Katholiken gibt es nun jezt auch viel Redens und Schreibens. Da sie die größere Hälfte der Nation ausmachen, so liegt allerdings viel daran, von welcher Parthey sie sind. Viele Protestanten suchen die Rechte, die man diesen Glaubensgenossen seit einigen Jahren gegeben hat, noch immer zu vermehren; andere setzen sich dargegen. Diejenigen, die eine Reformation des Parlements verlangen, wollen, daß die Katholiken in Zukunft das Recht haben sollen, in den Parlementswahlen zu votiren, so wie in England. Andere werfen ein, daß England nur wenig Katholiken hat; in Irland hingegen machen sie vielleicht die größere Hälfte aus, und so wäre zu befürchten, daß sie in Zukunft die Majorität im Parlemente haben möchten.

Zu

Zu Dublin ist eine Gesellschaft, die aus etlichen hundert Männern besteht, die sich an gewissen Tagen auf dem Tholsel (ist das, was in London Guildhall ist, nach unserer Art, Rathhaus) versammeln. Diese haben kürzlich beschlossen, sich noch einmal an den König zu wenden und auf eine Reform des Parlements zu bringen. Sie laden alle Grafschaften des Königreichs ein, Abgeordnete nach Dublin zu schicken, und dann, im Namen der ganzen Nation, eine Bittschrift an den König zu schicken, in der sie das Parlement auf die schwärzeste Art beschreiben, und bitten, es aufzuheben, und die ganze Constitution umzuschmelzen.

Es läßt sich allerdings manches gegen das Irische Unterhaus sagen, wie ich Ihnen schon vor'm Jahre schrieb. Allein, dies ist in vielen Stücken, auch der Fall des Englischen. Ueberdies sind hier die größten Demagogen gar nicht unter einander einig, auf welche Art die mehr gleiche Repräsentation des Volks im Parlemente (more equal representation of the people in parliament) eingerichtet werden soll. Man hat vier- oder fünferley verschiedene Vorschläge, und darunter ist keiner, gegen den sich nicht wieder eine Menge Dinge einwenden ließen. Endlich ist es klar und bekannt, daß diejenige Parthey, die so sehr gegen das Parlement schreit, gar nicht die Majorität der Nation ist.

Der Vicekönig und das geheime Concilium (privy Council) zeigen allen möglichen Ernst, die Mishandlung des armen Schneiders nach aller Strenge der Gesetze zu bestrafen. Fünfhundert Pfund Sterling sind demjenigen versprochen, der den ersten, d. h. einen der sechse, die ins Haus brachen, entdeckt, und zweyhundert Pfund für jeden der übrigen. Sollte der Angeber einer der Mitschuldigen seyn, so soll er nichts desto weniger diese Summe, nebst seiner Vergebung, erhalten.

C***, den 8. Jul.

Ich war gestern zu Neu-Genf, oder wie es vermuthlich in Zukunft heissen wird, Neustadt (the new town). Schon vergangenes Jahr schrieb ich Ihnen, daß unter dem Vicekönige Temple, welcher vor dreyzehn Monaten Irland verließ, das Irische Parlement 50,000 Pf. für die Genfer bewilligt habe. Der König versprach ihnen ein Stück Land, welches nicht nur zu einer grosen Stadt vollkommen zureicht, sondern auch jeden Einwohner zum Besitzer eines ansehnlichen Stück Landes machen kann. Es gehört der Krone, weil es meistens verwirktes Land (forfeited land) ist, dessen ehemalige Besitzer es unter der Königin Elisabeth, Wilhelm III. rc. verlohren. Es liegt 7 Meilen unter Waterford, am Fluße Sure, der hier ohngefähr wie das Meer betrachtet werden kann, denn die Kriegsschiffe können, zu allen Zeiten, bis hierher kommen. Das Fort Dungannon liegt an der östlichen Seite des Flusses, und gegen über, an der westlichen, ist die kleine Stadt Passage, welche in den Umfang dieses Stücks Kronlandes fällt. Dieses Städtgen also, nebst einer ganz steilen Felsenreihe, die sich gerade hinter dem Städtgen erhebt, sollten die Genfer nebst dem übrigen Lande, das sich weiter hinunter nach der See zieht, empfangen.

Lord Northington folgte dem Grafen von Temple im Juny 1783. und unter ihm schienen alle Verhandlungen mit den Genfern, die unter Temple angefangen worden, zu schlafen. Ich sprach Herrn Claviere hier vergangenen Sommer, und er beklagte sich bitterlich, über die Schwierigkeiten, die sich von verschiedenen Seiten zeigten, über Verzögerung und Langsamkeit, und über unbefriedigende Antworten, die vom Vice-Könige kamen. Du Rovere' war unterdessen zu London und trieb die Verhandlungen dort. Viele der Schwierigkeiten, die man ihnen in den Weg legte, erregten sich die Genfer selbst, indem sie ihre Forderungen zu hoch spannten. Ich beziehe mich unter andern auf das, was ich Ihnen vorm Jahre von dem Rechte, Freeholders zu machen, schrieb.

Indessen waren schon verschiedene Familien zu Waterford angekommen, und mehrere kamen im September und Oktober; sie mietheten sich unterdessen zu Waterford ein. Als, unter Pitt's Regierung, zu Anfange des Jahrs 1784. ein neuer Vicekönig kam, nahmen die Unterhandlungen einen vortheilhaftern Weg für die Genfer. Zu der alten Commission wurde noch eine neue ernannt, an deren Spitze der Graf von T*** ist, weil ein ansehnlicher Theil dieser Grafschaft ihm gehört, weil er darinnen residirt und großen Einfluß hat. Man bestimmte nun die Bedingungen näher. Es wurde festgesetzt, daß jeder Genfer fünf und zwanzig Pfund haben sollte, um die Reise von Genf hierher zu machen: eine Summe, die diejenigen, die gekommen sind, auch wirklich empfangen haben. Allein das Städtgen Passage, den Felsen, und die Ernennung oder Collatur eines Pfarrers, der am Felsen seine Kirche hat, wollte man ihnen nicht zugestehen. Die Commission machte einen Bericht an die Regierung und wandte ein, daß man Passage

sage und den Felsen als den Schlüssel von Waterford betrachten müsse, und daß es also nicht nur beleidigend für die Stadt Waterford sey, den Schlüssel zu ihr, Fremden in die Hand zu geben, sondern auch gefährlich. Zwar sagen einige, daß das Fort Dungannon der eigentliche Schlüssel zu Waterford sey, und daß die Kriegsschiffe, die herauf kommen wollten, unter den Kanonen dieses Forts passiren müßten; allein andere sagen, daß man auch in der Nähe von Passage passiren könne, ohne von dem Feuer des gegen über stehenden Forts Dungannon erreicht zu werden. Man sagte auch den Genfern, daß sie überdies mit dem Felsen, der ganz steil und also unfruchtbar ist, nichts anfangen könnten. Diese Schwierigkeiten, und verschiedene andere, kamen endlich so weit, daß die Genfer vor zwey Monaten Irland wieder verließen, einige wenige ausgenommen, die, ohne weiter etwas zu bedeuten, sich zu Waterford niedergelassen haben.

Auf diese Art sind nun alle Unterhandlungen abgebrochen; die fünf und zwanzig Pfunde haben diejenigen, die sie empfangen, nicht wieder zurück gegeben.

Indessen war doch der Platz für die neue Stadt bestimmt, und allerhand Baumaterialien dahin geführt worden. Ich sahe die Grundlage zu verschiedenen Häusern gegraben, und einen grossen Platz für einen Square abgestochen. Dieser Platz ist ganz eben, ob schon ein Theil der Stadt etwas abhängig gegen das Meer liegt. An einer Seite dieses Square's sollte das Collegium erbaut werden, in welchem man eine Erziehungs-Akademie errichten wollte, für welche Irland die Genfer vorzüglich wünschte, und woran es in der That in diesem Lande fehlt; Es hat zwar verschiedene sehr gute Schulen, allein diese sind, wie gewöhnlich, für Latein und Griechisch. Das Land umher, welches gegeben werden sollte, ist mehrentheils gut, und an manchen Orten so gut, als ich es irgendwo gesehen habe. Die Lage ist in jeder Betrachtung vortreflich, und die Aussicht herrlich. Das Land wechselt dort zwischen Hügeln und Ebenen ab, überall lacht das schönste Grün, und der Fluß hat vollkommen das Ansehen eines edlen Sees, an dessen gegenseitigem Ufer sich wieder Berge erheben. Die Felsen über Passage sind ganz romantisch, und so dicht am Meere, oder am Fluße, daß sie das kleine Städtgen ganz zu bedecken scheinen. Da man nun angefangen hat, die Stadt zu bauen, so fährt man fort, ohne zu wissen, wen man hinein setzen wird. Vermuthlich amerikanische Loyalisten, die im letzten Kriege viel gelitten, oder von den dreyzehn Provinzen ausgetrieben worden sind. Einer der Bauherren sagte mir, man

man könne Englische, oder andere Fabrikanten herbey ziehen, die willig die Vortheile annehmen würden, die man den Genfern zugedacht.

So viel ist gewiß, daß die Genfer in ihren Forderungen sehr weit gingen, und dabey nicht genug Rücksicht auf die Collision nahmen, in die ihre Forderungen mit den Vortheilen und der Lage der alten Einwohner dieser Grafschaft kommen möchten. Ich will kein zuverlässiges Urtheil fällen; aber so viel scheint mir klar zu seyn, daß die Genfer sich zu sehr als Personen betrachteten, die für diese Insel äusserst wichtig wären. Ueberdies waren ihre Hofnungen durch verschiedene Land-Edelleute und durch einen Theil der Volunteers zu hoch erregt und zu sehr geschmeichelt worden. Ich habe vergangenes Jahr manchmal in den öffentlichen Blättern gelesen: das edle, das tugendhafte, das patriotische, das unterdrückte Genf. Irische Mißvergnügte betrachteten sie als Leute, die in ihrer eigenen Lage wären, und machten gewissermaaßen gemeine Sache mit ihnen. Man sahe sie als Unglückliche, Beleidigte Verfolgte an, deren Sache an die Menschheit appellirte, als Verfechter einer Freiheit, die von Tyrannen unterdrückt worden, als Catonen, deren Tugend den Untergang ihres Vaterlandes nicht überleben wollte. Ein Theil der Volunteers ließ Addressen an die Genfer in den Zeitunßen drucken, in welchen sie ihnen ihre Protektion anboten und sie zu beschützen versprachen: ein Anerbieten und ein Versprechen, das ich nie recht verstanden habe, denn was wollten, im Grunde, die Volunteers mit ihrem Schutze und ihrer Vertheidigung in einem Lande sagen, das ein Parlement und Gesetze hat?

Die Gegend hinter Waterford, die ich von dieser Seite noch nie gesehen hatte, ist überaus artig, und ich würde sie herrlich und vortreflich nennen, wenn es ihr nicht an dem fehlte, woran es fast überall in Irland fehlt, an Bäumen. Dieser Mangel fällt einem Fremden ausserordentlich auf, weil jedermann da, wo Wege sind, auch Bäume erwartet. Ich besinne mich, daß Irland irgendwo die waldigte Insel (the woody Island) genannt wird, und das war es auch in der That, ehe man eine Belohnung aufs Niederhauen der Bäume setzte. Da sie aber einmal niedergehauen sind, so läßt das Vieh, das an ihrer Stelle weidet, keine mehr aufkommen. Um die Landsitze herum gibt es Bäume genug; allein diese werden gepflegt, und ein großer Theil derselben sind gepflanzt worden und werden noch immer gepflanzt. — Nicht weit unter Waterford fällt der Newre in den Eure, ein großer erhabener Anblick! Auch ist dort eine hübsche Insel im Fluße, die nicht, wie die Fluß-Inseln oft sind, blos flach ist;

ist, sondern aus Anhöhen, Felsen und Ebenen besteht. Der Sure und Newre zusammen machen nun, nebst dem Drucke des Meeres, einen Fluß, der eine, auch zwey Meilen an manchen Orten breit ist; gleichwohl können sehr große Schiffe nicht bis Waterford herauf kommen, ausgenommen bey der größern Fluth, (Spring-tide) welche monatlich nur einmal ist. Die Kriegsschiffe bleiben deswegen in der Gegend von Passage liegen, von wo aus sie zu allen Zeiten ins Meer stechen können; für gewöhnliche Schiffe aber ist die Schiffahrt von Waterford zu allen Zeiten leicht und gut. Man hat jezt ein Paketboot, das regelmäßig zwischen Waterford und Milfordhafen in Südwallis, läuft, und auch Briefe führt; aber der gewöhnliche Weg für die leztern, ist zwischen Dublin und Holyhead.

Von der neuen Stadt gingen wir dann noch ein Paar Meilen weiter, um, nach allen unsern Expeditionen, auf einem Landsitze zu Mittage zu essen, das am Ufer des Flusses oder vielmehr am Meere liegt, denn der Fluß kann hier nicht anders als eine Bay betrachtet werden. Wir waren bey zwanzig Personen an der Tafel, die alle von verschiedenen Landsitzen zusammen gekommen waren. Wir kamen auf 24 Meilen weit! Wie lächerlich würde es in Sachsen seyn, so weit nach einem Mittagsessen zu gehen; und doch hat-

ten

ten wir Zeit, alles zu sehen und zu untersuchen, und uns noch überdies in Waterford aufzuhalten. Freilich wechselte der Graf die Pferde, und es war Nacht, als wir die Tafel verließen.

Sonnabends, den 10. Jul.

Ich hab Ihnen noch nie geschrieben, lieber Freund, daß wir von Dublin nach C*** einen Umweg nahmen. Wir verließen, nicht weit von Dublin, die Landstraße, und gingen sechs und zwanzig Meilen weit links, in die Grafschaft Wiklow, wo Lord T** einen ansehnlichen Strich Landes hat. Er hat dort ein kleines Haus gebaut, und ein Paar hundert Acres Land für sich genommen, und theils zu seinem Vergnügen angelegt, theils fruchtbar gemacht. Die Gegend umher ist sehr wild; allein um das Haus herum lacht das schönste Grün, und die Plantationen von Bäumen und allerhand Gewächsen, geben vortrefliche Spatziergänge. Auf der einen Seite des Hauses erheben sich Hügel, an denen nackte, steile Felsen, mit angebauten grünen Flecken, oder Gebüschen und Bäumen abwechseln. Um diese Hügel herum windet sich ein ansehnliches Wasserstück, das der einen Ecke vollkommen das Ansehen einer wüsten Insel gibt. Längst dem Wasser und den Felsen hin geht ein schmaler Weg, der so

einsam

einsam und so romantisch ist, als immer eine romantische, dichterisch schwärmende Einbildungskraft ihn denken kann. Er führt um die Felsenecke herum, windet sich zwischen Felsen hindurch, und bringt, theils durch Wiesen, theils durch angelegte Waldungen, auf verschiedene Anhöhen, von denen man eine weite Aussicht hat. Hin und wieder sind Bäume und Gestrippe, so dicht, daß der Weg hindurch ganz dunkel ist, und nur hin und wieder eine Oefnung bekommt, durch die man bald Wasser, bald grüne Hügel, bald malerische Felsen sieht.

Ich bin seit langem an keinem Orte gewesen, der so stark auf meine Einbildungskraft gewirkt hätte. „C'est la demeure de deux amans" rief ich mit dem Verfasser der neuen Heloise aus; der Wohnsitz zweyer Liebenden, die, abgesondert von der Welt, sich selbst genießen wollen. Dann fiel mir die Stelle ein, wo Lord Bomston dem St. Preux ein Asylum anbietet. „Ich habe einen Landsitz in York, sagt er, einen Platz, der für zwey Liebende gemacht ist" und so fährt er in der Beschreibung davon fort. —

Wir speißten da zu Mittage, übernachteten, und kehrten den andern Tag wieder auf die

die Landstraße, die wir etwan funfzehn Meilen davon fanden.

In der Gegend um Carlow machte ich eine Bemerkung, die ich schon mehrmals gemacht habe, und die alle Reisende beständig im Gedächtniße haben sollten. Ich fuhr in einem offenen Phaeton und war erstaunt und ergözt durch die Schönheit der Gegend. Das Land, viele Meilen um Carlow herum, ist der schönste Strich, den ich in Irland gesehen habe. Alles ist fruchtbar und ziemlich wohl angebaut, die Berge sind von der schönsten Form und wechseln ab mit reizenden Thälern. Grössere und kleinere Flüße schlängeln sich in einem Ufer, dessen Grün bis in das Wasser reicht. — Und warum hab ich alles das nicht eher gesehen, da ich diesen Weg doch schon zweymal gemacht habe? Weil es tiefe Nacht war, als ich das erstemal durchreißte, und weil ich das zweytemal in einer zugemachten Kutsche in tiefer Unterredung war.

Ich bin äusserst begierig zu erleben, zu was es noch endlich mit den Irischen Händeln kommen wird; denn zu etwas muß es kommen, ehe viel Jahre vergehen. — Ich schrieb Ihnen letzthin von einer Gesellschaft Dubliner Bürger, die nun aus mehr als dreyhundert

Perso-

Personen besteht, sich oft auf dem Tholsel versammelt und über die Geschäfte des Vaterlandes berathschlagt. Letzthin lud diese Gesellschaft alle Grafschaften ein, Abgeordnete nach Dublin zu schicken und im Namen der ganzen Nation sich an die Krone zu wenden; um die Irische Regierungsform abzuändern. Da aber hierzu eine geraume Zeit nöthig ist, so hat diese Gesellschaft für gut befunden, sich schon vorläufig an den König zu wenden; sie brachte also vergangene Woche eine Petition zum Vice-König, mit dem Ersuchen, sie dem Könige zu senden. Das Hauptersuchen dieser Petition ist, das gegenwärtige Parlement zu zertrennen und dann zur Reforme zu schreiten. Die Ausdrücke gegen das Parlement sind äusserst heftig und beleidigend. Der Vicekönig gab ihnen eine Antwort, die Lord T** so eben von ihm selbst empfangen hat, und die ich vortreflich finde. Er sagt ihnen darinnen, daß er zwar ihrem Ansuchen willfahren, und diese Petition an den König schicken wollte; aber zu gleicher Zeit würde er auch seine gänzliche Misbilligung derselben mit schicken, da sie, diese Petition, ein falsches Licht auf die Gesetze und das Parlement von Irland würfe, und dahin abzweckte, das Ansehen von beiden zu schwächen. — Man sollte glauben, daß ganz Dublin diese Petition unterzeichnet hätte, und gleichwohl

kommt

kommt sie von niemand anderm, als von einer Gesellschaft, deren mehreste Mitglieder Leute ohne Stand, ohne Vermögen und ohne Ansehen sind. Es fangen so gar viele Volunteers nunmehro an, solche Maasregeln zu misbilligen, und viele Männer ziehen sich zurück, ob schon das Corps der Volunteers in der Zahl noch immer zunimmt.

Demohngeachtet leben wir hier in Süd-Irland noch ganz ruhig; es gibt hier wenig Presbyterianer, weil dieser Theil von Irland größtentheils von Katholiken bewohnt wird. Viele Leute sagen mir, daß man hier herum fast zehn Katholiken auf einen Protestanten rechnen könne. Aber ganz anders ist es im Norden! Sie wissen, lieber Freund, daß ein grosser Theil von Nord-Irland einst von einer Englischen Colonie besetzt wurde, und also größtentheils protestantisch ist; und unter diesen Protestanten gibt es die vielen Presbyterianer, die hauptsächlich die jetzigen Unruhen betreiben. Die beiden Hauptstädte hierzu sind Londonderry und Belfast. Die armen Katholiken schwanken noch immer umher, und viele Leute befürchten, daß diese am Ende am schlimmsten dabey fahren werden, weil jene Parthey listiger ist und sich allemal leichter aus der Schlinge zu ziehen wissen wird.

Daß

Daß die Antwort des Vicekönigs nicht angenehm war, ist leicht zu begreifen, und er hatte ein Paar Tage darauf einen unangenehmen Vorfall im Schauspielhause. In einem der Zwischenakte stimmte das Orchester eine Musik an, die häufig gespielt wird, und die unter dem Namen „God save the King" bekannt ist. Sogleich schrie ein Mann aus einer Loge, man solle den Volunteers-Marsch spielen. Da der Herzog gegenwärtig war, glaubte das Orchester, es müsse auf diesen Ruf nicht hören. Hierüber entstund ein allgemeiner Lerm, man pfiff und zischte den Vicekönig aus, schrie gegen ihn, und als er unbeweglich in seiner Loge sitzen blieb, warf man endlich Orangen- und Citronenschaalen in solcher Menge nach ihm, daß er sich zurückziehen mußte, und im Herausgehen schlug Jemand nach ihm. Der Thäter wurde sogleich gefangen und fortgeschaft; auch fing man einige andere Personen, die aber der Pöbel, auf dem Wege nach dem Schlosse, wieder mit Gewalt frey machte.

Solche Auftritte machen grossen Lerm, haben aber gewöhnlich keine weitern Folgen, und manche Leute sind ganz ruhig dabey. Andere aber befürchten eine Begebenheit, die, wenn sie jemals geschehen sollte, ungeheure Verwirrung und vielleicht grosses Blutvergiessen anrichten würde. Die Misvergnügten thun alles mögliche, die Katholiken an sich zu ziehen, und machen ihnen deswegen unendliche Hofnungen und grosse Versprechungen. Sollte es nun je darzu kommen, daß die Katholiken diese Parthey ergriffen und gemeine Sache machten, so würde auf dieser Insel eine Macht entstehen, welcher die königlichen Truppen mit allen denen, die für die Regierung sind, kaum gewachsen seyn würden, wenigstens nicht beym ersten Ausbruche.

Letzthin schrieb ich Ihnen einiges über die Dubliner Universität; seitdem aber ist mir ein Buch in die Hände gefallen, dessen Verfasser sehr ausführlichen und genauen Bericht über diese Universität hat. Ich will Ihnen einiges daraus ausziehen, von dessen Richtigkeit ich versichert bin.

Das Gebäude besteht aus zwey Squares, welche drey und dreyßig Gebäude enthalten, in deren jedem acht Zimmer sind, die größern Gebäude, als die Bibliothek, Halle, Kirche ꝛc. ꝛc. ungerechnet. Ein großer Theil der Bücher ist zuerst vom Erzbischof Usher gesammelt worden, der ein Mitglied des Collegiums war, und ohnstreitig der gelehrteste Mann, den es je hervor gebracht hat. Dieser Usher ist der nämliche, der auswärts unter dem Namen Usserius so berühmt ist. — An neuern Büchern ist diese Bibliothek nicht sehr vollständig, obschon Fond genug da

ist.

ist, alles anzuschaffen, was gekauft zu werden verdient. —

Die Königin Elisabeth stiftete und begabte dieses Collegium. Die ursprüngliche Stiftung bestund aus einem Prevost, drey Fellows und drey Scholars, welche Zahl nach und nach vermehrt wurde bis auf zwey und zwanzig Fellows, siebenzig Scholars und dreyßig Sizers. Sieben der Fellows heissen Seniors, und diese haben die Regierung des Ganzen, doch so, daß sie dem Prevost unterworfen sind, ohne dessen Einwilligung sie nichts thun können. Sie haben sehr wenig zu thun, sie examiniren blos, geben Achtung, daß die Junior Fellows ihre Pflicht thun, und halten wöchentlich etwan ein Paar öffentliche Vorlesungen. Sie haben jährlich über siebenhundert Pfund Einkünfte. Die übrigen funfzehn sind Juniors. —

Die Scholars werden gemacht, wenn sie drey Jahre im Collegium gewesen sind. Die Seniors machen sie, je nachdem er mehr oder weniger Progressen gemacht hat. Sie sind dann vier Jahre lang Scholars, d. h. bis sie master of arts werden. Hierauf können diese Scholars, Junior Fellows werden, und sie werden abermals von den Seniors gewählt. Die Juniors haben jährlich vierzig Pfund, nebst dem, was sie für das Lesen (lectureship) bekommen, wel-

 ches

ches zusammen gegen hundert Pfund macht. Allein wenn sie arbeitsam sind und sich bey den Studenten beliebt zu machen wissen, so bekommen sie so viele Schüler, daß sie sich jährlich ein ansehnliches Einkommen machen können. Sie halten ihre Vorlesungen nicht wie die Professoren der deutschen Universitäten, sondern es ist mehr ein Privatunterricht, indem sie eine gewisse Anzahl junger Leute auf ein Zimmer nehmen, und sie so unterrichten, fragen rc. rc. ohngefähr wie Schüler. Auch die ganze Disciplin gleicht mehr einer Schule, als einer Universität, indem die Lehrer die jungen Leute für eine Menge Dinge strafen können. Dies sind besonders Geldstrafen.

Ausser diesen Lehrern gibt es noch besondere tutors of College, die auf die Zimmer der Studenten kommen, und da zwey, vier und acht zusammen unterrichten.

Die Studenten werden in drey Classen eingetheilt: 1) Fellow-commoners, 2) Pensioners, 3) Sizers. Die ersten heissen Fellow-commoners, weil sie mit den Fellows speisen, wofür sie jedoch nicht viel mehr bezahlen, (vierzig Pfund für das Mittagsessen) als die Pensioners, die unter sich speisen. Die Sizers bezahlen nichts für ihren Tisch, bringen die Schüsseln auf die fellow-tables, bedienen sie an der Tafel, sel, und speisen alsdenn vom Ueberreste. Sie tragen schwarze gowns (eine Art Mäntel) von grobem Stoffe, ohne Ermel. Die Pensioners tragen gowns von der nämlichen Form, aber von feinem Stof mit hangenden Ermeln und Quasten. Die Commoners tragen das nämliche, aber mit Ermeln und samtenen Kragen. Adeliche und Ritter (knights or baronets) tragen gowns von der nämlichen Form, aber mit Quasten von Gold und Silber. Zu ihrer Bedienung haben sie alte Weiber; doch können sie sich nebenher auch ihre eigne Bedienten halten.

Ausser diesen Collegians (Studenten, die im Collegium wohnen, unter denen eine Menge junger Leute aus den besten Häusern sind) gibt es ohngefähr noch einmal so viel, die ihre Wohnungen in der Stadt haben und blos die Vorlesungen besuchen, so daß man die Zahl aller Studierenden zwischen fünf und sechshundert setzt. — Man kann hier in allen Fakultäten seine Studien vollenden.

Ausser den vorhin genannten Lehrern gibt es noch eigentlich genannte Professoren, die man the king's professors nennt, und die eigentlich Collegien, über Theologie, Arzneykunde und Rechtsgelehrsamkeit, lesen sollen; allein man sagt mir, daß sie diese Vorlesungen sehr nach-

 lässig

läßig besorgen, und daß die Studenten sie noch nachläßiger besuchen. Die Theologen z. E. studieren größtentheils auf ihrem Zimmer diejenigen Werke, über die sie examinirt werden, und die Examens scheinen nicht eben sehr hart zu seyn. Sie werden zuerst vom Dekan der Diöcese, zu der sie gehören, examinirt, und dann von ihrem Bischoffe. Desto strenger sind die Examens der eigentlichen Schul-Wissenschaften. Nach Ebräisch wird gar nicht gefragt. Dies letztere fällt einem Protestantischen Ausländer sehr auf; aber, wie mich dünkt, mit Unrecht! In Sachsen muß jeder Geistliche über diese Sprache examinirt werden; tausende quälen sich damit, verschwenden eine ungeheure Zeit, und was ist der Vortheil davon? Wir wissen alle zur Genüge, daß es unter hundert Geistlichen nicht viere gibt, die, so bald sie ein Amt haben, die hebräische Bibel wieder ansehen. Zudem erwerben sie sich eine so unvollkommene Kenntnis dieser Sprache, daß nur sehr wenige es dahin bringen, Ausleger des Alten Testaments zu werden, d. h. Schwierigkeiten und Dunkelheiten, die sich in den Uebersetzungen finden, aus dem Originale aufzuklären. Und dies ist doch der einzige, eigentliche Zweck; und wie viele unter tausenden bringen es dahin? Ueberdies kennt ein jeder, der seinen Zuhörern Schwierigkeiten des Alten Testaments auflösen will, die Schriften gelehrter Hebräer, in denen er sich helfen kann. Das ist freilich alles wahr, wird man mir einwenden. „Allein Sie bedenken nicht, daß unter der Menge, die hebräisch lernen, hin und wieder ein hebräisches Licht aufsteht und ein Lehrer und Aufklärer dieser Sprache wird, die, wenn sie von wenigern gelernt würde, nach und nach ganz vergessen werden würde." Diesen Einwurf will ich unbeantwortet, und die Sache denjenigen auszumachen überlassen, die zur Classe gehören und zugleich Verstand, Billigkeit und Unpartheylichkeit haben.

Die Rechtsgelehrten sind, wie ich höre, eben so nachläßig, und diejenigen, die sich dieser Profession widmen, gehen gewöhnlich in den sogenannten Tempel, wo sie Gelegenheit genug haben, die Rechte ihres Landes zu studieren und mehr brauchen sie nicht.

Wo die Aerzte ihre Schuljahre zubringen, und an wem sie ihre ersten Versuche probiren, weiß ich nicht; nur das weiß ich, daß viele sich sehr wenig um das Scientifische dieser Kunst bekümmern. Viele aber studieren in England und Schottland.

Ausser den sogenannten King's Professors hat die Dubliner Universität noch verschiedene andere, die vermöge eines Privatvermächtnisses unterhalten werden.

den 15. Jul.

Gestern war ich zu Besßborough, einem der feinsten Landsitze im südlichen Irlande. Er liegt an der südlichen Seite des Sure, ein Paar Meilen unter Carrick, und gehört dem Grafen von Besßborough, der, nebst seinem Sohne, seit vielen Jahren in England lebt, und nicht einmal zum Besuch in sein Vaterland kommt. Die Güter haben etliche Meilen im Durchschnitte und liegen in einer lieblichen Gegend, die zwar ganz flach, aber von allen Seiten mit Bergen umgeben ist. Das Haus hat deswegen von allen Seiten herrliche Aussichten. Das Gut ist etwas im alten Stile angelegt, hat aber eine Menge Schönheiten und ein herrliches Grün. Nirgends hab ich so große Wiesen gesehen, die durch Einfassungen von hohen Bäumen in verschiedene Partien getrennt sind. Das Haus ist ein edles Gebäude, obschon die Zimmer nicht so groß sind, als man sie jezt baut, und im alten Stile meublirt.

Ich hatte öfters von den Gemählden gehört, die hier sind, und ich fand in der That einige sehr schöne, historische Stücke, unter andern eine vortrefliche Anbetung der Hirten, von Jordans; allein ein großer Theil dieser Gemählde sind Copien.

Hier

Hier ist unter andern der Kopf und das Geweihe eines mouse oder moose-deer, und dies gibt mir Gelegenheit von diesem Thiere zu reden. Ich besinne mich, vor vielen Jahren gelesen zu haben, daß man dieses Thier in die Classe der fabelhaften setzte. Dies ist nun falsch, denn daß es existirt hat, ist ganz ausser Zweifel. Ich selbst habe Beweise genug davon. Das aber ist freilich auffallend, daß man in keinem andern Lande von diesem Thiere etwas wissen will, und daß selbst in Irland seit Jahrhunderten keine Spur von seiner Existenz ist. Daß es auf der Insel war, weiß man nicht nur aus alten Schriftstellern, sondern besser aus den Gerippen, Köpfen und Geweihen, die man in großer Menge in den Sümpfen gefunden hat und noch bisweilen findet. Vor einigen Jahren fand man auf dem Sitze des Lord Grandison, fünf und zwanzig Meilen von hier, beinahe das ganze Gerippe eines solchen Thieres, und noch heute sagte mir ein glaubwürdiger Mann, daß er ein Geweihe mit dem Kopfe besitze, der um ein gutes größer als der Kopf eines Ochsen sey. Der Kopf den ich zu Bessborough sahe, ist ohngefähr von der Größe eines mittelmäßigen Pferdes, und die äussersten Enden des Geweihes sind acht bis neun Fuß von einander, ja man hat Geweihe, an denen diese Breite über zehn Fuß beträgt. Die Enden des Geweihes sind nicht, wie die des

Hirsches, sondern Löffelartig, wie die des Damhirsches. Ihr Gewicht läßt sich nicht beurtheilen, denn da sie so lange unter der Erde und in Sümpfen gelegen, sind sie porös, und also um ein gutes leichter geworden; indessen wiegen manche noch immer etliche Zentner.

Das erste, was einem hierbey auffällt, ist die Stärke, die dieses Thier gehabt haben muß, wenigstens im Genicke, um eine solche Last zu tragen; das zweyte, wie dieses Thier in den Wäldern hat leben können, mit diesem so breiten Geweihe. Das Allersonderbarste aber bey der ganzen Sache ist, daß dieses Thier seit Jahrhunderten von der Erde verschwunden ist, denn das Amerikanische Thier dieses Namens ist nicht nur gar viel kleiner, sondern es scheint auch in andern Betrachtungen ein ganz anderes Thier zu seyn. Die Natur scheint also hierinnen einen ganz andern Weg gegangen zu seyn, als sie gewöhnlich thut, denn wir finden sonst durchaus, daß sie das, was sie einmal hervorgebracht hat, erhält und fortpflanzt

Von diesem Irischen Thiere komme ich auf ein Irisches Instrument, und das ist der Dudelsack (bagpipe). Dieses musikalische Instrument ist dieser Nation besonders eigen; hier ist es eigentlich zu Hause und präsidirte sonst bey allen

Tän-

Tänzen, Lustbarkeiten und Festen. Man hat gewisse National-Arien und Tänze, die darauf gespielt werden, und wornach die Landleute noch jezt bisweilen tanzen; wiewohl sie, wenigstens hier herum, mehr in Trägheit und Schläfrigkeit zu leben scheinen, als Neigung zur Freude, Helterkeit und Belustigungen zu haben. Indessen steht dieses Instrument noch immer in Ehren, und ich fand letzthin einen Land-Edelmann, der es nicht nur sehr gut spielte, sondern würklich zur Würde eines musikalischen Instruments erhoben hatte. Anstatt der einfachen Pfeife hat sein Dudelsack fünf, deren eine wie eine Trompete gekrümmt ist. Die Hauptpfeife, die, wie die Flöte mit den Fingern gespielt wird, hat mehr Löcher, als der gewöhnliche Dudelsack, und unter den Pfeifen, durch die die beiden Luftsäcke verbunden sind, ist eine, deren Löcher mit Klappen versehen sind. Auf diese Art wird das Ganze sehr complicirt, denn der Spieler muß mit dem rechten Arme nicht nur den Wind dirigiren, und mit den Fingern dieser Hand auf der Hauptpfeife spielen, sondern er muß auch mit dem untern Theile der nämlichen Hand auf diesen Klappen herum fahren, und die Luft da bald sperren, bald auslassen, gerade so wie bey der Klappe, die am untern Theile einer Flöte ist. — Ich fand die Töne dieses Dudelsacks äusserst sanft und angenehm, fast wie eine Flöte, nur mannigfaltiger; auch kann der Mann, nach regelmäßiger Musik, alles darauf spielen. Ich weiß nicht, ob ich die Oekonomie des Ganzen so deutlich beschrieben habe, um Ihnen einen Begriff davon zu geben? Es ist schwer, denn ich kenne kein Instrument, mit dem ich es vergleichen kann.

Vor'm Jahre schrieb' ich Ihnen viel von der Anzahl der Einwohner in Irland, und von dem Verhältniß der Protestanten gegen die Katholiken. Ich hatte damals Berechnungen vor mir, die mit vieler Sorgfalt gemacht worden, und gleichwohl sehe ich jezt, daß kein Mensch etwas gewisses darüber weiß. Da die Misvergnügten zeither alles angewandt haben, die Katholiken in ihr Interesse zu ziehen, so hat man sich ganz natürlich sehr genau nach der Anzahl der leztern erkundigt. Allein die Meinungen darüber sind so verschieden, daß ich auch bey dieser Gelegenheit, die alte Bemerkung bestätigt finde „daß alles menschliche Wissen so gar ungewiß ist." Je mehr ich forsche und nachfrage, je mehr höre ich auch verschiedene Meinungen, und so gerathe ich je mehr in Dunkel und Ungewißheit. Darinnen sind alle einig, daß die Katholiken im Königreiche die größere Anzahl ausmachen: und das ist die einzige Gewißheit, die ich herausbringen kann. Manche sagen, die Katholiken seyen 3. zu 1. ja manche sagen jezt gar

sie

sie seyen 4. zu 1. Was die richtige Bestimmung so schwer macht, ist, daß die Proportion in den verschiedenen Provinzen höchst ungleich ist. Z. B. hier in unserer Nachbarschaft rechnet man 10 Katholiken gegen 1 Protestanten. Im Norden aber ist es anders, denn dort haben die Protestanten ihren Hauptsitz.

Eben so verschieden sind die Meinungen über die Zahl der Einwohner überhaupt. Ich habe eine Menge darüber gehört; allein alles, was ich mit Gewißheit heraus bringen kann, ist, daß diese Zahl über zwey Millionen und nicht ganz drey Millionen ist. Allein über die Zwischenzahl ist man sehr uneinig.

Eben so geht mirs auch mit den andern Dingen; je mehr ich forsche, je mehr höre ich auch verschiedene Meinungen, und die dritte und vierte widerspricht oft schnurstracks der ersten. So besinne ich mich z. B. daß ich vor einem Jahre sehr viel über die Butlerische Familie fragte, und die Geschichte des Herzogs von Ormond las. Diese Familie ist so merkwürdig und ihre Schicksale sind so sonderbar, daß ich mit verschiedenen Männern darüber sprach. Ich hörte damals durchaus, daß man die gegenwärtigen, jährlichen Einkünfte des jetzigen Hauptes der Familie auf 12,000 Pf. setzte. Gegenwärtig höre ich, und

und das von Leuten, die es wissen können, daß es 30,000 Pf. sind, daß aber viele Schulden auf den Gütern liegen.

Ein anderes auffallenderes Beyspiel dieser Art: Ich habe viel über die Massacre nachgeforscht, die die Katholiken im Norden von Irland gegen die Protestanten verübt haben sollen. Die Schriftsteller sind sehr verschieden in der Angabe der Zahl der ermordeten Protestanten, und ich darf sagen, daß ich fast alle Decimalen zwischen 20,000 bis 80,000. gefunden habe. Eine solche auffallende Verschiedenheit zeigt, daß die ganze Sache in Dunkelheit gehüllt ist, und daß die Protestanten das Ding übertrieben haben. Ich forsche weiter und finde, daß die Katholiken die ganze Sache leugnen. Und endlich sagt mir Lord T** daß er ein authentisches Manuscript aus der Zeit gesehen habe, und daß er von der ganzen Sache weiter nichts glaube, als daß die Katholiken und Protestanten auf alle Art einander anfielen, daß beyde Partheyen einander schadeten, und tödteten so viel als sie konnten, und daß vermuthlich mehr Protestanten als Katholiken dabey umgekommen. So viel ist gewiß, daß man eine ansehnliche Lücke in der Bevölkerung dieses Theils von Irland fand, und daß England eine protestantische Colonie herüber schickte, unter deren Nachkommen gegenwärtig die große Anzahl von

Pres-

Presbyterianern ist, die die Verfassung von Irland umstossen wollen.

C***, den 2. Aug.

Selten hab ich eine Unterredung mit Engländern über Irland, daß ich nicht mit Erstaunen bemerke, wie so gar wenig sie dieses Land kennen. Und in der That wie sollten sie es kennen? Sie besuchen es nicht, und haben keine guten Beschreibungen davon! Unter hundert Engländern, die das feste Land bereisen, gibt es nicht fünf, die Irland besuchen. Manche thun es wohl Geschäfte wegen, oder um einige Verwandte zu besuchen; allein, das Land mit der Neugierde eines Reisenden zu durchwandern — daran denkt man nicht. Und wenn denn ja einmal einer mit diesem Zwecke kommt, so bringt er seine Meinungen über Irland, die er schon vorher gefaßt hat, mit sich, gleichsam wie ein System, und scheint, auf seiner ganzen Reise, sich mehr zu bemühen, Beweise für sein System zu finden, als zu forschen, und aus dem Resultate seiner Untersuchungen ein System zu bilden. Ich habe Ihnen schon öfters Hrn. Twiß genannt, der nicht nur das Ganze in ein falsches, widriges Licht setzt, und auf eine Menge Dinge gehäßige Seitenblicke wirft, sondern auch gewisse besondere Artikel so behandelt, daß das Einzige, was sich

zu

zu seiner Entschuldigung darüber sagen läßt, ist: er muß sie nicht gesehen haben.

Swift machte den Anfang, dieses Land zu mishandeln, und andere beteten ihm nach. Ein grosser Theil von Swifts Leben war ein beständiger Kampf zwischen Ehrgeiz und fehlgeschlagenen Hofnungen. Sein Mährchen von der Tonne beraubte ihn eines Bisthums, und die Dekanstelle zu St. Patrik war alles, das einem Manne zu Theil wurde, der kurz vorher die Rolle eines mächtigen Staatsmannes in England gespielt hatte. Seine Laune war nun versauert, und alles erregte seine Galle. Er war unzufrieden über Alle, die am Ruder von Irland saßen, und mishandelte das Land, in dem sich alle seine Aussichten nach Größe, endigten. Er wurde endlich popular, und erwarb sich, auf Kosten der Regierung, unter dem Volke ein Ansehen, das er in der ersten Instanz nicht erlangen konnte.

Pope kannte den Dekan, sahe seine Laune, und schmeichelte ihm, auf eine Art, die, wie er wohl wußte, ihm willkommen war. Er machte dem Manne ein Compliment auf Kosten des Landes, in dem er lebte, und nannte Irland Swifts Böotien.

Eine Menge anderer Schriftsteller sind seitdem Swiften und Pope gefolgt. Smart, ein Mann

Mann ohne Namen und ohne Bedeutung, machte eine Reise nach Irland, und faßte, aus Privatursachen und häuslicher Lage, einen solchen Haß gegen dieses Land, daß er ein Gedicht „den Tempel der Dummheit“ *) schrieb, worinne er eine geographische Beschreibung der Dubliner Universität gibt.

Ich finde viele Wahrheit in der Bemerkung eines Iren, der besonders darinnen an Twiß's Reise denkt: „So bald gewisse Engländer, sagt er, einen Fuß auf Irischen Boden setzen, so nehmen sie ein Ansehen von Wichtigkeit an, das mit ihrer Lage und ihren Verhältnissen zu Hause oft sehr lächerlich absticht. Mit niedrigen Volks- und Nationalvorurtheilen angefüllt, betrachten sie alles durch eine falsche Brille, erschaffen Mängel und Fehler wo sie keine finden, und bewundern dann ihren Scharfsinn. Voll von dem Gedanken der wirklichen und wahren Größe ihres Landes, dünken sich manche eben so sehr über jedes Irische Individuum erhaben, als England über Irland erhaben ist. Ein Mann von diesem Schlage bringt ein ganzes Volk in seine eigene Person, und gibt denn so das Ding von sich.“

Es

*) the temple of dullness.

Es ist nicht zu läugnen, daß das Irische Meer manchen zurückhält, der vielleicht eine Reise in diese Insel machen würde. Die Ueberfahrt ist verschrien, und in der That hat sie ihre Beschwerden. Indessen gehen die Iren ohne Untersaß über dieses Meer, und unter den Damen gibt es hunderte, die zu wiederhohlten malen das Englische Bath besuchen.

Die Herren von der Armee kommen am häufigsten nach Irland, weil man die Garnisonen wechselt. Allein der Officier geht, wenn er in guten Häusern Eingang hat, gewöhnlich seinen Vergnügungen nach, oder lebt, wenn er diesen nicht hat, in den Casernen mit seinen Mit-Officieren. Und in beiden Lagen machen sie nur wenig Bemerkungen über das Land und die Nation. Indessen ist es doch unter den Engländern von diesem Stande, daß man die richtigsten Urtheile über Irland hören kann.

Die Großen in England wissen gar wohl, daß die Großen in Irland ohngefähr eben so leben, wie sie. Indessen sind doch auch diese nicht von Vorurtheilen frey, und manche meynen, dies oder jenes könne in Irland doch nicht so seyn, wie es bey Ihnen ist. Ich sahe einmal einen Englischen Lord, der einen Irischen besuchte. Der Engländer war schon vorher in Irland gewe-

gewesen, und doch sah ich alle Augenblicke in seiner Miene etwas, das Staunen und Verwunderung nicht unähnlich war. Er schien sorgfältig alles zu beobachten, als er den Reichthum, die Eleganz und den guten Geschmack in Zimmern und Hausgeräthe, die Vortreflichkeit der Tafel und Mannigfaltigkeit, den guten Stil der Bedienten, die Ordnung im Garten und Park, und die auf Natur und Schönheitsgefühl gegründete Anlage in den Ländereyen umher sahe. Mich dünkte immer, er sage: Ich hatte schon vorher von allem dem eine sehr gute Meynung, aber ich erwartete es doch ein wenig wilder.

Ich höre in England sehr oft, wie man sich auf Kosten der Iren lustig macht. Da wissen sie so viel von der Irischen Aussprache, von Irischer Art und von dem was man bulls und blunders nennt, zu erzählen, daß ich manchmal kaum glaubte, es sey von einem Lande die Rede, in dem ich auch einmal gewesen bin. — Ein blunder ist eine Uebereilung, eine Verwirrung, eine Etourderie, durch die sich einer lächerlich macht, indem er ohne Ueberlegung spricht oder handelt, Dinge zusammen setzt, die nicht zusammen gehören, Zeiten, Personen rc. rc. mit einander verwechselt. Ein bull ist jedes Gesagte, in dem ein Satz den andern widerlegt, oder unmöglich macht. Z. E. ein Mann verlangte, daß

 sein

sein Leichnam von sechs Jungfrauen zu Grabe getragen werden sollte. Man hatte viele Noth, sechs Jungfrauen aufzutreiben; sagt einer. Ey! sagt ein anderer: man sollte diese sechse für immer als Jungfrauen erhalten, um die Race zu vermehren. — Ich sagte einmal: daß der schönste Strich von England, den ich je gesehen hätte, die Gegend zwischen Brecknock und Avergavenny sey, (dieser Strich ist in Wallis, nicht in England,) und ein Engländer gab mir zur Antwort: Sie machten diese Bemerkung, da Sie eben aus Irland kamen?

Alle National-Bemerkungen dieser Art sind unbedeutend und kleinlich, und ich würde hier von bulls und blunders nicht reden, wenn ich nicht gefunden hätte, daß solche Bemerkungen bisweilen auch in Schriften und unter Leuten von Erziehung gemacht werden.

Was die Sprache betrift, so ist das Irische Englisch von dem, welches in England gesprochen wird, in einigen Betrachtungen verschieden, doch findet sich diese Verschiedenheit mehr unter den mittlern und niedern Ständen, als unter den höhern. So verwechselt z. E. der Ire sehr häufig die Worte will und shall, would und should. In einer Menge Worte spricht der Ire das ea wie ein deutsches e aus, wo der Engländer es wie ein i ausspricht. In der Aussprache

sprache überhaupt wirft man den Iren den Broke vor, welches eine knarrende Aussprache sehr vieler Worte ist, die man bey den mehresten Iren findet, die nicht in England gelebt, oder einen Theil ihrer Jugend da zugebracht haben. Indessen hab ich doch selbst von Engländern gehört, daß Dublin einer von den Orten ist, in welchem vorzüglich gut Englisch gesprochen wird. Der hauptsächlichste Unterschied, der sich zwischen der Aussprache dieser beyden Völker befindet, ist im a, welches die Engländer länger und schärfer aussprechen, als die Iren. In den Worten apron, amour, matron rc. rc. spricht der Ire das a eben so aus, wie in father, da der Engländer hingegen es ausspricht wie in day, way rc. rc. Fast alle Fehler, von denen ich hier Beyspiele gegeben habe, sind allen Fremden gemein, ehe sie vollkommen mit der Englischen Aussprache bekannt werden. Den Unterschied zwischen will und shall rc. rc. lernt der Fremde in gewissen Fällen sehr bald, aber in manchen andern sind diese Worte ein ewiger Stein des Anstoßes. Einer fiel in die Themse, und schrie: I will be drowned, no body shall come and help me. Ich werde ertrinken, niemand will mir zu Hülfe kommen. Hier ist der Fehler so auffallend, daß ihn jedermann gleich einsieht, denn die Englischen Worte heissen: ich will mich ertränken, niemand soll mir zu Hülfe kommen. — Sonderbar ist es, daß man in der Grafschaft Lankaster, eine Menge Worte auf die Irische Art ausspricht. Dort hörte ich sehr oft, selbst manchmal von der Kanzel, spehk vor speak, the vor tea, lehn vor lean, und eine Menge andere.

den 5. Aug.

Lezthin ritte ich nach Carick, und als ich nahe an der Stadt war, stieß ich auf einen Leichenzug, den ich wohl vom Anfange bis ans Ende hätte sehen mögen. Es war ein ächtes, alt-Irisches Begräbnis, mit Klageweibern, dergleichen man jezt nur auf dem Lande antrift, und auch da nicht einmal mehr allgemein. Leute von Stande begraben jezt ihre Todten in der Stille, mehrentheils sehr früh, und schicken blos ihre Bediente mit dem Leichname. In West-Irland hat sich der alte Gebrauch mehr erhalten, und man sagt mir, daß noch viele Familien, die auf dem Lande leben, ihre Todten mit alle dem Geschrey, Pomp, zur Schau gezeigten Schmerz und erkauften Thränen begraben, wofür das Land sonst so bekannt war. Ich will Jemanden reden lassen, der mehr von diesen Begräbnissen gesehen hat, als ich.

„Man begräbt hier die Todten mit aller möglichen Schau, die man nur aufbringen kann; und

und wenn der Zug durch eine Stadt, oder ein Dorf kommt, oder irgend jemanden von Ansehen begegnet, so bricht es in lautes Geschrey und Heulen aus.

Der Gebrauch ist, so wie die mehresten Gebräuche des Landvolks in allen Ländern, sehr alt; ja vielleicht einer der ältesten, von denen die Geschichte weiß, denn die Griechen und Römer hatten ihn von den Morgenländern, wo wir die ältesten Spuren davon unter den Hebräern finden. In den heiligen Schriftstellern lesen wir: „Rufe die Klageweiber, daß sie kommen mögen“ — „Der Mensch geht zu seiner langen Heimat, und die Wehklagenden gehen in den Gassen umher“ — „Wir haben über euch getrauert, aber ihr habt nicht geklagt“ rc. —

Sonst hatte man in Irland einen Barden, der zur Ehre des Verstorbenen eine Elegie schrieb, welche von seinen guten Eigenschaften, von seiner Abstammung, von seinen Reichthümern rc. handelte. Und der Refrein war allemal: „O! warum starb er!“ Wie z. B. folgendes:

O! warum starb er! er, der so würdig war zu leben! Er, der aus dem edlen Blute von Heber stammte, dem Sohne Gallum's des tapfern Führers!

 O!

O! warum starb er! er, der mit einem Weibe gesegnet war, der schönsten von Scota's Töchtern; einem Weibe, die nur lebt, seinen Verlust zu beklagen!

O! warum starb er, ehe er seine Söhne sehen konnte ruhmvoll im Felde, und seine Töchter glücklich in ihrer Liebe!

O! warum starb er! er, der alles zum Leben hatte; dessen zahlreiche Rinder auf der Weide blöckten, und dessen Schaafe die Hügel bedeckten!

O! warum starb er! er, der Herr des goldenen Thals war! O ihr, die ihr von seiner Güte lebtet, Unterthanen und Getreue! Warum entrisset ihr ihn nicht dem Tode, ihn, der so oft Euch zu Ruhm anführte und mit Lorbeern gekrönt euch zurück brachte! ꝛc. ꝛc.

So der Barde; die Weiber sangen ihm nach mit kläglichem Geheule. Man nennt diese Gesänge, vermuthlich vom heulenden Tone, Oghunano, Hullaloo, Ogh-agus und Keenagh. — Da diese Gesänge jezt von Leuten ohne alle Kenntnisse gemacht werden, so sind sie öfters im höchsten Grade lächerlich. — Im Homer finden wir um Hektors Leichnam, seine Gemalin, seine Mutter, und seine Schwester, die wechselsweise reden und seinen Ruhm singen; die übrigen klagenden accompagniren. Die Conclamatio

matio der Römer war nichts anderes, als der Irish cry, und die mulieres praeficae entsprechen vollkommen den Irischen Klageweibern, die den Trauerzug anführen, und deren Geschrey und Geheule zu entsetzlich ist, als daß man wahren Schmerz darinnen vermuthen sollte.

Daß dieser Gebrauch bey den Phönizиern herrschte, sehen wir aus dem Virgil, der in der Beobachtung des Costums sehr genau und correkt war. Das Trauergeschrey, von dem er bey Didos Tode eine Beschreibung gibt, ist dem Irischen überaus gleich. „Die Häuser werden von Klagen, Geschrey und weiblichem Geheule erschüttert *).

So lange der Leichnam im Hause ist, liegt er auf einem Bette oder Brett, gekleidet in weisse Leinewand, und einen Teller voll Salz auf seiner Brust. Das Salz ist vermuthlich das Bild des unvergänglichen Theiles, während daß der Körper das Bild der Verwesung ist. Die Klagenden (Keenaghers) sitzen um den Leichnam herum. Die Sache selbst heißt Wachen (wakes).

Diese Wachen sind gesellige Versammlungen, sind Schmäuse, zu denen man von Na-

*) Lamentis, gemituque et femineo ululata Tecta fremunt.

hem und Fernem kommt. Die Alten rauchen Tabak, trinken Whiskey und erzählen Geschichtgen um den Leichnam herum, während daß die Jüngern in der Scheune oder in einem andern Zimmer, wenn anders eins da ist, sich auf andere Art belustigen, oder wohl gar nach dem Dudelsack tanzen.

So unsinnig auch diese letzte Gewohnheit seyn mag, so wird sie Ihnen doch nicht sehr auffallen, wenn Sie bedenken, daß in den Dörfern bey Leipzig, die Verwandten und Nachbarn sich zur Tafel setzen, sobald der Verstorbene begraben ist, und einen Schmaus halten, von welchem viele betrunken nach Hause gehen.

In Irland wird mancher zum Bettler, um seinen Vater oder seinen Sohn mit Anstande zu begraben. Man erzählt von einer alten Frau, die ein Paar Guineen für ihr anständiges Begräbnis gespart hatte, und die nun lieber betteln ging, als daß sie sie angegriffen hätte

den 10. Aug.

Was den gemeinen Iren noch lange in Unwissenheit und in einer Art von Barbarey erhalten wird, ist der gänzliche Mangel an Unterricht, ein Mangel, dem man vielleicht in einem Jahrhunderte nicht ganz wird abhelfen können, weil

er

er aus mehrern Ursachen entsteht, deren jede, besonders genommen, sich nur langsam und mit Mühe heben läßt.

Es ist zu allen Zeiten ein Grundsatz der Staatsklugheit gewesen, daß man, um ein Land ganz zu unterwerfen, ihm seine Sitten und Gebräuche, Religion und Sprache nehmen müße. Je mehr sich in diesen Artikeln Unterschied unter den Menschen befindet, desto mehr betrachten sie einander als Fremde, und desto größer ist die Entfernung, in der sie gegen einander bleiben. Der Unterschied in diesen Dingen wirkt besonders stark auf das gemeine Volk, welches, wenn man sie ihnen nimmt, gewöhnlich einen Theil seines National-Charakters verliert. Selbst die Kleidung gehört hierher, und die Englische Regierung nahm den Schottischen Hochländern, nach dem Aufruhre im Jahr 1745. nicht ohne Ursache ihre National-Tracht. In Irland befolgte man bis auf einen gewissen Grad die nämlichen Grundsätze. Heinrich II. gab diesem Lande seine Sprache und seine Religion. (Es ist bekannt, daß die christliche Religion in Irland nie ganz allgemein ward, als nach der Eroberung.) Man führte also die Englische Sprache in Irland ein; allein ich werde an einem andern Orte zeigen, daß durch diese Einführung keineswegs eine Vermischung der beyden Sprachen entstand,

wie

wie z. E. in Gallien, Hispanien rc. rc. wo die lateinische Sprache sich mit der alten vermischte, und auf diese Art endlich eine dritte entstand, die nun die Sprache der Nation wurde. Die Englische Sprache machte in Irland ihren eigenen Weg, ohne daß die Irische dadurch vertilgt wurde. Dadurch ist es nun geschehen, daß der grössere Theil der Nation gar keine Sprache hat. Die Regierung vernachläßigt das Irische, und das Englische wird vom gemeinen Volke entweder gar nicht, oder unvollkommen erlernt.

In welcher Sprache soll nun unterrichtet werden? In der Englischen! sagt die Regierung: und in der That wird der protestantische Gottesdienst durchaus in dieser Sprache gehalten. Allein es ist eine bekannte Sache, daß unter dem gemeinen Landvolke wenige Englisch lesen können,, folglich weder Bibel noch Gebetbücher haben. Ja ich bin überzeugt, daß viele nicht so viel Englisch wissen, als nöthig ist, eine Predigt zu verstehen. — Ihre Kinder regelmäßig in eine Schule zu schicken und da unterrichten zu lassen — darzu sind die Mehresten zu arm, zu nachläßig, zu träge — oder es fehlt auch wohl an Anstalten. — Sie müssen also in der Irischen Sprache lesen: und hier findet sich eine noch größere Schwierigkeit! Robert Boyle ließ auf eigene Kosten die Irische Bibel des Bischofs

Bedell

Bedell drucken, und seine Absicht war gewiß vortreflich, ob sie schon ganz fehl schlug. Sie ist in Irischen Buchstaben gedruckt, welche der gemeine Mann schon längst nicht mehr kennt, und überdies ist sie jezt so theuer und so selten, daß man sie nur in den Büchersammlungen der Neugierigen findet.

Man hat eine Irische Bibel in Romanischen Buchstaben, allein sie ist in Irland kaum bekannt. Sie wurde für die Schottischen Hochländer gedruckt, unter die man sie, mit den glücklichsten Wirkungen, vertheilt hat.

Man hat, wie ich höre, verschiedene Irische Erbauungs-Bücher, die in Romanischen Buchstaben gedruckt, und folglich einem jeden lesebar sind; allein viele mag es ihrer wohl nicht geben, wenigstens werden sie nicht häufig gebraucht. Ich gab verschiedenen Personen den Auftrag, mir welche unter dem Landvolke aufzusuchen; allein diese sind hier herum, wo ich wohne, mehrentheils Katholiken, und so war es keine leichte Sache, solche Bücher zu finden.

Was den Unterricht der niedrigsten Stände unter den Katholicken betrift, kann ich unmöglich mit Bestimmtheit erfahren. Die Regierung bekümmert sich wenig darum, und es scheint mir, daß ein jeder so ziemlich thut was er für gut findet. Ich glaube, sehr wenige Kinder besuchen regelmäßig eine Schule, und was sie da lernen, läßt sich leicht denken. Die Katholische Religion erlaubt keine Bibel, wenn die Leute auch eine hätten, ihr Gottesdienst ist größtentheils lateinisch; die Geistlichen haben keinen Ort im Lande, wo sie studieren können; mit den Schulmeistern ist es noch schlechter bestellt, und die Landleute sind schmälich arm. — Hin und wieder mag eine Ausnahme seyn, wo etwan reiche katholische Familien einigen Einfluß auf die Gegend haben, in der sie leben, die Lage ihrer katholischen Mitbrüder zu Herzen nehmen, und durch Privat-Sorgfalt, Stiftungen ꝛc. ꝛc. mehr oder weniger umher wirken.

Auch muß ich noch anmerken, daß vieles von dem, was ich hier überhaupt gesagt, hauptsächlich von Süd-Irland gemeint ist. Im Norden, wo es nicht nur ungleich mehr Protestanten, sondern auch im Ganzen nicht so entsetzliche Armuth gibt, ist es in vielen Dingen besser; indessen sind auch da noch genug Ursachen, die noch lange eine Hindernis der Aufklärung des gemeinen Volks seyn werden.

Ich habe schon sonst gesagt, daß die Irischen Frauenzimmer der bessern Stände eben so artig, so schön, so weiblich delikat sind, als man

man sie irgendwo sehen kann. Vielleicht haben sie mehr Naivetät, mehr Leichtigkeit im geselligen Betragen, und mehr Lebhaftigkeit als die Engländerinnen. Man sagt, die Weiber seyen sehr getreu und gute Hausmütter. Im Ganzen erhalten sie mehrentheils eine gute Erziehung, und erlernen mehr oder weniger, jene Talente und Künste, die einer Person Eleganz geben, ihre gesellschaftliche Fähigkeiten erhöhen, und ihren Umgang reicher, unterhaltender und angenehmer machen. Sie kleiden sich wie die Engländerinnen, deren Moden sie folgen, ohne sich jedoch so sklavisch an sie zu binden, daß sie nicht bisweilen ihren eigenen Weg gehen sollten. Uebrigens lieben sie die Moden und das Ausländische immer so sehr, als ich es irgendwo bemerkt habe.

Die Männer sind starke, ansehnliche, wohlgebildete Körper; ich verstehe abermals blos die bessern Stände. Sie sind mehrentheils gesund, und scheinen geselliger zu seyn, als die Engländer. Muth ist ein Eigenthum der Iren, und auch auf dem festen Lande rechnet man sie unter die besten Europäischen Soldaten. Es ist bekannt, wie sehr Kaiser Franz seinem Sohne die Iren in der Armee empfahl. Der Ruf, den sie beym weiblichen Geschlechte haben, ist bekannt. In der That hab ich noch in keinem Lande so fruchtbare Ehen gesehen, als hier. Das Verhältnis ist auffal-

auffallend, ich mag sie auch mit einem Lande vergleichen, mit welchem ich will. Man bemerkt hier nicht, was auf dem festen Lande fast überall der Fall ist, daß die vornehmern Stände weniger Kinder haben, als die mittlern und geringern. Im Gegentheile, findet man die zahlreichsten Familien eher unter jenen, als unter diesen.

Das gemeine Volk ist weder so lang, noch so wohlgewachsen, noch von so schöner Farbe, als das Englische. Der Unterschied zwischen ihnen und den Iren der bessern Stände, ist so groß, daß man sie für ein anderes Volk halten möchte. Ihre Farbe ist gar nicht die, die man in einem so gemäßigten Himmelsstriche, wie der Irische ist, erwarten sollte. Sie haben mehr das Braune der mittäglichen Völker, ohne ihre Frische, ihre Lebhaftigkeit und ihr Feuer zu haben. Ihr Braun fällt eher ins Gelbe, oder in eine Schattirung, die noch schlimmer ist. Es ist nicht das von der Sonne Verbrannte, denn über diese hat man sich hier nicht zu beschweren; sondern vielmehr etwas Verwildertes, etwas, das durch Regen, Wetter und Sturm veraltert ist. Die Ursachen von allem dem mögen wohl mancherley seyn. Die vornehmsten sind ohnstreitig ihre elende Kost, ihre armseligen, ungesunden Hütten, die Feuchtigkeit in der sie beständig sind, und der Rauch und Dampf, von dem sie in ihren Wohnungen gerâugeräuchert werden. Das äusserste Elend, in dem sie leben, der Druck der Armut, und der gänzliche Mangel aller Kenntnisse, würdigt ihre Seele herab, macht ihren Geist träge, und prägt in ihr Gesicht die Ausdrücke von Trägheit, Erschlaffung, Erniedrigung und thierischer Sinnlichkeit.

den 13. Aug.

Noch nie hab' ich Ihnen, lieber Freund, von einer Bekanntschaft geschrieben, die ich auf dem Schiffe gemacht habe, als ich letzthin herüber kam. Unter verschiedenen Leuten, unter denen einige Aktricen, und Brereton, ein guter Londner Schauspieler waren, befand sich ein starker, männlicher, wohlaussehender Mann, mit dem ich bald in Gespräch kam. Er sprach wie ein Gelehrter, ob ich ihn schon eher für einen Officier halten mochte. Wir sprachen von Ossian, Macpherson, Johnson, Court de Gebelin rc. rc. und er schien mit allen eine genaue Bekanntschaft zu haben. Er verstund Irisch, und dies brachte uns in eine lange Unterredung über die Alterthümer dieses Landes. Er sagte mir eine Menge wunderbarer Dinge, machte Anspruch auf grosse Kenntnisse der alten Sprachen, und die Alterthümer aller Länder, haute verschiedene Gelehrte von grossem Namen nieder, schien mit

mit der gelehrten halben Welt in Briefwechsel zu seyn, kurz, sprach so viel in dem Tone, daß ich ihn endlich für einen gelehrten Prahler hielt, und eine Unterredung aufgab, die er fortzusetzen willig zu seyn schien. Wie sehr bedauerte ich nachher meinen Irrthum, als ich hörte, daß es der Oberste Vallancey war. Er sagte mir seinen Namen, allein ich verstund ihn nicht, und wollte nicht wieder fragen, weil ich glaubte, es sey ein unbekannter Name. Ich erfuhr erst nach der Landung, in wessen Gesellschaft ich gewesen war, und welche Gelegenheit ich verlohren hatte, genauern Unterricht über eine Menge Hiberniana zu empfangen, einen Unterricht, den vielleicht kein jeztlebender Mann besser geben kann, als Vallancey. Allein dies erinnerte mich auch zu gleicher Zeit an das, was Lord Chesterfield sagt: „daß selbst wahre Gelehrsamkeit, wenn sie zu sehr hervorbricht, für Prahlerey genommen werden kann.“ — Ich will Ihnen nun einiges von diesem Mann erzählen, das Sie vielleicht nicht wissen.

Herr Vallancey, der, wie ein Schriftsteller sagt, allein eine Reise nach Irland verdient, ist ein Engländer, und ward auf der Schule Eton (die beste Englische Schule für Classische Gelehrsamkeit) erzogen. Er erlangte frühzeitig eine genaue Kenntniß der Alten, und alles dessen, was man Schulgelehrsamkeit nennt. In einem Alter, in welchem man gewöhnlich Worte und Materialien zu den Wissenschaften sammelt, legte er sich auf die Irische Sprache, mit solchem Fleiße, daß er bald seine Lehrer weit hinter sich zurück ließ. Er setzte dieses Studium in der Folge bey der Armee und bey seinen übrigen Geschäften fort, und wußte unter allen Zerstreuungen eines militärischen Lebens, (er ist jezt Oberster Ingenier von Irland *) Zeit für die Wissenschaften zu sparen, und er hat jezt den Ruf, nicht nur einer der besten Classischen Gelehrten und Antiquarien, sondern auch der größte Irische Sprachgelehrte zu seyn, welches um so viel auffallender ist, da wenig Iren vom Stande oder Erziehung ihre Sprache verstehen, und auch diese wenigen nur unvollkommen. Denn wenn sie ja jemand versteht, so hat er sie von gemeinen Leuten gelernt, so daß er diese verstehen und sich selbst gut und schlecht verständlich machen kann. Vallancey aber trieb diese Sprache kritisch, und studierte alle Irische Manuscripte, die vielleicht ausser ihm kein jeztlebender Mensch gelesen hat. Daher kömmt es denn auch, daß er über die alte Geschichte von Irland, Irische Sprache, Alterthümer und Gelehrsamkeit ganz andre Meinungen hat, als die gewöhnlichen. Er war einst

*) Engineer-General of Ireland.

Sekretär der Dubliner Gesellschaft. Diese ließ einmal, um Bericht über gewisse Sachen zu erhalten, einen Mann kommen, der diesen Bericht am besten geben konnte. Der Mann verstund kein Irisch, und da fand sich, daß in der ganzen Gesellschaft kein einziger Ire war, der Irisch verstund, als der Engländer Vallancey.

Er hat mancherley über Irland geschrieben; sein wichtigstes Werk aber ist eine Irische Grammatik, die einzige, die den Namen einer Grammatik verdient. Die eine Hälfte derselben besteht aus Abhandlungen über die Celtische Sprache, über die ältesten Völker, die sie redeten 2c. 2c. Auf ihn mag die Irische Nation mit ein wenig Abänderung das anwenden, was Cicero von sich selbst sagt, als er Archimedes Grab fand. „So würde diese ansehnliche und „einst gelehrte Stadt Griechenlands (Syracus) „das Grab ihres Mitbürgers nicht gewußt ha„ben, wenn sie es nicht von einem Fremden er„fahren hätte *).

den

*) Ita nobilissima Graeciae civitas, quondam vero etiam doctissima sui civis unius acutissimi monumentum ignorasset, nisi ab homine Arpinate didicisset.

den 14. Aug.

Heute, lieber Freund, will ich den Anfang machen Ihnen über einen Artikel zu schreiben, über den ich allerley gesammelt habe, und in dem Sie zum Theil auch die Unterredung finden sollen, die ich mit dem Obersten Vallancey auf dem Schiffe hatte.

Aus einem kleinen Aufsatze, den ich Ihnen vor etwan einem Jahre von Spencers Leben schickte, werden Sie sich besinnen, daß er unter der Königin Elisabeth als Regierungs-Sekretär nach Irland geschickt wurde. Bey seiner Rückkunft war man so wohl mit ihm zufrieden, daß ihm die Königin 3000 Jucherte Landes in der Gegend bey York schenkte. Es schien, daß es ihm hier wohl gefiel, er studierte Irische Geschichte und Alterthümer, und fing ein Werk darüber zu schreiben an. Es ist nie erschienen: aber seine Meinung über die Alterthümer dieses Landes überhaupt wissen wir.

„Alle Gewohnheiten und Gebräuche der „Iren, sagt er, die ich bemerkt und mit dem „verglichen habe, was ich darüber gelesen, könn„ten Stof zu einer weitläuftigen Abhandlung „über den Ursprung und über das Alter dieses „Volks liefern. Ich halte es in der That für „älter, denn fast alle Völker unserer Zeiten, von

„denen ich etwas weiß. Wenn sich Leute von „Belesenheit und gesunder Urtheilskraft darüber „machten, so würde das ein überaus angeneh„mes und nützliches Werk geben.“

Es muß doch einiger Grund für das hohe Alterthum da seyn, von dem die Iren so viel zu erzählen wissen. Schon Tacitus sagte, „daß die Häfen und Seeplätze von Irland den Kaufleuten weit besser bekannt seyn, als die Brittischen.“ — Orpheus sagt ausdrücklich, daß die Argonauten bis nahe an die Insel Jerne schifften, ein Zeugniß, das älter ist, als irgend eines, das Rom aufstellen könnte. — Diodor von Sicilien spricht von einem Lande Iris, welches sowohl der Beschreibung, als dem Namen nach, sehr gut auf Irland paßt. Hibernia ist vergleichungsweise ein moderner Name. Irland ist das Scotia der Alten, eine Benennung, die zu mancherley Irrthümern Veranlassung gegeben hat, und wovon ich ein andermal reden werde.

Als der Gesandte Heinrichs V. auf der Kirchenversammlung zu Costnitz den Vorsitz verlangte, gründete er seine Ansprüche darauf, daß sein König Herr von Irland sey. — Dies konnte sich nun freilich wohl auf eine falsche Tradition, auf einen Irthum gründen, aber es war doch gewiß schon damals ein sehr alter Irrthum, und

es

es scheint, daß die Meinung von Irlands hohem Alterthume seit undenklichen Jahen existirt.

Irland hatte in einer Zeit, wo das westliche und nördliche Europa noch in der tiefsten Barbarey stack, im sechsten und siebenten Jahrhunderte, Gelehrte, berühmte Heilige und Männer von Namen. Die Gelehrten, die zu Zeiten Karls des Großen lebten, waren fast alle Iren. Die ersten Professoren der Pariser Universität waren Iren. Der Angelsächsische König Oswald ließ Gelehrte aus Irland kommen, um sein Volk in der christlichen Religion zu unterrichten. Alfred der Große ließ Irische Professeren kommen, als er sein Collegium zu Oxford stiftete, u. s. w. Ich könnte leicht mehrere Beyspiele anführen; aber diese zeigen deutlich, daß Irland sehr alt ist; und daß es unter den drey Reichen das älteste sey, werd ich noch besanders zeigen.

Zu dem allen kommt noch die alte Sage, die in Irland von Jahrhundert zu Jahrhundert fortgesetzt worden ist, daß sie nämlich von einem alten Celtischen Volk, von den Phöniciern und Carthaginiensern, und andern abstammen, eine Sage, die doch etwas für sich haben, und sich auf Thatsachen gründen muß, worzu nun Vallancey mit einem Umstande kommt, der äusserst auffallend und sonderbar ist.

Er behauptet, daß er die Punischen Stellen verstehe, die wir in einigen Lustspielen des Plautus finden, und die zeither niemand erklären konnte, weil sie wenig oder keine Aehnlichkeit mit dem Lateinischen haben. Vallancey sagt, er verstehe sie vollkommen, durch seine Kenntniß der Irischen Sprache. Wenn das ist, so ist alles klar, ob mir es schon beynahe unglaublich vorkommt. Vallancey spricht von diesem allen mit der Ueberzeugung eines Mannes, der seiner Sache gewiß ist, und dem kein Zweifel übrig bleibt, über das, was er behauptet.

Ich machte ihm eine Einwendung, die einem jeden sogleich beyfallen wird: „Wie ist es möglich, daß die Irische Sprache — vorausgesetzt, daß sie die nämliche sey, welche die Carthaginenser redeten — sich 2000 Jahre lang, und länger so erhalten haben solle, und so sehr noch die nämliche sey, daß ein Mann, der jezt Irisch lernt, Stellen verstehen könne, die vor 2000. Jahren geschrieben worden? Ein Deutscher versteht mit Mühe, was vor Luthers Zeiten geschrieben wurde, und Reineckе Fuchs und andere Werke dieser Zeit sind ihm ganz unverständlich, wenn er sie nicht besonders studiert.“ — Vallancey hätte mir freilich auf diesen Einwurf ganz kurz so antworten können: „Das geht mich nichts an, und ich bekümmere mich nicht um das Wie und auf was Art. Was ich sage, ist ein Faktum, und alles Raisonniren und Argumentiren gegen Fakta ist lächerlich!* — Allein er gab mir Gründe an, unter denen einige in der That so sind, daß sich schwerlich etwas dargegen sagen läßt.

Die Sprachen gesitteter Nationen ändern freilich ohne Unterlaß der Engländer braucht schon ein Glossarium, um seinen Spencer zu verstehen, und den Chaucer kann niemand mehr lesen, als Leute, die von der Sprachkunde Profession machen. Sobald es ästhetische Schriftsteller in einer Sprache gibt, so wird raffinirt; man bildet aus und ändert, und nach etlichen Jahrhunderten entsteht so zu sagen eine andere Sprache. Ganz anders aber ist es mit Sprachen, in denen wenig oder gar nicht geschrieben wird, diese bleiben im Munde des Pöbels, pflanzen sich unverfälscht und unverändert Jahrhunderte lang fort, und der Enkel druckt sich in seinem engen Ideenkreise gerade so aus, wie sein Grosvater Ohne hier mich über die Ursachen einzulassen, warum die Sprachen uncivilisirter Völker unverändert bleiben und bleiben müssen, will ich mich blos auf die allgemeine Erfahrung berufen. Auffallende Beyspiele hiervon hat man oft, unter andern, in Amerika gehabt, wo Europäer Wilde zu Führern nahmen, mit denen sie viele hundert deutsche Meilen weit reißten, und die überall mit ihrer Sprache fortkamen. Wer weiß nicht, wie viele Aehnlichkeit alle Sprachen, die von der Slavonischen abstammen, noch heut zu Tage mit der Muttersprache haben, obschon die Böhmen, Polaken, Wenden ꝛc. ꝛc. durch eine Menge Veränderungen gegangen sind, und sich weit mehr mit andern Nationen vermischt haben, als die Iren. — Was die Sprache eines Volkes am meisten ändert, ist, wenn ein anderes Volk sich bey ihm niederläßt, wie die Römer in Frankreich und Spanien, die Sachsen und Normänner in England, die Nordischen Barbaren in Italien ꝛc. ꝛc. Lassen Sie uns nun sehen, ob Irland jemals in diesem Falle gewesen ist?

Daß die Römer sich niemals in Irland niedergelassen haben, braucht keiner weitern Erinnerung; die Sache ist ausser allem Zweifel. Auch findet man in der alten Irischen Geschichte nicht die geringste Spur, daß sich irgend eine fremde Nation in diesem Lande niedergelassen habe, bis auf den Einfall der Dänen. Die Dänen aber sind nie einheimisch in Irland geworden, und haben sich nie mit den alten Einwohnern gemischt. Sie lebten längst der Küste, legten da Plätze an und hatten ihre Läger; sie besassen aber keine inländische Stadt, sondern wurden, im Gegentheil, von den Iren verabscheut, mit denen sie in beständigem Kriege lebten, und von denen sie

sich

sich nie vollkommen Meister machen konnten. Auch ist bekannt, daß diese Dänen zuletzt theils aufgerieben, theils wieder aus dem Lande vertrieben wurden.

Und so finden wir denn die Iren unverändert und unvermischt bis auf den Einfall der Engländer unter Heinrich II. Von dieser Zeit an ging in der Sprache der Iren eine große Veränderung vor, nicht aber in der Irischen Sprache. Bemerken Sie wohl diesen Umstand, denn ich glaube, er ist einzig in seiner Art. Die Englische Sprache wurde in Irland eingeführt, ohne sich im geringsten mit der Irischen zu mischen. Man lernte Englisch, ohngefähr wie der Deutsche Französisch lernt, und die Irische Sprache wurde darum, daß sehr viele sie lernten, eben so wenig Englisch, als die Deutsche, darum, daß alle Leute von Erziehung Französisch verstehen, Französisch geworden ist. Ja die deutsche Sprache ist weit mehr französirt, als die irische angsisirt worden; denn, so wie ein Theil der Iren die Englische Sprache annahmen, so gaben sie ihre Landessprache nach und nach ganz auf. Hierzu kommt noch, daß eine große Menge der heutigen Irischen Familien ursprünglich Englische sind. Viele alte Iren lebten viel in England, und manche wurden dort erzogen. Auch der Umstand, daß es in der Irischen Sprache fast keine Bücher gibt, trug nicht wenig bey, die Landessprache unter der gesitteteren Classe von Menschen nach und nach zu verdrängen. Sollten Sie wohl glauben, lieber Freund, daß es unter allen den Personen, die ich in Irland kenne, nicht vier gibt, die in eine zusammenhangende Unterredung in der Irischen Sprache sich einlassen könnten? Und selbst diese wenigen haben blos eine pöbelhafte Kenntniß dieser Sprache. Gleichwohl ist sie noch heut zu Tage die eigentliche, wahre und gemeine Sprache von mehr als drey Viertheilen der Nation, ja viele gemeine Leute verstehen keine andere. Es begegnet mir öfters, daß ich Landleute anrede, und eine Antwort bekomme, die ohngefähr so klingt non ssai Steeckson, oder so etwas. Und was meynen Sie wohl, daß diese Worte bedeuten? Nichts anders, als „ich verstehe nicht Sächsisch.“ (Selbst diese Worte zeigen, in welcher Reinigkeit sich diese Sprache erhalten hat, denn England heißt in der Irischen Sprache noch heut zu Tage Sachsen, und Englisch Sächsisch. — Ich schrieb Ihnen einmal, daß ich einige Italienische Worte in der Irischen Sprache aufgefangen habe, z. E. come statte, welche das nämliche bedeuten, als come stato, allein dieses scheint blos von ohngefähr zu seyn, denn Irland hatte nie etwas mit den Italienern zu thun.

Wenn

Wenn ich zeige, daß die Irische Sprache keine Veränderung erlitten hat, so zeige ich zugleich auch, daß sie sich in ihrer barbarischen Ursprünglichkeit erhalten. Dadurch ist aber keinesweges gesagt, daß die Nation selbst in einer gewissen Barbarey geblieben sey. Im Gegentheil finde ich, durch Untersuchung, daß dieses Volk eine sehr grosse Menge Gelehrte aufzuweisen hat, und daß eine Menge bekannter Namen vergangener Jahrhunderte, denen man gewöhnlich ein anderes Vaterland zuschreibt, ächte Iren waren. Die Sache ist ausser Zweifel und Sie sollen ein andermal mehr darüber haben. — Irland hatte also, selbst in den Zeiten der allgemeinen Dunkelheit, im medio aevo, seine Gelehrten. Allein diese schrieben Lateinisch, und manche, in der Folge Englisch, und auf die Landessprache hatten sie nicht den geringsten Einfluß. Manche haben freilich auch in der Irischen Sprache geschrieben, und Vallancey sagt, daß er Manuscripte aus den entferntesten Zeitaltern gelesen habe; allein so lange Vallancey nicht einige übersetzt und überhaupt mehr Licht darüber gibt, so lange getraue ich mir nicht das Geringste über diesen Punkt zu sagen. —

Ich fragte: Wenn so viele glaubwürdige Nachrichten über Irlands Alterthümer existiren, warum ist die ältere Geschichte dieser Nation so

sehr

sehr in Dunkel gehüllt, so sehr, daß Manche alles für fabelhaft, wenigstens für ganz unzuverlässig halten, was wir von Irland vor Heinrich II. wissen? Und warum tappen die Irischen Geschichtschreiber so sehr im Dunkel, hauptsächlich aber Leland, der die ausführlichste Geschichte dieses Landes geliefert hat? Vallancey's Antwort war, daß Leland diese Manuscripte nicht verstünde, und daß Niemand sie je benutzt habe. Auf das konnte ich freilich nichts antworten, ich erzählte es aber dem Grafen T**, und dieser sagte mir, daß er wisse, daß man dem Leland Manuscripte zugesandt habe, an denen er viele Monate lang zu lesen gehabt haben würde, daß er sie aber nach drey Stunden zurück geschickt habe.

Alles dies reizt die Neugierde, und ist gewiß sehr interessant, und, ich darf sagen, für die Mehresten ganz neu. Machen Sie daraus, was Sie wollen. Wenn Sie mich aber fragen, was ich selbst davon halte, so antworte ich: Ich weiß selbst noch nicht. Manches ist mir in der That einleuchtend genug, und verschiedene Gründe, die ich Ihnen hier vorgelegt habe, hab' ich nicht von Vallancey, sondern sie sind meine eigenen den 15. August.

Bey einer Untersuchung über den Ursprung der Iren, ist es sehr natürlich, daß man einen Blick auf die nächsten Nachbarn dieses Landes wirft, und da finden sich wieder verschiedene sonderbare Dinge. —— Ich habe sonst öfters gehört, daß das Wallisische mit dem Irischen viele Aehnlichkeit habe, und D. Issen, ein Schottischer Arzt, der lange in Irland lebte und jezt zu Manchester sich aufhält, sagte mir vergangenen Winter noch das nämliche. Dieses läugnet nun Vallancey schlechterdings; er sagte mir, er habe wiederhohlte Versuche angestellt, und durchaus gefunden, daß die Wallisische eine von der Irischen ganz verschiedene Sprache sey, und daß man sich durch die eine, in der andern schlechterdings nicht verständlich machen könne, die Insel Anglesea und die Gegend da herum ausgenommen, wo, wegen der Nachbarschaft und wegen des häufigen Verkehrs, die Wallisische Sprache etwas Aehnlichkeit mit der Irischen zu haben scheine, welches jedoch sehr wenig sey.

Wenn dieses seine Richtigkeit hat, so ist es eine neue Bestättigung dessen, was schon von andern gesagt worden ist, daß nämlich die alten Britten und Schotten verschiedenen Ursprungs seyen. Gewiß ist es, daß diese beiden Nationen von jeher, d. h. von der Zeit an, seit der wir

etwas

etwas von ihnen wissen, zwey von einander abgesonderte Nationen waren. Ich darf Sie hier, lieber Freund, nur an die Pikten und Scoten erinnern, die beständig mit den Britten Krieg führten. Dieser Nationalhaß hat sich zu allen Zeiten fortgepflanzt, und ist jezt gewiß noch nicht vermindert, weil beide Nationen sich recht herzlich hassen. Doch wollte ich auf diesen Nationalhaß sehr wenig bauen, weil er hundert andere Ursachen haben kann, als Verschiedenheit des Ursprunges.

Ein weit stärkerer Grund aber liegt in der Verschiedenheit der Sprache, denn die Schottische Sprache ist keine andere, als die Irische. Es ist ein Faktum, das hier jedermann weiß, daß das Schottische Landvolk, das von Port-Patrik herüber kommt, nicht nur zu Dunnaghadee, sondern auch in der ganzen Gegend umher gegen Belfast und Antrim, alle ihre Geschäfte in ihrer Sprache verrichten und von den Iren verstanden werden. Hierzu kommen noch verschiedene andere Umstände. In einem Buch von Johnson *) fand ich lezthin diese Worte: „Man hat „uns lange Zeit erzählt, daß sie (die Schotti„schen

*) Iohnson's journey to the Western Islands of Scotland.

„schen Hochländer) eine alte Uebersetzung der heiligen Schrift hätten, ja man hat es so lange „erzählt, daß es Hartnäckigkeit scheinen würde, „die Sache noch einmal zu untersuchen. Allein „durch eine fortgesetzte Reihe von Untersuchungen fanden wir gleichwohl, daß die vermeynte „Uebersetzung (wenn es anders eine Meinung ist) „nichts anders war, als die Irische Bibel.“ — Und gleich nachher: „Wir hörten von Hand„schriften, die in den Händen dieses oder jenes „Vaters oder Grosvaters wären oder gewesen „seyn sollten; aber am Ende hatten wir keinen „Grund zu glauben, daß es andere als Irische „Handschriften wären.“ — Kurz die Schotten bevölkerten Irland, oder die Iren Schottland. Der erste Fall ist nicht wahrscheinlich, aus Gründen, die ich weiter oben angegeben habe, und dann auch deswegen, weil die Irische Sprache mit den alten Nordischen Sprachen keine Aehnlichkeit hat, welches doch der Fall seyn müßte; denn wenn Schottland nicht von Irland bevölkert worden wäre, so müßte es vom festen Lande von Europa her bevölkert worden seyn, und die Sprache müßte also Spuren der Nordischen Sprachen haben. Vallancey sagt, daß das Irische keine Aehnlichkeit mit der Sprache habe, in der die Edda geschrieben ist. Ueberdies erklärt er die Edda für ein unächtes Buch, das in eine Zeit gesetzt wird, in der die Leute dort nicht schreiben konnten, und das also viel später fabrizirt worden.

Wenn ich sage, daß die Irische und Schottische Sprache einerley sey, so müssen Sie dieses jedoch mit einiger Einschränkung verstehen. Die Schotten haben zu allen Zeiten mehr Verkehr mit Fremden gehabt, als die Iren, und ihre Sprache hat Veränderungen erlitten, ja sie ist sich sehr ungleich von einer Provinz zur andern, d. h. sie hat mancherley Dialekte. Man nennt die Schottische Sprache überhaupt die Ersische (the Earse); sie ist weniger kultivirt als die eigentlich Irische, denn diese letzte kann man buchstabiren und schreiben, da hingegen die Ersische niemals eine geschriebene Sprache war. Johnson sagt, „es sey kein Ersisches Manuscript in der „Welt das hundert Jahre alt sey, und daß die „Sprache und die Töne der Hochländer niemals „durch Buchstaben ausgedrückt worden wären, „bis man einige kleine Gebetbücher übersetzt, und „die Synode von Argyle, eine metrische Ueber„setzung der Psalmen gemacht hätte. — Wer „also jezt in dieser Sprache schreibt, der buchsta„biert sie nach seinem eigenen Gefühl des Schal„les und des Tons, und nach seiner eigenen „Vorstellung von dem, wie die Buchstaben aus„gedrückt oder ausgesprochen werden müssen.“ — Er fährt denn fort und behauptet, daß die Ersischen

schen Barden eben so wenig lesen und schreiben konnten, als andere Leute, denn, sagt er, wenn sie hätten schreiben können, so würden sie gewiß geschrieben haben, und wenn sie geschrieben hätten, so würde gewiß irgend etwas davon übrig seyn, da die Schotten so verliebt in ihre alten Gesänge und Balladen sind. In der That existiren alle diese Gesänge blos in mündlicher Tradition, und von den alten Heldengedichten, die diese Nation gehabt haben soll, existirt nichts weiter, als abgerissene Stücke, und ich bin oft versichert worden, daß man nicht fünfhundert Verse habe, die in einem Zusammenhange fortgehen. — Daß hierdurch unser süsser Traum von Ossian und Fingal zu nichts wird, ist klar; doch Sie wissen vielleicht, daß Ossian nunmehro allgemein aufgegeben ist, und daß über seine Unächtheit kein Zweifel mehr übrig bleibt. Nachher mehr davon.

Daß das Ersische mancherley Dialekte hat, hab ich schon erinnert, und die Worte, die auf einer Insel (western Islands of Scotland) gebräuchlich sind, sind nicht immer, wie Johnson sagt, auf andern Inseln bekannt. Er bemerkt hierauf, daß in civilisirten Sprachen, so sehr auch ihre Dialekte in verschiedenen Provinzen abwechseln mögen, eine geschriebene Sprache existirt (a written diction) welche über alle Dialekte geht und in allen Provinzen verstanden wird. — Die Bemerkung ist richtig, und es ist bekannt, daß der Venetianer, der Neapolitaner, der Römer und der Lombarde das Italienische verstehen, das der Florentiner schreibt, so sehr auch die Dialekte dieser Nationen unter einander verschieden sind. Wie wäre es denn also, wenn wir annähmen, daß die genuine Irische Sprache die eigentliche geschriebene sey, und daß alle Arten der Ersischen — Dialekte oder Abstammungen derselben seyen? — Da fällt mir so eben eine Stelle aus einem gewissen John Major, einem Schotten, in die Hände, eine Stelle, die so sehr hierher gehört, daß ich sie Ihnen abschreiben will. „Es „ist aus einer Menge Gründe zuverläßig, daß „wir Irischen Ursprungs sind. Schon die Spra„che zeigt uns das, denn bis auf diesen Tag spricht „die eine Hälfte von Schottland Irisch, und es ist „nicht gar lange, — (das ist nunmehr ein paar „Jahrhunderte, denn John Major lebte im 16. „Jahrhundert) daß ein noch weit grösserer Theil „diese Sprache redete. Die Schotten brachten „ihre Sprache aus Irland nach Britanien, wie „unsere Jahrbücher bezeugen, deren Verfasser „hierinnen sehr genau sind. Ich sage also, die „Iren mögen ihren Ursprung haben, von wem „sie wollen, so haben die Schotten den nämli„chen; freylich nicht unmittelbar, sondern wie „ein Enkel von seinem Grosvater.“

Ich

Ich habe schon einmal gesagt, daß Hibernia ein neuerer Name ist, und daß Irland, ehe es diesen Namen bekam, Scotia hieß. Diese letztere Benennung ist die Ursache, warum man das heut zu Tage sogenannte Schottland so oft mit Irland verwechselt hat, ein Umstand, der gewiß nicht wenig darzu beytrug, den Iren ihr Alterthum zu nehmen. —— Caledonia oder vielmehr Albania, kurz das Land, welches wir Schottland nennen, und welches viele hundert Jahre von den Nachkommen des Fergus, eines Bruders des Irischen Monarchen regiert worden war, bekam erst in spätern Zeiten den Namen des kleinern oder neuen Schottlands *). Hiervon aber findet sich kein Beyspiel früher, als im eilften Jahrhunderte, und Irland behielt noch immer den Namen Scotia, mit dem Zusatze, das größere oder alte **), und das bis ins funfzehnte Jahrhundert. Der Erzbischoff Usher beweißt alles dieses klar, und behauptet, daß man keinen Schriftsteller vor dem eilften Jahrhundert finden könne, der unser jezt sogenanntes Schottland jemals unter dem Namen Schottland anführte.

*) Scotia minor oder nova.

**) maior, vetus.

Es sind nun fast zweyhundert Jahre, seit der Erzbischoff die Gelehrten herausfordert, das Gegentheil zu zeigen, und Niemand hat es in dieser Zeit unternommen. Im Gegentheil haben andere seine Meinung bestätigt, als Camden, Scaliger, Stillingfleet, Dupin, Prideaux, Rapin, Warner, Whitaker und kurz alle, die über diesen Gegenstand geschrieben haben, ein Paar Schotten ausgenommen. — Usher war ein Ire! Man hatte einen Angriff auf das Alterthum seines Vaterlands gethan, und dies vermuthlich bewog ihn, diesen Punkt so weitläuftig und mit so viel Genauigkeit zu behandeln.

Dempster, ein Schotte, hatte sich bemüht, durch die doppelte Bedeutung des Worts Scotia die Sache zu verwirren. Er schickte dem Philipp Ferrarius ein Verzeichniß von Schottischen Namen, um das Römische Martyrologium damit zu bereichern. Aber der Italiener entdeckte den Betrug, und ließ eine Nachricht vor sein Werk drucken, in der er den Leser warnt, und sagt: „daß er von andern Schriftstellern verleitet, einige Irische Heilige zu Schotten gemacht „habe, daß er durch den Namen hintergangen „worden sey, weil Irland ehemals Schottland „geheissen, und die Iren — Schotten, wie wir „das aus dem Orosius, Prospero, Isidorus, „Cogitosus, Adamnanus, Jonas Abbas und

„allen

„allen Schriftstellern sehen können. Denn wem „ist unbekannt, daß die Heiligen Brigitta, Bren„dan, Columb-cill, Columban, Gallus, Vir„gilius, Kilian, Rumoldus, Dympna, Fur„cus, Malachy u. a. Iren waren? Und doch „nennt man sie alle Schotten, und ihr Vater„land — Schottland — Hierüber gedachte ich „Euch zu warnen, damit Ihr auf Eurer Hut „gegen gewisse Heiligen-Stehler seyn möget.“ — Durch diesen possirlichen Ausdruck meynte er Dempstern. Usher spricht im nämlichen Tone von diesem Manne; und Nicolson, der Verfasser der Historical libraries, der ein Engländer war, und bey dem man folglich keine nationale Partheylichkeit voraussetzen kann, sagt von Dempstern, daß er Irische Heilige Dutzendweise gestohlen habe. Uns Deutschen kann am Ende wenig daran liegen, ob die Hälfte alter Heiligen Iren oder Schotten sind. Allein diese Begebenheit erregte den Unwillen der Iren; die Alterthumskenner dieses Landes waffneten sich, und dies verschafte uns einige gelehrte und tiefgeforschte Untersuchungen, und allerhand unterhaltende Nachrichten, die vermuthlich nicht ans Licht gekommen seyn würden.

Ich muß Ihnen noch eine andere Stelle, die sehr merkwürdig ist, ausziehen. Sie ist aus einer Rede, die der König Jakob I. hielt,

 und

und in der er sich über Irland so ausdrückt: „Ich habe zwey Gründe, die Wohlfarth dieses „Volkes zu Herzen zu nehmen: als König von „England, weil dieses Land seit langer Zeit im „Besitze dieser Insel ist, und dann als König „von Schottland; denn die alten Schottischen „Könige stammen von den Irischen Königen ab." — Diese Stellen, die sich leicht durch eine Menge anderer vermehren liessen, scheinen deutlich und beweisend genug zu seyn. Die aus dem John Major angeführte Stelle paßt auch hieher.

Aber da kommt ein anderer Schotte, dem das Alterthum seines Landes am Herzen liegt, und der, weil er weder in den Schriftstellern seines Landes, noch in Auswärtigen, genugsame Zeugnisse dafür findet, alle Zeugnisse über den Haufen wirft, und die abgeänderten Gedichte eines Irischen Barden der Welt für wahre Geschichte gibt.

Herr Mac-Pherson versichert, „daß Fordun der erste war, der die Bruchstücke Schottischer Gedichte sammelte, die der barbarischen Politik Edward I. entgingen; (Edward I. eroberte Schottland am Ende des dreyzehnten Jahrhunderts, und verbrannte alle öffentliche Akten.) daß Fordun allen nationalen Vorurtheilen seiner Zeit anhing, und nicht vertragen konnte, daß sein Land in Rücksicht auf Alterthum, England nachstehen sollte; daß er sich, weil er keine Schottischen

Jahr-

Jahrbücher vor sich hatte, an Irland wendete, welches der gemeine Irthum der damaligen Zeiten für die erste Wohnung der Schotten hielt; daß die Schriftsteller, die auf Fordun folgten, sein System annahmen; da aber diese, so wie Fordun, mit der Tradition ihres Landes unbekannt seyen, so finde man in ihren Geschichten wenig Bericht über den Ursprung der Schotten; daß selbst Buchanan, die Schönheit seiner Schreibart weggerechnet, wenig zu bedeuten habe. Man könne sich also wenig Raths in den Schottischen Schriftstellern erholen, in Rücksicht auf die erste Auswanderung der Schotten nach Brittanien." —

Auf diese Art schneidet Mac-Pherson die Zeugnisse aller Schottischen Schriftsteller bey der Wurzel ab. Aber wo in der Welt waren doch Ossians Gesänge damals, als Fordun, aus National-Vorurtheilen sich nach Irland wandte, um den Mangel an Materialien in Schottland zu ersetzen? Würden sie nicht dem Fordun äusserst willkommen gewesen seyn, und zu dem nämlichen Zwecke gedient haben, zu dem sie Mac-Pherson braucht?

In seinen Abhandlungen, die vor Fingal und Temora stehen, sagt er: „Da der Gebrauch, Barden und Senachien zu halten, beiden Völkern gemein war, so hatte gewiß jedes sein eigenes historisches System über seinen Ursprung, es mag nun so fabelhaft seyn, als es will." —— Allein, wenn jedes sein eigenes System hatte, warum nahm Fordun das Irische an? Und, „wenn es die natürliche Politik der damaligen Zeiten war, die Traditionen beider Länder mit einander auszusöhnen, in eins zu bringen, und, wo möglich, beide vom nämlichen Stamme oder Ursprunge abzuleiten" — warum gibt Macpherson im folgenden Paragraphen zu verstehen, daß die beiden Systeme nicht in eins gebracht, sondern daß die Schotten hintergangen worden wären? „Denn die Iren (sagt er) die einige Jahrhunderte lang vor der Eroberung Heinrichs II. ihren Antheil an der Art von Gelehrsamkeit hatten, die man in Europa damals besaß, fanden es nicht schwer, den unwissenden Senachien der Schottischen Hochländer, ihre eigenen Erfindungen glaubwürdig zu machen. Indem sie den Hochländern mit ihrer langen Liste heremonischer Könige schmeichelten, gaben sie sich selbst das Ansehen, das Mutterland der Schotten und Britten zu seyn. Ganz gewiß war es um diese Zeit, daß man das Irische System, den Ursprung der Schotten betreffend, einführte; ein System, das nachher, aus Mangel eines bessern, allgemein angenommen wurde."

Hier

Hiermit wäre denn erwiesen, daß das Irische System die Erfindung des dreyzehnten Jahrhunderts war. Auch räumt er ein, daß es allgemein angenommen war, und das aus dem guten Grunde, weil man kein anderes hatte. Da er dies so freygebig eingesteht, so scheint es fast, als wolle er die Erfindung des Caledonischen Systems sich selbst anmassen; allein er hätte aufrichtig gestehen sollen, daß es ein glücklicher Gedanke des vergangenen Jahrhunderts war. Die ganze Sache verhält sich kürzlich so.

Fordun sammelte, im vierzehnten Jahrhunderte, den kleinen Rest von Alterthümern, der der allgemeinen Verheerung unter Edward I. entgangen war; und jedermann räumt ein, daß, ausser dem, was im Kloster Hy-Columb-cil war, schwerlich irgend etwas gerettet worden. Im funfzehnten Jahrhundert stellte der Bischoff Elphinstone, Kanzler von Schottland, die genauesten Untersuchungen über alte Akten an, allein er machte so wenig aus dem, was er fand, daß er uns ganz kurz an die alten Irischen Schriftsteller verweißt *). John Major hegte die nämliche Meinung über den Ursprung der Schotten. Er lebte im Anfange des sechszehnten Jahrhunderts,

*) Ad antiquos Hiberniae scriptores.

derts, und am Ende desselben schrieb Boetius seine fabelhafte Geschichte, in der er genau, was den Ursprung der Schotten betrift, seinen Vorgängern folgt. Auf ihn folgte Buchanan, der durch Zeugnisse ausländischer Schriftsteller das Irische System bestätigt und befestigt. Erst Dempstern, Buchanan's Zeitgenossen, war die Erfindung des Caledonischen Systems vorbehalten.

Dempster fand wenig Beifall, und selbst Sir George Mac-Kenzie wollte ihm nicht folgen, ob er es schon für nöthig fand, gewisse Theile der Irischen Geschichte anzufechten, um die Königliche Linie zu verlängern, und für die Ehre seines Monarchen zu beweisen, daß er von souverainen Prinzen, und nicht von Provinzial-Königen abstamme. Sir George gibt zu, daß die Britischen Schotten aus Irland kamen. Und dies räumt auch Innys ein, dessen Bemühungen dahin gehen, das Verzeichniß der Caledonischen Könige eher zu verkürzen, als zu verlängern.

Was bleibt also für die Unterstützung eines Systems übrig, das allgemein verworfen ist, als der Geist, die Schreibart und die Gelehrsamkeit des Herrn Macpherson? Allein er widerspricht sich selbst! Zuerst sagt er: „beide Nationen sind über das Hibernische System überein gekommen. " Dann: „die Schotten wurden damit

mit hintergangen,“ und endlich: „das wahre „Caledonische System kam durch Tradition bis „auf uns; und obschon einige unwissende Sena„chien sich durch ein Irisches Mährchen bewegen „liessen, ihre Meinung aufzugeben, so war es „doch unmöglich, beym ganzen Volke ihre eige„ne, nationale Tradition auszurotten.“

Manchmal nimmt er auch zur Sprache seine Zuflucht, und verschanzt sich hinter Irischen Worten. Allein selbst Jemand, der gar nichts von dieser Sprache versteht, kann, mit ein wenig Aufmerksamkeit, den Irthum entdecken. So sagt er z. E. daß die Iren ihre Sprache Gaëlic-Erinach nennen. Dies ist aber ganz falsch, denn sie sagen einstimmig, daß die Iren sowohl aus Alt- als aus Neu-Schottland ihre Sprache Gaëlic genannt haben, ohne weitern Zusatz. Man findet wohl, daß ein Schotte Albanach-Gaël, d. h. ein Schottischer Ire, und ein eigentlicher Ire Gaël schlechtweg genannt wird; aber man findet nicht, daß die Irische Sprache selbst mit einem Zusatze benennt wird. Vallancey hat dies weitläuftig gezeigt.

Nun gibt es noch einen Umstand, der grosses Licht über die Sache verbreitet! Ossians Gesänge sind den ursprünglichen Iren eben so bekannt, als Herr Macpherson behauptet, daß sie es den Schotten seyen. Und daß dies so ist, ist ganz natürlich, denn Keating, Flagherty und andere Geschichtschreiber dieses Landes, reden von Ossian, als von einem Irischen Heerführer oder Haupt (Chieftain), während daß kein Schottischer Geschichtschreiber ihn nennt. Eben so wenig reden diese von Fingal, Ossians Vater, wohl aber sind alle Irische Geschichten von seinen Thaten voll. Fin-mac-Comhal, (d. h. Fin, der Sohn Comhals) ist der große Held dieses Landes, mit welchem, als wie mit einem Herkules, die gemeinen Iren alle starke, große und berühmte Männer vergleichen.

Herr Macpherson führt unter andern auch eine Nachricht an, die einmal in einer Irischen Zeitung stund, und worinnen gesagt wurde: daß der Irische Fingal bald erscheinen werde, daß die Schottische Uebersetzung voller Fehler sey, und daß man also das Publikum ersuche, mit dem Ankaufe zu warten. — An eine solche Uebersetzung ist nun aber nie in Irland gedacht worden. Man hat oft darüber nachgefragt und Untersuchungen angestellt, und Vallancey, der jeden Gelehrten der Irischen Sprache kennt, versichert, daß er nie das Geringste davon gehört habe. Im Gegentheil sagt er, daß Ossians Gedichte lauter kurze Balladen sind, die noch niemals ganz zusammen gesammelt worden.

Auch

Auch hat man gesagt, daß das Celtische Original von den vier ersten Büchern von Fingal auf der Insel Sky sey gesehen worden, mit dem Datum 1403. Johnson stellte, als er diese Insel bereißte, die genauesten Untersuchungen darüber an, und das Resultat davon war, was ich Ihnen schon in einem der vorhergehenden Briefe geschrieben. Man hat kein anderes Manuscript, als die Irische Bibel, und alle Ersische Manuscripte sind nicht über hundert Jahr alt. So viel ist gewiß, daß Macpherson das Celtische Original niemals irgend Jemanden gezeigt hat. Doch ich habe kürzlich gehört, daß er den ganzen Betrug endlich eingestanden habe.

Lord Kaims vertheidigt Ossians Authenticität, aber auf eine Art, daß man kaum weiß, ob er scherzt oder im Ernste redet. Er nimmt zu Wunder und Eingebung Zuflucht, um die Delikatesse und verfeinerten Gefühle zu erklären, die man in Rücksicht aufs weibliche Geschlecht in diesen Gesängen findet. — Jedermann weiß, wie die Schottischen Hochländer noch jezt dieses Geschlecht behandeln! Sie brauchen die Weiber zu den niedrigsten Hausgeschäften, ja sie müssen sogar, gleich Lastthieren, den Mist austragen, und eine Menge Dinge thun, für die sich das männliche Geschlecht zu erhaben dünkt.

Und

Und was ist der Schluß von dem allen? Was ist Ossian und seine Gesänge? Ossian, der Mann ist kein Hirngespinste Macpherson's, obschon das Buch eine Erfindung ist. Der Mann hat wirklich existirt, er war ein Irischer Barde und Held, der im Norden von Irland lebte, und dessen Namen, durch die Tradition sich bis heut zu Tage unter dem Volke erhalten hat. Man hat noch Gesänge von ihm in der Irischen Sprache, allein es sind lauter einzelne, unzusammenhängende Stücke, die vom Vater auf den Sohn fortgepflanzt worden. Einige derselben sind vermuthlich hinüber nach Schottland unter die Hochländer gekommen, besonders in den Grafschaften Perth und Argyle, und um den See Lough-Neß und Lomond herum, wohin Macpherson die Scene von Ossian verlegt. Macpherson hat vermuthlich solche abgebrochene Stücke gehört, hat sie sich diktiren lassen, und auf seine eigene Art niedergeschrieben. Dies ist vielleicht die erste Grundlage zu dem Ossian, den wir nunmehro haben, der uns so lieb und theuer ist, den die Deutschen dreymal übersetzt haben, und den selbst die Franzosen goutiren. Vallancey sagt, daß wenn man Macphersons Ossian genau untersuchte, so fände man, daß er eine Compilation der Bibel, des Homers, des Callimachus und verschiedener andern der ältesten Schriftsteller sey, mit dem zusammengesetzt, was Mac-

Macpherson etwan unter den Hochländern auftreiben konnte.

Darum werde ich nun den lieben Vater Ossian nicht mit wenigerm Vergnügen lesen, als sonst; allein das ist gewiß, daß die Einbildungskraft nunmehro weniger hat, worauf sie arbeiten kann. Die Scene war so lieblich und so romantisch, und wir fühlten so etwas von einem Gefühle, das uns nur wahre Geschichte und wirkliche Existenz einflößen kann. — Ich besinne mich, daß einst einige Deutsche sagten, daß ihr Gefühl ihnen Beweiß genug für Ossians Authenticität sey, und daß, was man auch immer dagegen sagen möchte, sie überzeugt wären, daß Niemand im achtzehnten Jahrhunderte so schreiben könne. In der That dachte ich lange selbst so; allein gegen klare Beweise und gegen Thatsachen muß am Ende auch das innere Gefühl weichen, und Herr Macpherson mag denn alle den Ruhm für seine Gedichte einärndten, den sie verdienen.

Dies muß ich Ihnen noch erzählen, daß Vallancey sagt (ich hab' es aus seinem eignen Munde) daß die ganze Scene Ossians, die Macpherson in die Schottischen Hochländer zu verlegen dachte, wirklich in Irland existirt. Die Namen der Berge und Gegenden, die in unserm Ossian vorkommen, sind noch heut zu Tage die nämlichen in Nord-Irland, und sind im Munde aller dortigen Landleute, die in ihrer Sprache keine andere Benennungen dafür haben. Auch wissen diese Leute noch genug von ihrem Helden zu erzählen. Allein Geschriebenes existirt nichts, denn Vallancey würde es wissen, da er mit allen, die einige genaue Kenntnisse des Irischen haben, bekannt ist, und oft darüber angefragt hat.

den 10. Aug.

Man hat oft die Frage aufgeworfen, warum die Irische Nation in manchen Dingen noch so weit zurück ist, da sie doch so frühzeitig eine Menge Gelehrte hatte, und alle Jahrhunderte hindurch welche hatte? Und die Antwort, die man gewöhnlich gibt, ist: daß diese Gelehrten innerhalb der Klöster und Studierzimmer eingeschlossen waren, gewöhnlich Lateinisch schrieben, und auf die Nation im Ganzen keinen Einfluß hatten. Auch waren die mehresten dieser Schriftsteller mehr eigentliche Gelehrte, als schöne Geister, und eigentlich sind es doch diese letztern, die auf eine Nation im Ganzen wirken. Hierzu kommen die vielen bürgerlichen Kriege, und endlich die Unterdrückung, in der die Nation die letzten Jahrhunderte her unter England gelebt hat. Die harten Gesetze, unter denen die Katholiken seufzten, machten, daß zwey Drittheile der Nation

in

in Armuth und Barbarey versanken. Und den Protestanten selbst fehlte es, und fehlt noch jezt an guten Schulen, und an einer besser eingerichteten Universität, als die Dubliner ist. Der guten Schulen gibt es in Irland nur wenige, und Erziehung überhaupt ist so theuer, daß diejenigen, die sich den Wissenschaften widmen, schon ein gewisses Vermögen durch sich selbst haben müssen, und eben dieses Vermögen hindert sie oft, es in den Wissenschaften sehr weit zu bringen.

Dem allen ohngeachtet hat Irland, selbst bis auf unsere Zeiten, so viel Gelehrte hervor gebracht, als irgend ein anderes Land, in Proportion, und sogar mehr, wenn Sie die große Anzahl Katholiken wegnehmen, die durch ihre civile Situation größtentheils in Barbarey versanken. Von der Menge der Irischen Schriftsteller kann Sie Twiß *) und Watkinson **) leicht überzeugen, und ich könnte noch verschiedene nennen, deren Namen sich nicht in beiden Werken befinden.

*) Twiss's Tour through Ireland.

**) Watkinson's philosophical Survey of the South of Ireland.

Weit weniger ist eine andere Frage aufgeworfen worden, die doch einem Jeden, der Irland bereißt, einfallen muß: Warum sind die Iren so sehr in den Künsten zurücke? Wenn diese Nation so alt ist; wenn sie schon vor Jahrtausenden mit Ausländern Handlung trieb; wenn ihre Häfen schon vor Tacitus Zeiten besser bekannt waren, als die Englischen — wie kommt es, daß man so wenig Spuren der feinern Künste unter ihnen findet? Alle Irische Alterthümer, die ich gesehen habe, als Waffen, Vasen, Hausgeräthe 2c. sind von sehr plumper Arbeit. Statuen findet man gar keine, einige kleine Figuren ausgenommen, die sich ebenfalls sehr wenig durch die Arbeit empfehlen.

Ich gestehe, lieber Freund, daß ich diese Insel und ihre Alterthümer nicht genug kenne, um diese Frage zu beantworten. Doch will ich Ihnen darüber sagen, was ich denke. Zuerst beantworte ich die Frage mit einer andern: „von wem sollen die Iren die feinern Künste gelernt haben?" So viel ich weiß, waren weder die Phönizier, noch die Carthaginenser, je von dieser Seite sehr berühmt. Doch dies wissen Sie, der Sie ein Gelehrter sind, besser als ich, und Sie können mich vielleicht hierinnen zurecht setzen. Gesetzt aber auch, daß diese Nationen größere Künstler hatten, als ich denke, daß sie hatten: folgt daraus, daß sich das auch auf ihre Colonien

nien erstrecken mußte? Gewöhnlich bringen erste Colonien wenig mehr von ihrem Mutterlande mit, als was zu den Nothwendigkeiten des Lebens gehört; und wenn wir in Frankreich, in der Schweiz ꝛc. ꝛc. Reste Römischer Kunst finden, so ist die Ursache, daß beständig Römische Familien in diesen Ländern sich niederließen, und, nicht sowohl sie bevölkerten, als mit den alten Einwohnern sich vermischten, sich ankauften, und unter ihnen sich niederließen. Es sind aber zwey ganz verschiedene Dinge, wenn eine Nation eine erste Colonie in ein Land schickt, oder wenn sich Individuen einer Nation successive bey einer andern niederlaßen. Im letztern Falle finden sich oft Leute von Stande, von Vermögen, von Erziehung. Auf diese Art ließen sich eine Menge Engländer in Amerika nieder; und dann wird das Tochterland gewissermassen zum Mutterlande. Im erstern Falle hingegen bestehen die Colonisten gewöhnlich aus dem schlechtern Theile der Nation, und nicht selten aus dem schlechtesten.

Indessen meynt Watkinson, daß die Iren die Phönizische Baukunst mit sich gebracht hätten, und daß die bekannten runden Thürme, die viele für Dänische gehalten haben (vermuthlich mit Unrecht, weil diese Thürme, aller Wahrscheinlichkeit nach schon früher existirten, und weil in Dännemark keine existiren) Phönizischen

Stiles seyn. Darauf will ich mich aber nicht einlassen, weil ich finde, daß noch Niemand etwas Zuverläßiges über diese Thürme hat sagen können. Aeusserst alt müssen sie seyn, denn das Land ist voll davon, und war es sonst noch mehr, sie sind ohngefähr alle im nämlichen Stile gebaut, und Niemand sagt, zu was sie dienten.

Nach dem Untergange von Carthago nahm der Handel von Europa eine andere Richtung, und Irland wurde vielleicht alsdann etwas vernachläßigt. Gesetzt aber auch, daß die südlichen Nationen diese Insel, wegen einiger ihrer Produkte beschiften, so folgt daraus nicht, daß sie ihr auch ihre Künste mitgetheilt haben. Ueberhaupt lehrt die Erfahrung, daß der Handel zwar die Künste hervorbringt, sobald eine Nation durch den Handel reich wird; keinesweges aber die Künste in denjenigen Ländern befördert, in welche die handelnde Nation blos geht, um Produkte zu hohlen. Nun finden wir aber keine Spur, daß Irland selbst jemals ein seefahrendes Land gewesen, oder durch eigenen Handel reich geworden sey. — Als hernach die Dänen einen Theil der Irischen Küsten inne hatten, war Irland in einem solchen Zustande, daß es gewiß nicht an Künste dachte. Endlich kam dieses Land unter Englische Oberherrschaft und unter Englischen Druck, und Rebellionen, bürgerliche

Krie-

Kriege, Armuth und Elend waren zum Theil die Folgen davon.

Sehe ich endlich in die neuesten Zeiten der Irischen Geschichte, so finde ich einen Theil dieses Volks in Armuth und Barbarey; den andern reich, civilisirt, aufgeklärt und nach ausländischem, allgemeinem Schnitte geformt. Die Großen bereisen, so wie die Engländer, das feste Land von Europa, und bringen Kunstwerke und Gemählde aller Schulen herüber, ohne dadurch die Kunst im Lande gemein zu machen, oder das Genie zu erwecken *).

Was Irland werden könnte, seitdem es vor drey Jahren das Englische Joch abgeschüttelt hat, weiß ich nicht. Gegenwärtig ist die Nation in einer Crisis, in einer Art von Convulsion, die dem Lande gegenwärtig wenig Vortheil bringen kann, und die vielleicht nicht anders, als gewaltsam enden wird.

*) Indessen müssen Sie, nach allem was ich gesagt habe, doch nicht verstehen, daß Irland gar keine Künstler habe; im Gegentheile, es hat einige sehr berühmte, allein ihre Zahl ist noch klein, und die mehresten derselben leben zu London, oder haben dort gelebt.

Anmerk. des Verf.

Ich komme nunmehro auf einen andern Artikel, zu welchem meine letzten Worte mich sehr natürlich leiten. Die Gährung, die jezt in Irland herrscht, kann der Nation, gegenwärtig, nicht anders als nachtheilig seyn. Wenn die Gesetze in einem Lande nicht thätig ausgeübt, wenn die Polizey vernachläßigt, wenn die Partheien mächtig und gewaltsam werden — so müssen nothwendig viele Individuen leiden, viele ihre Geschäfte vernachläßigen, und die sittlichen Grundsätze des Volks zu Grunde gerichtet werden, wenn nicht gar häufiges Blutvergiessen daraus folgt. Wenn ein Volk in diesen Fall kommt, so ist es traurig für diejenigen, die in dieser Periode leben. Aber am Ende kommt jede Convulsion zu einer Crisis, und diese hat gewöhnlich gute Folgen für die künftige Generation.

Die Volunteers haben eine ausserordentliche Wirkung auf das Ganze der Nation gehabt, und die Sitten derselben, in vielen Betrachtungen, geändert. Die Grossen mischten sich, als Volunteers, mit den mittlern Classen, und Leute von sehr verschiedenem Range kamen häufig zusammen auf den Fuß einer gewissen Gleichheit. Der Landedelmann aß und trank mit den Lords, und denen, die nur den Sommer auf dem Lande zubringen, und gewöhnte sich an eine gewisse Eleganz, die ihm vorher fremd war. Der Städ-

ter

ter und der Mann von Kentnissen theilte sich mit, und erweiterte den Ideenkreis desjenigen, der vorher mehr in der Einsamkeit lebte, oder sich blos an der Tafel und mit der Fuchsjagd belustigte. Der Einfluß erstreckte sich bis auf die niedern Classen, und durch allgemeine Mittheilung und Mischung hörte und lernte Mancher Dinge, an die er vorher nie gedacht hatte.

Die Volunteers nahmen bald eine Richtung, welche der Krone England und der Regierung des Landes, d. h. dem Irischen Parlemente, nachtheilig ward. Die berühmte Versammlung zu Dungannon brachte den Wunsch einer parlementarischen Reform ins Reine, und die Abgeordneten, die aus verschiedenen Grafschaften da zusammen gekommen waren, hatten Gelegenheit gehabt, sich einander mitzutheilen, und Funken, die in den Individuen zeither verborgen lagen, heraus zu schlagen. Die Abgeordneten kamen in ihre respektiven Gegenden zurück, und hatten auf das Ganze umher Einfluß. Selbst der gemeine Bürger und kleine Landbesitzer fing an über Dinge zu denken, um die er sich vorher nicht bekümmert hatte. Aus der grossen Versammlung entstunden bald kleinere. Jedermann fing an, an seine civile und politische Lage, an seine Rechte als Bürger, an seine Vortheile und an die Verbesserung seiner Umstände zu denken.

Man sprach, man schrieb, man raisonirte, man untersuchte, man forschte weiter, man rieb an einander und eins brachte das andere hervor. Der Mensch ist von Natur träge, allein sobald er von etwas heftig getrieben wird, sobald andere ihn beständig in Bewegung erhalten, stossen, zerren und reiben, so bringt er Dinge aus sich, von denen er vorher selbst nicht wußte, daß sie in ihm lagen.

Man hat bemerkt, daß es zu Genf, während der letztern Unruhen, eine weit grössere Anzahl von Leuten gab, welche schrieben, als je vorher, und daß viele, die nie vorher geschrieben hatten, und vielleicht nie geschrieben haben würden, sehr gut schrieben. Eben so ergreift jezt in Irland Mancher die Feder, der vielleicht nie geschrieben haben würde; und Mancher liest, dem es vorher nie einfiel zu lesen. Die beständige Regheit, in der die Irische Nation jezt ist, bringt eine Menge gelegenheitliche Reden, Briefe und Sendschreiben hervor, die in die Zeitungen eingerückt werden, und wovon manche vortreflich abgefaßt sind. — Es thut mir leid, daß ich das Blat nicht mehr habe, in welchem eine meisterhaft abgefaßte Rede stund, die der Graf von Charlemont diesen Sommer an ein Volunteer-Corps hielt, das er zu Belfast musterte! Dieser Lord ist der General en Chef der Volunteers

und

und ging ohngefähr Hand in Hand mit dem Bischoffe von Derry. Er ist ein großer Vertreter der parlementarischen Reform gewesen; und scheint es noch zu seyn; allein da er sieht, daß ein Theil der Volunteers immer weiter geht, und auch den Katholiken das Wahlrecht verschaffen möchte, fängt er an zurück zu treten. Er erklärte zu Belfast seine Meinung darüber, auf eine männliche, starke Art, voll Beredsamkeit und Verstand.

den 26. Aug.

Ist Ihnen, lieber Freund, die militärische Verfassung in diesen drey Reichen bekannt? Der Soldat macht hier nicht, wie in andern Ländern, einen eigenen abgesonderten Stand aus, sondern er wird als Bürger betrachtet, und steht, so wie jeder andere Unterthan dieser Reiche, unter der allgemeinen bürgerlichen Obrigkeit. Ein Officier oder Soldat also, wird vor einen Friedensrichter gefordert, wie andere Leute, und in wichtigern Sachen wird ihm der Prozeß durch die sogenannten Geschwornen (Jurys) gemacht, welches der gewöhnliche Weg für alle Unterthanen des Königes von England ist. Nur in Dingen, die schlechterdings die Subordination angehen, und in dem, was eigentlich zum Dienst gehört, hat die Armee eine Jurisdiction, und das Militär

steht

steht dann unter einem sogenannten Kriegshof (Court-Martial). — Diese Verfassung kommt daher, daß der Engländer keine stehende Armee anerkennt, sondern sagt, daß das Parlement, d. h. das Haus blos auf ein Jahr Truppen bewilligt, und daß, am Ende dieses Jahres, eo ipso, diese Truppen entlassen sind. Erinnern Sie sich hier dessen, was ich Ihnen bey Gelegenheit der Mutiny-bill schrieb *).

Die Armee wird in allen drey Reichen mit Eifersucht und Widerwillen angesehen und man bedient sich ihrer daher nur im Falle der Noth. Ein Paar Constables in bürgerlicher Kleidung, mit langen Stäben, sind die ganze Wacht, die man an öffentlichen Orten findet, und die einen zahlreichen Pöbel in Gehorsam halten. Wenn aber die bürgerliche Obrigkeit bey ernsthaftern Vorfällen, eine gewisse Anzahl Soldaten nöthig hat, so werden diese nicht von einem Officiere, sondern von einem Sherif oder irgend einer andern bürgerlichen Obrigkeit angeführt. Dieser Umstand gibt nun gegenwärtig viele Unruhen zu Dublin. Wenn der Pöbel Ausschweifungen begeht, in Theer und Federn setzt rc. rc. so darf sich das Militär nicht darein legen, und die Sherifs zeigen

*) In den noch ungedruckten Briefen über England. A. d. H.

zeigen eine grosse Abneigung, sich der Soldaten zu bedienen, oder überhaupt ernsthaft mit dem Pöbel zu verfahren.

Ich höre täglich, daß man über die Dubliner Stadtobrigkeit klagt, vom Lord Mayor an bis auf die Constables herab. Die mehresten sind von der Oppositionsparthey, und der Lord Mayor hat sich so sehr von dieser Seite gezeigt, daß ich von vielen Personen gehört habe, daß er gehangen zu werden verdiene. Allein wer soll ihn anklagen und den Prozeß betreiben? Das Parlement! Freilich, aber das ist schon ohnedies verhaßt genug, und will den Pöbel nicht bis zum offenbaren Aufruhr treiben. Als der Pöbel bey Gelegenheit der Preßfreiheit-Bill in die Gallerie des Unterhauses brach, forderte das Parlement den gegenwärtigen Lord Mayor vor und sagte ihm harte Dinge. Viele tadeln dieses und sagen: man hätte ihn sollen zu Grunde richten, oder gehen lassen. — Ein Theil der Volunteers zu Dublin haben ihre Dienste angeboten, und man hat sie schon ein paarmal gebraucht, welches wider die Verfassung ist, weil man des Königes Truppen brauchen sollte. Alles dieses macht, daß die regulirten Truppen nun auch anfangen, ungeduldig zu werden, um so mehr, da der Pöbel verschiedene Schildwachen gemißhandelt hat. Seit kurzem haben etliche kleine Truppen

pen Ausfälle aus den Casernen gethan, ohne jedoch viel Unheil anzurichten; und diese Woche, als man einen Missethäter durch die Gassen peitschte, gab es abermal Lärm. Der Missethäter war der erste Tarrer und Featherer, den man entdeckt hat. Da man einen Aufstand unter dem Pöbel besorgte, so wurde die Execution von Soldaten begleitet. Einer derselben wurde von einer ungesehenen Hand mit einem Steine verwundet, und sogleich schossen etliche Soldaten auf das Volk. Der Lärm wurde allgemein, die Thore des Schlosses wurden geschlossen, und die Garde ausgestellt; indessen kam es doch zu keinen weitern Thätlichkeiten, und die Soldaten, die ohne Befehl des Sherifs geschossen hatten, wurden abgestraft. — Letzthin kam eine Irische Gräfin aus England und brachte eine Englische Kutsche mit sich. Der Pöbel sah die Landung, bemächtigte sich der Kutsche, und tarrte und featherte das arme leblose Geschöpf.

C***, den 30. Aug.

Unter den Verwandten des Hauses ist gegenwärtig ein Mann hier, der öfters und lange auf dem festen Lande gereißt ist, und mit dem ich mich manchmal über beliebte Gegenstände jenseits des Wassers unterhalte. Er führt mich durch seine Bemerkungen manchmal auf Dinge, die ich

oft

oft auf dem festen Lande gesehen, und über die ich nie weiter gedacht habe, weil ich daran gewöhnt war. Einer der größten Vortheile des Reisens ist unstreitig die Urtheile über Länder zu hören, die nicht unser Vaterland sind, und von Personen zu hören, denen dieses Land ebenfalls fremd ist. Die Urtheile von Leuten verschiedener Nationen über irgend ein Land sind immer interessant, und mehrentheils sehr verschieden, weil die mehresten durch ein Medium sehen, das sie aus ihrem eignen Lande mitbrachten. Ich belustige mich oft mit den National-Vorurtheilen, belustige mich um so mehr damit, da ich selbst ziemlich frey davon zu seyn glaube. In der That hab' ich nur zu viel Gelegenheit gehabt, in acht Jahren meine Vorurtheile dieser Art abzulegen. Mit Verdruß bemerke ich durchaus, daß bey allen diesen National-Vorurtheilen unser armes Deutschland am schlimmsten behandelt wird.

Es ist hier zu Lande etwas so unerhörtes, einen Deutschen um sich zu haben, daß Leute, die hieher kommen, und mich nicht weiter genau kennen, es sich nie träumen lassen, daß ein Deutscher neben ihnen am Tische sitzt. Da höre ich denn manchmal erbauliche Sachen, und Lord T** der alle allgemeinen Urtheile und Sagen von Nationen haßt, ist dann boshaft genug, zu bemerken, daß ein Deutscher da ist. Nun wissen

Sie, lieber Freund, daß jede Entschuldigung, die sich in einem solchen Falle machen läßt, den, der sie machen muß, in eine ungeschickte Lage bringt. „Ah! Ich bitte um Verzeihung“ ist das kürzeste, was sich sagen läßt. Wenn aber einer aus Höflichkeit mehr sagt, so kann ich mich kaum des Lachens enthalten; denn natürlich kann er nichts anders, als etwas Abgeschmacktes sagen. Er trinkt wie ein Deutscher sagte letzthin Jemand, (ob ich schon keine Nation kenne, die so viel trinkt, als die Engländer und Iren) und als es der Graf relevirte, gerieth der Mann in seinen Entschuldigungen in einen solchen Wirrwarr, daß wir alle lachen mußten. Ich bemerke oft mit Erstaunen, wie schief selbst diejenigen, die in Deutschland gewesen sind, dieses Land ansehen, und wie wenig richtige Begriffe sie davon haben. Da England bisweilen die Oesterreichischen Truppen besoldet hat, so glauben viele, der Kaiser sey ein kleiner Prinz, der eine große Armee halte, die er aus seinen armen Staaten nicht bezahlen kann.

In einigen Tagen gehe ich wieder nach England, ob ich gleich gern noch länger hier bleiben möchte. Denn nie hab ich einen Ort gesehen, der so sehr nach meinem Geschmack wäre, als dieser Feensitz. Ich hab' Ihnen vorm Jahr eine Menge davon geschrieben, allein ich finde, daß, je länger und je näher ich diesen

Ort

Ort kenne, je reizender wird er. Ich hab' nun eine Menge Landsitze gesehen, unter andern erst vor drey Tagen einen, der berühmt ist; aber nirgends hab ich die ausserordentliche Mannigfaltigkeit, die unbeschreibliche Nettigkeit, nirgends so viel Natur mit so weiser Kunst, nirgends so viel Dichterisches und Romantisches, nirgends so viel Grösse, Erhabenheit und Einfalt gesehen. Die Clodagh oder Clodiah, oder wie die Iren sie nennen, die Clogher, macht einen Weg von beynahe drey Meilen durch das Gut, und dieser ganze Weg ist sorgfältig angelegt, und fast durchaus mit Bäumen aller Art umgeben, die doch nicht das Ansehen einer Allee haben. Die Ufer selbst wechseln ins Unendliche ab! Bald hab ich eine grosse, offene Wiese vor mir, bald drängt ein steiler Hügel den Fluss zusammen, bald erheben sich dicht an seinem Ufer steile, halbmoosigte, halb mit Bäumen verwachsene Felsen. An einem andern Orte erhebt sich am sanften Abhange ein dichter Wald, oder Kühe- und Schaafe weiden an dem grünen, offenen und sanftaufsteigenden Hügel. Bald find' ich ein Plätzgen, wo Gestrippe eines mittäglichern Climas wild unter einander wachsen, bald stoss ich auf einen Baum, der sich durch sein vorzügliches Alter und seine majestätische Form von den übrigen auszeichnet. Bald schleicht der Fluss sanft im ebenen und tiefen Bette, bald wälzt er sich geräuschvoll über

Felsen hinweg, deren Rücken er mit weissem Schaume zeichnet.

Unsre Morgenrittte bringen uns gewöhnlich auf irgend eine Anhöhe, deren es um C*** herum eine Menge gibt, und von denen man manchmal eine dreyßig Meilen weite Aussicht hat. Von einem solchen Berge, drey Meilen vom Hause, sieht man über andre Berge hinweg, das Meer in der Gegend von Dungarvon, und zwey ungeheure Thäler, wovon das eine den bessern und angelegten Theil der Güter des Grafen enthält; in dem andern sieht man den Sure, der viele Meilen lang majestätisch dahin fließt, von Hügeln und Bergen umgeben, die mich ohne Unterlaß an die Gegenden am Rhein erinnern. — Auf diesem Berge errichtet jezt der Graf dem verstorbenen Lord P** ein Denkmal. Dieses Denkmal ist ein hundert Fuß hoher Thurm, auf jeder Seite mit einer steinernen, sechs Fuß hohen Urne. Der Thurm selbst wird ganz im Stile jener alten Thürme gebaut, von denen ich Ihnen zu einer andern Zeit geschrieben habe.

Seit meines armen Freundes Schütz *) Tode, hab' ich die Kunst sehr vernachläßigt und wenig

*) Ist der bekannte Landschafts-Zeichner, aus Frankfurt am Mayn gebürtig, der vor drey Jah-

wenig gezeichnet, bis diesen Sommer, da die Schönheiten der Gegend hier herum mich anlockten. Ich habe dann verschiedene Gegenden aufgenommen; allein ich fühle, daß es mit der Kunst ist, wie mit andern Dingen, und daß man ohne beständige Uebung rückwärts geht. — Irland ist das Land für den Landschaftszeichner. Das was man the face of the Country nennt, das heißt, die grossen Formen und Massen, als Berge, Hügel und Felsen, der Lauf der Flüsse, kurz alles, worauf der Mangel des Anbaus keinen Einfluß hat, ist vielleicht nirgends so schön als in Irland und in der Schweiz: und hierzu kömmt noch in Irland die ungeheure Menge von Ruinen, als Kirchen, alten Thürmen, Capellen, Abteyen, Klöstern und zum Theil auch zerstörten Schlössern und Häusern, die alle mit dem schönsten Epheu reich bewachsen sind. Kurz der Irischen Landschaft fehlt nichts als ein Italienischer Himmel, der Wärme und Sanftheit gibt; und beides ist hier höchst selten. An Bäumen fehlt es freilich auch, allein um die Güter der

Jahren in der Schweiz gestorben ist. In dem vierzehnten Hefte der Mißcellanien Artistischen Inhalts, steht ein Aufsatz über ihn, der von dem Verfasser dieser Irländischen Briefe herrührt. A. d. H.

Reichen herum gibt es Bäume aller Art genug für das Studium des Landschaftsmahlers.

London, im Januar 1785.

Als ich Ihnen, lieber Freund, bey meinem letzten Aufenthalt in Irland, vergangenen Sommer, über das Alter dieses Landes, die Sprache, Gelehrsamkeit und andere Dinge, allerhand Nachrichten gab, führte mich dieses auf weitere Untersuchungen. Ich habe seit der Zeit verschiedenes darüber zusammen getragen, das ich Ihnen nun, nebst allerhand Auszügen und Uebersetzungen mittheilen will. Es fielen mir verschiedene Werke in die Hände, in denen ich nicht nur Unterricht, sondern auch eine Menge merkwürdiger und — ich darf sagen — wenig bekannter Dinge fand. Ich zog das und jenes aus. Am meisten aber interessirten mich drey Schriften, aus denen ich gerne einen Theil übersetzt und in einem Bande herausgegeben hätte. Da Sie mir aber letzthin schrieben, daß Dinge dieser Art, betreffend ein Land, das selbst nur unvollkommen in Deutschland bekannt ist, schwerlich Leser genug finden würde, um einem Verleger Hofnung zu geben, daß er seine Rechnung dabey finden werde: gab ich die Sache auf. Nun aber schreiben Sie mir, daß Sie die Nachrichten über Irland, die ich Ihnen im Sommer

mer 1783. und 1784. aus diesem Lande zuschickte, herausgeben wollen, und dies bringt mich auf den Gedanken, meinen alten Vorsatz wenigstens zum Theil auszuführen, und in einen Anhang zu meinen Briefen zu bringen. Ich will also das Gesammelte zusammen tragen, so gut als die Zeit, die Sie mir bestimmen, es zuläßt; aus verschiedenen Werken Stücke übersetzen; aus andern Auszüge machen und mit Bemerkungen vermehren, die ich bey meinem doppelten Aufenthalte in Irland gemacht habe.

Es würde für mich mühsam, und für den Leser beschwerlich seyn, wenn ich jedesmal anführen sollte, wo ich selbst rede, oder Auszüge gebe, vermehre, abändere, und bald aus dem, bald aus jenem Werke übersetze. Indessen will ich Sie mit den hauptsächlichsten Schriften bekannt machen.

Philosophischer Abriß von Süd-Irland a).
Vallancey's Versuch über das Alterthum der Irischen Sprache b).

a) Philosophical Survey of the South of Ireland; in a Series of letters to John Watkinson M. D. Dublin 1778.

b) An Essay on the Antiquity of the Irish language being a collation of the Irish with the punic language &c. Dublin 1772.

Vallanceys Grammatik der Irischen Sprache a).

In Rücksicht auf Geschichte hab ich Warners Geschichte von Irland vor mir gehabt b), und das, was sich in der allgemeinen Geschichte befindet, nebst einigen Irischen Nachrichten. — Einiges hab ich aus der Englischen Biographie, aus Johnsons Lebensbeschreibungen der Englischen Dichter, und aus einzelnen kleinern Schriften — genommen.

Die mehresten, die von der ältern Geschichte dieses Landes reden, oder schreiben, haben einen ganz kurzen Weg, sie abzufertigen. Sie sagen, die Irischen Schriftsteller haben ihre Geschichte so mit Fabeln entstellt, daß es der Mühe eines vernünftigen Mannes nicht werth ist, viel Zeit darauf zu verwenden. Man verurtheilt also das Ganze, weil ein Theil davon fabelhaft aussieht, — — Diese Verfahrungsart dünkt mich

a) A grammar of the Iberno-Celtic or Irish language 2 d. edit. with an Essay on the Celtic language by Charles Vallancey. Dublin 1782.

b) The History of Ireland by Ferd. Warner etc. 4to. London 1763.

mich sehr ungerecht, weil es bekannt ist, daß bey der historischen Fabel allemal einige Wahrheit zum Grunde liegt. Herr Bryant hat dieses in seinem Werke über die Mythologie und Geschichte der ältesten Völker des Menschen-Geschlechts sehr klar erwiesen. Er hat gezeigt, daß der größte Theil der Griechischen Götterlehre sich auf wirkliche Geschichte gründe, deren Ursprung man unter Völkern suchen muß, die ungleich früher waren, als die Griechen. Er reducirt die Namen einer Menge Griechischer Gottheiten auf ihre ursprüngliche Wurzel, spürt ihrer Geschichte bis in das entfernteste Alterthum nach, und zeigt, wie genau manches mit den heiligen Schriftstellern übereinstimmt. Herr Court de Gebelin ging in vielen Betrachtungen den nämlichen Weg, ob er schon vielleicht nicht die Sorgfalt und gründliche Gelehrsamkeit eines Bryant besaß. Auch Vallancey hat in seiner Irischen Grammatik viele Irische Worte bis in die ältesten Zeiten zurück geleitet, und ihren Ursprung gezeigt.

Die älteste Geschichte von Griechenland war in den Händen der Dichter, und Herodotus hatte unstreitig aus diesen geschöpft. Wir wissen alle, daß diese Dichter die Geschichte entstellt haben; wir nennen diesen Theil den heroischen Theil der Geschichte, erklären ihn für fabelhaft, räumen aber doch ein, daß manche Wahrheit darinnen zum Grunde liegt. Herr Bryant hat den Ruf, mehr darinnen geleistet und aufs Reine gebracht zu haben, als irgend einer vor ihm.

Die Irische Geschichte war gleichfalls in den Händen der Dichter, der Barden, und vermuthlich sparten sie auch ihre Erfindungen nicht. Reine Wahrheit heraus zu bringen, ist vermuthlich sehr schwer; aber das Ganze deswegen zu verwerfen, wäre höchst ungerecht, um so mehr, da man noch jezt Irische Akten und Dokumente hat, die, wie Vallancey behauptet, viel älter sind, als unsere christliche Zeitrechnung, und eine grosse Sorgfalt zeigen, die Geschichte des Landes zu erhalten. Die Ursache, warum man diese Nachrichten so wenig kennt, ist, daß so gar Wenige Irisch verstehen, und auch diese Wenigen das Alt-Irische, oder den Phönizischen Dialekt, selten kennen.

Ich habe viel zu wenig Kenntniß von alle dem, um in Untersuchungen darüber einzutreten. Meine Absicht ist hier blos, Ihnen vom Ganzen einen Begriff zu geben, und Sie mit den Meinungen derer bekannt zu machen, die die Sache am meisten untersucht, und die mehreste Kenntniß der Sprache hatten. Wenn Sie mich fragen, was ich selbst darüber glaube, so weiß ich kaum,

kaum, was ich sagen soll. Ich habe nicht Kenntniß genug, um über gewisse Punkte ein Urtheil zu wagen; und am Ende wird es Ihnen sehr gleichgültig seyn, ob ich das, was ich Ihnen vorlege, selbst glaube, oder zum Theil glaube, bezweifele, oder ganz verwerfe ꝛc. ꝛc.

Ich will Ihnen nun einen Abriß von der ältesten Geschichte von Irland geben, so wie sie von den mehresten Schriftstellern dieses Landes gelehrt wird.

Der erste Zeitraum enthält ohngefähr 400. Jahre, und geht von der ältesten Geschichte dieses Landes bis auf den Einfall der Milesier. Der zweyte Zeitraum enthält die Geschichte der Milesier, oder, wie man gewöhnlich und besser sagt, der Heremonischen Könige, und begreift beynahe 1200 Jahre in sich; oder, wenn man will, vom Einfalle der Milesier bis auf St. Patrik, der den Iren die christliche Religion lehrte: und da enthält der Zeitraum 1300 Jahre. —— Mit der folgenden Geschichte hab ich hier nichts zu thun, denn ich rede blos von der ältesten; und überdieß ändert sich hernach manches, und man kann die Geschichte von St. Patrik bis auf die Englische Eroberung unter Heinrich II. als Mönchsgeschichte betrachten.

Daß der erste Zeitraum die mehresten Mährgen enthält, ist natürlich, und gleichwohl sagen Usher, Loyd und Camden (die beiden letztern waren keine Iren), und andere Antiquarien, daß verschiedene Reste wahrer Geschichte darinnen enthalten seyn, die man annehmen sollte. Innes, der am meisten die alte Geschichte der Iren bestritten hat, sagt: daß unstreitig selbst in diesen Zeiten eine Art von Regierung in Irland war; vielleicht unter einem Könige, oder blossem Anführer, und beruft sich einige ungewisse Traditionen der merkwürdigsten Verhandlungen. Alles das lasse ich an seinen Ort gestellt seyn. Genug, die Irischen Chroniken lehren: „daß ihr Land zuerst von einer Nichte des Erzvaters Noah bewohnt war, und das selbst vor der Sündfluth.“ Wie sie dahin gekommen, in Zeiten, in denen man vermuthlich wenig von der Schiffahrt wußte, darum lassen sie sich unbesorgt.

Andere Irische Schriftsteller geben diesen Artikel als eine Fabel auf, behaupten aber, daß ihr Land unmittelbar nach der Zerstreuung des Menschengeschlechts zu Babel, von einigen Nachkommen des Japhet bevölkert worden sey; das ist 300 Jahre nach der Sündfluth. Partholan, der sechste Nachkomme von Magog, sahe den glücklichen Erfolg des Nimrod in Assyrien, wanderte

derte aus, um ein Land zu finden, in dem er alleine regieren könnte, und kam nach Irland, oder wurde von Sturm dahin getrieben. Hier ließ er sich mit seinen drey Söhnen, ihren Weibern und tausend Mann, die er mit sich brachte, nieder. Die Nachrichten geben nicht nur den Tag an, wenn er landete, und die Namen der drey Söhne, sondern sie wissen auch von einem beliebten Windhunde, Knechten und Ochsen.

Diese Colonie lebte nicht lange in Ruhe; denn es kam bald ein gottloses Geschlecht von Nimrods Familie, Nachkommen des Ham herüber, welche die Iren Fomorians nennen, und welche beständige Unruhen auf der Insel stifteten. Diese Fomorians rebellirten endlich in Form, und nach langen Händeln und kleinen Kriegen kam es zu einer Hauptschlacht, in der die Partholanians den Sieg erhalten. Sie wollten sich ihrer Feinde auf immer entledigen, und tödteten alle, jung und alt. Der Haß war so groß, daß sie die Leichname unbegraben liegen liessen, wovon die Fäulniß und der Gestank so groß war, daß eine Pest entstund, die alle Einwohner der Insel hinwegraffte. — Die Geschichtschreiber, die dieses erzählen, sind in den Daten nicht einig; man folgt daher gewöhnlich den O-Flaherty, der sich unglaubliche Mühe gegeben hat, die Irische Chronologie zu berichtigen.

Die

Die Insel hatte nun auf dreyßig Jahre wüste gelegen, als 2029. eine neue Colonie kam. Diese war Nemedius, ein Nachkomme des Magog, sein Weib, vier Söhne und 1020 Mann. Sie kamen in dreyßig Schiffen vom schwarzen Meere. Bald nachher kam auch ein anderes Volk aus Afrika; es entstunden neue Kriege, die die Geschichtschreiber verschieden erzählen, und das Ende davon war, daß die Afrikaner endlich so geschwächt wurden, daß sie die Insel verließen, frische Hülfe aus Afrika hohlten, zurück kehrten, und die Nemedians so schwächten, daß diese, unter drey Anführern die Insel verließen. Der eine, Breac, ging nach Thracien mit seinem Gefolge, von welchem die Belgae abstammen, die die Iren in der Folge Firl-bolgs nannten; Jobath ging mit seinen Leuten nach Böotien, und Bridtan nach England, wo seine Nachkommen die Brigantes waren. — Ein altes Irisches Werk, auf dessen Autorität man gewöhnlich sehr viel hält, sagt, daß die Walliser in Brittannien ursprünglich von diesem Bridtan abstammen, und einige der ältesten Verse ihrer Barden bestätigen es.

Die Nemedians hatten die Insel 217 Jahre inne gehabt, und die Afrikaner waren nun die einzigen Besitzer davon. Sie hatten keine regelmäßige Regierung, alles wurde durch das Recht des

des Stärkern ausgemacht, und das Land wurde am Ende wieder entvölkert bis 2657. Um diese Zeit kamen die Belgae oder Firl-bolgs wieder, mit einer Colonie von 5000. unter 5 Anführern.

Diesen Zeitpunkt nimmt Warner, ein Engländer, für die eigentliche Bevölkerung von Irland an, und meynt, daß die Colonie aus England kam. Er sagt: es ist bekannt, daß die Belgae ein beträchtlicher Zweig der Gallier oder Celten waren, daß sie frühzeitig ansehnliche Colonien nach England schickten, und daß vermuthlich ein Theil derselben nach Irland übergewandert sey.* Er gibt verschiedene Gründe für seine Meinung an, die ich übergehe, weil ich Ihnen, in der Folge, Vallanceys Muthmassungen geben will, die auf tiefere Untersuchung und Kenntniß der Sprache gegründet sind. — Ich fahre in der Geschichte fort.

Die fünf Anführer dieser Colonie waren Söhne des Dela, theilten die Insel in fünf Theile, so daß jeder Bruder sein eigenes Stück hatte, in dem er König genannt wurde. Slangey, dem die Provinz Leinster zugefallen war, war der Monarch des ganzen Landes, oder Anführer der Pentarchie, im Falle irgend einer Gefahr, oder besonderer Zufälle. In allen übrigen Fällen waren die fünf Reiche von einander unabhängig, und

und hatten beständige Händel mit einander. Diese fünf Brüder waren die ersten Könige von Irland, d. h. Könige, nach der damaligen Zeit, ohne Macht und vom Volke abhängend.

Auf diese Art besaßen die Belgae das Land 80 Jahre lang, da sie von einer andern Colonie überwältigt wurden. In der ganzen Geschichte dieser Colonie, wie sie fast einmüthig von den Schriftstellern gegeben wird, ist nichts das nach der Fabel schmeckte, oder unwahrscheinlich wäre, wie Warner anmerkt. Und, setzt er hinzu, wenn die Juden, ehe sie Moses Geschichte hatten, und ehe die Buchstaben erfunden waren, Mittel fanden, ihre Stammgeschlechter, Genealogien und andere merkwürdige Begebenheiten, von Adam an zu erhalten, warum sollten die Iren, die ein beobachtendes Volk waren, ihre Geschichte bis 13 oder 1400 Jahre vor Christi Geburt, nicht haben aufbehalten können?

Die Insel wurde nun von einer andern Colonie eingenommen, welche die Iren Tuatha de Danans nennen, und welche Nachkommen des Nemedius waren. Von dieser Colonie erzählt man allerhand erbauliche Geschichtgen, wovon ich Ihnen nur eine geben will; Sie sollen gleich sehen warum?

Diese

Diese Danians waren grosse Schwarzkünstler, wohnten eine Zeit lang in Griechenland, gingen dann nach Norwegen, wo sie in grossem Ansehen gehalten wurden, bis sie sich endlich in Irland niederliessen, wohin sie den Stein des Verhängnisses mit sich brachten. Dieser Stein hatte wundersame Eigenschaften, wovon eine war, daß in dem Lande, in welchem er war, allemal ein Prinz aus Scythischem Geschlechte regieren sollte. — Als in der Folge ein Prinz aus Königlich Irischem Geblüte das nördliche Britannien (Schottland) eroberte, wünschte er, sich und seiner Familie den Besitz dieses Landes zu versichern, bat sich vom Irischen Monarchen diesen Stein aus, und ließ sich darauf krönen. Von dieser Zeit an wurde er in Schottland in der Abtey Scoon, der Residenz der Pictischen und Schottischen Könige sehr heilig aufbewahrt, bis Edward I. König von England, ihn mit Gewalt nahm und nach England brachte, um sich dadurch den Besitz von Schottland zu versichern. Er legte ihn unter den Stuhl, auf welchem die Könige von England gekrönt werden, wo ich ihn nur noch vor ein Paar Wochen in der Westmünster-Abtey gesehen habe. Als ich ihn vor zwanzig Monaten das erstemal sahe, war mir die Erklärung des Führers nicht verständlich, und ich konnte nicht begreifen, was dieser plumpe, garstige Stein unter dem ebenfalls höchst unansehnlichen

lichen Stuhle zu thun habe. Die gemeinen Leute nennen ihn jezt den Stein Jakobs, und der Knabe zu Westmünster sagt täglich mit vielem Ernste allen, die er herumführt, daß es ein Stück von dem Steine sey, auf dem Jakob einst schlief und die Himmelsleiter sahe. Ich möchte wohl einmal die Miene sehen, die die jezigen Könige annehmen, wenn sie auf diesem Stuhle sitzen, denn er wird, mit samt dem Steine, noch immer gebraucht.

Warner meynt, daß diese Dannonians wohl keine andern seyen, als die, die aus England nach Schottland schwärmten, und sich vermuthlich nachher entweder alle oder zum Theil in Irland niedergelassen. Dem sey wie ihm wolle, genug sie besiegten die Belgische Colonie, die, nach der Niederlage, Irland verließ und sich auf die Inseln Ila, Arran, Man und einige andere Hebridische Inseln flüchtete. Die Dannonians besaßen das Land etwan zwanzig Jahre in Ruhe, als neue Ankömmlinge sich darinnen niederließen, und gar bald mit den Einwohnern zerfielen. Die Belgae, die auf den benachbarten Inseln wohnten, ergriffen diese Gelegenheit und kamen auch wieder zurück. Es kam zu einer blutigen Schlacht, in der die Dannonians die Oberhand behielten, und die andern entweder vertrieben, oder in eine Art von Sklaverey brachten

ten. Sie blieben nunmehro, unter neun aufeinander folgenden Monarchen, 197 Jahre lang im vollen Besitze der Insel, bis die Milesier kamen und ihrem Namen und Geschlechte ein Ende machten.

Alle diese verschiedenen Colonien, die Irland wechselsweise besassen, sprachen die alte Celtische Sprache, obschon vermuthlich in verschiedenen Dialekten. Die Namen der Personen und die Benennungen der Orte verrathen diese Sprache vollkommen. Dieser Umstand erleichterte gar sehr die verschiedenen Einfälle und Eroberungen, da durch die wenige Verbindung durch Handel, die man etwan damals hatte, die Unzufriedenen in der Insel sich mit mächtigen Nachbarn verstehen konnten.

Jenner.

Sie werden natürlich fragen, lieber Freund, woher die Irischen Geschichtschreiber die Nachrichten nahmen, die ich Ihnen im vorhergehenden Briefe kurz zusammen getragen habe, worauf sie sich gründen, und mit was für Beweisen sie sie belegen? Diese Frage ist sehr natürlich, und ich werde sie bald weitläuftig beantworten. Vorher aber lassen Sie mich einen Abriß von der Geschichte der Milesier geben, welche ohnstreitig die merkwürdigste Colonie war, die je nach Irland kam. Ihre Könige dauerten, freilich bisweilen unterbrochen, bis auf die Eroberung durch Heinrich II. und noch heut zu Tage behaupten verschiedene Familien von diesem Geschlechte abzustammen, und Manche gehen so weit, daß sie sagen, alle, die ein O' oder M' vor ihrem Namen haben, seyen dieses Ursprunges. Damit habe ich nun nichts zu thun, sondern will hier blos das ausziehen, was die Irische Geschichte von den Milesiern sagt.

Die Milesier waren die Abkömmlinge einer langen Reihe von Helden, die in Aegypten eine große Figur machten, und deren auch in den Traditionen verschiedener anderer Länder gedacht wird. Die Barden mögen, durch dichterische Zusätze, ihre Geschichte auch noch so sehr entstellt haben, so ist doch gewiß, daß man sie in den Schriftstellern verschiedener Europäischen Nationen angeführt findet. Vergleicht man diese mit den Irischen Chroniken, so bringt man folgendes Faktum mit ziemlicher Gewißheit heraus: nämlich, daß eine Aegyptische Colonie, ohngefähr tausend Jahre vor der christlichen Zeitrechnung, Spanien eroberte, und daß ein Theil derselben aus Spanien nach Irland überging, weil sie in einer Reihe von trockenen und unfruchtbaren Jahren nicht Nahrung genug für alle fanden. Dieser letztere Umstand läßt sich sehr leicht erklären, wenn wir die Lebensart bedenken, die alle herumstreifende Nationen führten, indem sie größtentheils von den freiwilligen Produkten der Erde lebten.

Ein

Sir Isaac Newton, der nicht nur ein grosser Physiker, sondern auch ein Chronolog war, gibt in seiner Zeitrechnung eine Menge Beweise für die zwey angeführten Fakta, aus verschiedenen Schriftstellern. O' Connor hat diese Zeugnisse ausländischer Schriftsteller aus Newton zusammen getragen, und mit den Zeugnissen Irischer Schriftsteller verglichen. Da der Umstand wirklich merkwürdig und interessant ist, so kann ich mich nicht enthalten, Ihnen die zwey Tafeln abzuschreiben, so daß Sie zur Linken die ausländischen, zur Rechten die Irischen Schriftsteller finden.

1) Eine wandernde Nation von Iberiern, von den Ufern des schwarzen- und Caspischen Meeres, ließ sich vor Alters in Spanien nieder a).

2) Ei-

1) Die Iberischen Schotten, ein Volk, das am schwarzen Meere lebte, wurden aus ihrem Vaterlande vertrieben, und ließen sich nach mancherley Schicksalen, endlich in Spanien nieder a).

2) Ki-

a) Rustemus ex Applan. ad Aeneid. lib. Newton Chronol. Dubl. ed p. 10.

a) Lebar Gabala, passim. Keating, book 1. passim. Ogygia, p. 66.

2) Eine Spanische Colonie, die den Namen Schotten führte, ließ sich, im vierten Weltalter, d. h. im vierten Jahrtausend, in Irland nieder a).

3) Die Phoenicier, die die ersten waren, welche Künste und Wissenschaften nach Europa brachten, hatten frühzeitig Verkehr mit den Iberischen Spaniern b).

4) Nil, Belus, Elhor, Osthor, Toth, Ogmius ꝛc. ꝛc. waren berühmte aegyptische Krieger, die die Welt mit

2) Kinea Scait — die Schotten und die Nachkommen der Iberischen Schotten waren eine Spanische Colonie, die sich ohngefähr 1000 Jahre vor Christi Geburt, in Irland niederließ a).

3) Die alten Iberischen Schotten lernten den Gebrauch der Buchstaben, die man auf dem festen Lande hatte, von einem berühmten Phenius, von welchem sie den Namen Phoenische oder Phoenicische bekamen b).

4) Nihul, Bileus, Eruo, Asru, Tait und Oga-

a) Buchan. passim. Ware cap. 1. Hist. dissertat. by Ward, p. 121.

b) Strabo lib. III. Univers. Hist. v. 18. Dubl. ed. p. 312. 3.

a) Leb. Gab. passim. Ogyg. p. 83. Ward, p. 318.

b) Leb. Gab. passim. Ogyg. p. 63. 221. 349. Keating. book 1.

mit dem Rufe von ihren Thaten füllten a).

5) Der Aegyptische Eroberer von Spanien bekam den Namen der Held Herkules b).

6) Nil, Sihor, Osihor ꝛc. ꝛc. traten in die Fußstapfen der Phoenicier und civilisirten und unterrichteten verschiedene Völker c).

7) In den Tagen des Herkules, oder des Aegyptischen Eroberers von Spanien, war eine große Dürre auf einem großen Theile der Erde d).

8) Her-

Ogaman waren groß in Aegypten und in verschiedenen andern Ländern a).

5) Ein großer Held, der in Aegypten berühmt war, bekam den Namen Golamh und Milen-Espaine, d. h. der Ueberwinder oder Held aus Spanien b).

6) Niul, Sru, Asru ꝛc. folgten dem Phenius und lehrten Künste und Wissenschaften c).

7) Die Eroberung von Spanien und eine große Dürre, die zur nämlichen Zeit einfiel, nöthigte die Iberischen Schotten sich nach Irland zu flüchten d).

8) Mi-

a) Newton Chronol. passim.

b) Ibid.

c) Ibid.

d) Newton p. 98. 231. Ovid. Metam. lib. II.

a) Leb. Gab. passim.

b) Ogyges Hibern.

c) Leb. Gab. passim. Keating ex Psalterio Cashel. lib. I.

d) Ibid.

8) Herkules, oder der Held aus Spanien war der Sohn des Belus, wie man sagt a).	8) Milea-Espaine oder der Held aus Spanien, war der Sohn des Beleus a).

a) Newton, passim.

a) Ibid. Ogyg. p. 83.

Ich erzähle Ihnen nunmehro die Geschichte der Milesier, wie man sie in den Irischen Schriftstellern findet.

Verschiedene Aegyptische und Phöniziſche Colonien hatten Spanien nach und nach besetzt, und von Zeit zu Zeit kamen noch neue. — Diese häufigen Auswanderungen der beiden Völker stimmen genau mit der Bibel und den alten Schriftstellern überein, die öfters sagen, daß die Vortreflichkeit des Himmelsstriches, die thätige Lebensart der Einwohner und ihre einfache Kost, öfters diese Länder nöthigte, Colonien auszuschicken. — Die zahlreichen Colonien, die nach Spanien kamen und einige trockne Jahre, machten nun auch dieses Land für die Menschen zu enge. Ein besonderer Stamm, der den Namen Breoghan führte, entschloß sich auszuwandern und eine neue Wohnung zu suchen. Irland war ihnen, wie verschiedene Umstände zeigen, nicht unbekannt. (Ganz gewiß kannten die Phönizier Irland, und folglich war es auch den Spaniern nicht

nicht unbekannt, welche vielleicht schon vorher es befahren hatten, da sie, als Colonien der Phönizier und Aegypter, sehr frühzeitig einigen Handel trieben. Sie besinnen sich hier, lieber Freund, daß die Aegypter, in den allerältesten Zeiten, einen ausgebreiteten Handel trieben, und das lange vor der Zeit, in der sie anfingen, alle Fremde zu hassen und ihre Häfen zuzuschließen).

Man stellte einige Berathschlagungen über die Sache an, und es wurde beschlossen, den Ith, einen Anführer aus dem Milesischen Hause, zu schicken. Er war ein tapferer Prinz und von vieler Erfahrung, und ging mit 150 auserlesenen Soldaten aus Gallizien nach Irland, um zu untersuchen, ob in diesem Lande für eine zahlreiche Colonie Platz sey. Er landete, wurde von den Dannonians gefragt, was sein Geschäfte sey, und verlangte dagegen zu wissen, wem die Insel gehöre? Da sie alle die Celtische Sprache redeten, verstunden sie einander vollkommen. Auf die Nachricht, daß Irland unter drey Brüdern stünde, die im Norden von Ulster wohnten, und gerade jezt Streitigkeiten mit einander hätten, ließ Ith funfzig Soldaten mit dem Schiffe und ging mit den hundert übrigen zu den drey Brüdern. Er sagte den Irischen Fürsten, daß er seinen Weg verfehlt habe, und zu landen genöthigt worden sey; daß er aber wieder abfahren wolle, so bald man sein Schiff ausgebessert habe. Die drey Brüder sahen, daß er ein Mann von vielem Verstande war, und machten ihn zu ihrem Schiedsrichter. Ith setzte sie zu rechte, und rieth ihnen, die Insel in drey Theile zu theilen, weil sie, wie er im Kommen bemerkt habe, fruchtbar und für alle drey hinlänglich sey. Kaum war er wieder nach seinem Schiffe zurück gekehrt, so fiel den Brüdern ein, daß er wohl einen Einfall ins Land thun könne, da er dessen Fruchtbarkeit so sehr gerühmt habe. Sie verfolgten ihn also; es kam zu einem Treffen; Ith widerstund so gut er konnte, und erreichte glücklich sein Schiff. Er kehrte nun zurück, um ein stärkeres Heer zu holen, starb aber unterwegs an seinen Wunden.

Die Engländer erzählen diese Begebenheit anders; allein die Irische Geschichte hat nicht nur weit mehr Wahrscheinlichkeit, sondern hängt auch mit der Chronologie besser zusammen; anderer Umstände zu geschweigen. Ich fahre fort.

Die Seefahrer stellten, als sie nach Spanien zurück kamen, den Leichnam ihres Anführers öffentlich aus, und Rache vereinigte sich mit andern und stärkern Bewegungsgründen, auf Irland einen Anfall zu thun. Dreyßig Schiffe wurden ausgerüstet und von vier tapfern Häuptern, von denen viele Orte in Irland in der Folge ihren Namen bekommen haben, kommandirt. Ein Nebel hinderte sie lange vom Landen, bis sie endlich im westlichen Munster ans Land setzten, und von da nach Teamor, wo die Irischen Könige ihren Hof hielten, marschierten.

Amergin, einer der vornehmsten Anführer dieser Colonie, und ein Sohn des großen Milesius, der vor kurzem gestorben war, verlangte von den Dannonischen Königen die Insel, und bot ihnen eine Schlacht an. Kurz die Milesier behielten in zwey Schlachten, in denen die drey Dannonischen Könige umkamen, die Oberhand, und machten sich zu Herren der Insel. Es ist wahrscheinlich, daß die Belgae, von denen noch immer ein Rest auf der Insel wohnte, ihnen, aus Haß gegen die tyrannischen Dannonians, tapfer beistunden; wenigstens findet man, daß Heremon, der erste Irische Monarch aus Milesischem Stamme, ihnen nicht nur große Freiheiten und Rechte zugestund, sondern auch die ganze Provinz Connaught einräumte, wo sie groß und ansehnlich wurden, und bis ins dritte christliche Jahrhundert ein beträchtliches Volk ausmachten.

Da Irland auf diese Art in die Hände der Milesier gefallen war, wurde es zwischen den zwey Prinzen Heber und Heremon getheilt. Warum zum Amergin, der dritte Sohn des Milesius ausgeschlossen wurde, wird nicht gesagt; man führt blos an, daß er Dichter, Philosoph, Geschichtschreiber und Gesetzgeber war: Eigenschaften, die ihn in den damaligen Zeiten vielleicht von der Regierung ausschlossen, weil Männer von dieser Profession gewöhnlich als Schieds-Richter und Verkündiger des göttlichen Willens angesehen wurden, und ihr Rang der höchste im Reiche nach dem Fürsten war. — Heber und Heremon regierten nicht lange im Frieden! Hebers Gemahlin bewog den König, einen Theil von seines Bruders Landen an sich zu bringen; Heremons Gemahlin trieb ihren Mann an, nichts abzugeben: und so entstund ein Krieg, in dem Heber seine Armee und sein Leben verlor.

Nicht lange nachher wurde Irland von einer Colonie von Picten angefallen, die aus Thracien gekommen und durch Gallien gegangen war. Die Iren behielten jedoch die Oberhand über sie, und nöthigten sie, sich auf den benachbarten Inseln niederzulassen, gaben auch einige Damen aus vornehmen Geschlechte ihren Häuptern zu Weibern. Diese Picten waren vermuthlich das Volk, welches nachher die Caledonischen Britten genannt wurde, und das im Grunde eine Scytische Colonie war.

Die

Die Irischen Chroniken sagen ferner, daß sehr viele Nachkommen des Breoghan, welche Brigantes genannt wurden, nebst verschiedenen Dannonians, die noch auf der Insel waren, mit den Picten Irland verliessen, und nicht nur die Hebridischen Inseln besetzten, sondern auch einen Theil von Schottland einnahmen und nachher ansehnliche Besitzungen in England hatten. — Die Milesier blieben nunmehro im vollen Besitze der Insel, und der Heremonische Stamm dauerte beinahe 1200 Jahre, d. h. bis ins zweyte Jahrhundert.

Jenner.

Meine Absicht ist hier keineswegs, Ihnen eine Geschichte von Irland zu geben! Ich habe blos mit den zwey ältesten Perioden zu thun, deren angegebene Thatsachen ich in der Folge gegen das halten will, was Herr Vallancey über die Irische Sprache geschrieben hat. Ich will Ihnen also nicht mit dem langen Verzeichnisse und der Geschichte der Milesischen oder Heremonischen Könige beschwerlich fallen, sondern blos dasjenige ausziehen, was einiges Licht auf die Geschichte, das Alterthum und die öffentlichen Urkunden dieses Landes überhaupt wirft, und einen Begriff von diesen ältesten Bewohnern der Insel gibt.

Ich springe also von Heremon auf Ollam Fobla, der gewissermassen der große Alfred der Iren ist, und im Jahre 3236. und viele folgende regierte. Er schuf so zu sagen die Verfassung von Irland ganz um, und alle Einrichtungen, die er traf, unter denen hauptsächlich die Stiftung einer nationalen Versammlung ist, zeigen nicht nur von ausserordentlicher Weisheit, sondern verrathen auch eine Kenntniß von Staatsklugheit, Gesetzgebung und Wissenschaft, dergleichen man in diesen Zeiten nicht erwarten sollte.

Die Verfassung aller Scytischen und Celtischen Völker war, wie bekannt, demokratisch. Sie hatten einen Anführer, ein Haupt oder einen König, dessen Macht in Friedenszeiten nicht nur sehr eingeschränkt war, sondern auch gar sehr vom Volke abhing. In Irland finden wir das nämliche. Ollam Fobla war der erste, der eine Verfassung einführte, in der der König mächtig genug seyn möchte, das Volk in Ordnung zu halten, und in der jedoch die Lage des Volks so beschaffen seyn möchte, daß dieses den willkührlichen Einbrüchen der Könige auf ihre Freiheiten widerstehen könnte. Er stiftete deswegen eine Art von Senat, der aus den Druiden und Gelehrten bestund, und die, durch ihr Ansehen, zwischen dem Fürsten und dem Volke die Wage halten konnten. Der Monarch und die Provinzialzial-Könige hatten die executive Macht, und die Druiden oder Philosophen, Priester und Gelehrten besaßen, nebst den Abgeordneten des Volks, die gesetzgebende Macht.

Die National-Versammlung (Fes Teambrack) kam alle drey Jahre im Schlosse Tara zusammen, wo der Monarch seinen Hof hielt. Jeder Provinzial-König hatte da ein Haus, und in zwey andern Häusern waren die Provinzial-Königinnen, und die Richter oder Rechtsgelehrten, Antiquarien, Barden rc. In einem dritten die Gefangenen.

Ehe die Sitzungen anfingen, schmausste man sechs Tage lang mit einander, wobey folgende Rangordnung beobachtet wurde. Eine Tafel zur Rechten war für die Provinzialkönige, Prinzen und den vornehmsten Adel. An der Tafel auf der linken Seite saßen die vornehmsten Officiere der Armee und Männer von geringerm Stande; an einer dritten die Druiden, Barden und alle Gelehrte, von welcher Art sie auch seyn mochten.

Hier kommt nun ein Umstand vor, der sonderbar genug ist, und in der That Aufmerksamkeit verdient. Die Irischen Schriftsteller sagen, daß die Israeliten, bey ihrem Auszuge aus Aegypten, ihre Stämme durch eine Art von Fahnen unterschieden, mit gewissen Zeichen oder Devisen auf denselben, welche denn, nach unserer Art, Wappen wären. Daß der große Stammvater der Milesier, als er die Colonie aus Aegypten führte, dieses Beispiel nachahmte, und daß sein Zeichen eine todte Schlange und die Ruthe Mosis war; daß die Milesische Familie diese Figuren beybehielt, und daß sie noch unter Ollam Fodla ein ehrwürdiges Unterscheidungszeichen für sie waren. —— Dies mag nun ganz oder zum Theil ein Mährgen seyn, so muß man doch gestehen, daß es kein unwahrscheinliches ist, wenn man an den Schild des Achilles im Homer, an den Löwen, den Alexanders Soldaten auf ihren Schildern hatten, und an die Bilder denkt, die verschiedene andere Helden auf ihren Waffen führten. — Ollam Fodla meynte, solche Unterscheidungszeichen könnten ein Antrieb zu Tapferkeit und Ehrliebe werden, und setzte deswegen Männer nieder, die jedem Helden oder jedem ansehnlichen Manne ein solches Unterscheidungszeichen anweisen mußten. Im Kriege sollte es ein Jeder auf seiner Fahne haben, damit er in die Augen fallen und Jedermann sehen möchte, ob er sich würdig und tapfer betrüge. Die Antiquarien und Dichter, die allen Märschen beywohnten, sollten besonders darauf Achtung geben.

Ich

Ich komme wieder auf die Mahlzeit! Wenn diese zugerüstet war, kamen die Schildeträger der Fürsten und Vornehmen ans Thor, und überlieferten die Schilde den Herolden, welche sie an den Platz hingen, an dem ein jeder zu sitzen kam. Hierauf kam die Gesellschaft, und ein jeder wußte seinen Platz.

Wenn die Mahlzeit zu Ende war, wurden die Alterthümer und die Geschichtbücher des Landes herein gebracht, und mit der größten Genauigkeit untersucht, ob sich etwan etwas Falsches oder Unrichtiges eingeschlichen habe. Fand man, daß die Geschichtschreiber etwas verfälscht, oder schief vorgestellt hatten, es sey aus Unwissenheit, Vorurtheil oder Partheilichkeit, so wurde ihnen ihre Stelle genommen. — Wenn die Jahrbücher auf diese Art untersucht, und von Fehlern gereinigt worden waren, wurden sie in das Geschichtsbuch des Königreiches, welches im Pallaste Tara aufbewahrt wurde, eingeschrieben. Dieses Buch hieß „das Register oder der Psalter von Tara.“ Alsdann erhielten die Gelehrten Befehl, ferner Alles sorgfältig niederzuschreiben, damit ihre Nachrichten bey der nächsten Versammlung untersucht werden möchten.

Hätte Irland keine andere Geschichtschreiber gehabt, als diese, so wäre die Geschichte dieses

Lan-

Landes, die zuverlässigste von allen möglichen Geschichten. Allein jede ansehnliche Familie hielt einen Barden (ein Gebrauch, den man bis in die Zeiten der Königin Elisabeth findet) um die Thaten derselben zu verewigen; und diese von Familien besoldete Barden waren vermuthlich in ihren Nachrichten nicht so gewissenhaft, als die vom Staate besoldeten. — Der Psalter von Tara ist in den Zeiten der Barbarey, beständiger Kriege und allgemeiner Zerstörung verloren gegangen. Man hat aber noch einen Psalter von Cashel, der ein hohes Ansehen von Authenticität für die ältere Geschichte von Irland hat.

Ollam Fodla wieß den Heralden, Aerzten, Barden, Harfenspielern ꝛc. ansehnliche Güter und Einkünfte an, und befahl, daß keine von diesen Würden auf Familien gebracht werden sollten, die nicht von edler Abstammung waren. Auf diese Art waren alle diese Professionen erblich, lebten unabhängig und ferne von den Sorgen der Welt, in einer Ruhe, in der sie den Studien vollkommen nachhängen konnten. Ihre Personen waren heilig, und das Land mochte auch noch so sehr in Verlegenheit seyn, so durften doch ihre Güter nie angegriffen, oder mit Abgaben belegt werden.

Wenn die sechs Festtage vorüber waren, ging man an die eigentliche Geschäfte. Streitigkeikeiten zwischen den verschiedenen Provinzen wurden beygelegt, Verbrecher gestraft, neue Gesetze gegeben, alte abgeändert ꝛc. ꝛc. — Von der Art und Weise, wie die Geschäfte verhandelt wurden, wie man die Stimmen gab, sammelte ꝛc. ꝛc. sind keine Nachrichten mehr übrig. Alles, was gesagt wird, ist: daß der Monarch mitten in einem großen Saale, sein Gesicht gegen Morgen, auf einem Throne saß, der König von Leinster ihm gegenüber, der von Munster zur Linken, der König von Ulster zur Rechten, und der von Connaught hinter dem Throne.

Ich habe Ihnen die Geschichte dieses Königes mit Fleiß etwas weitläuftig ausgezogen, weil sie die Grundlage der Irischen Staatskunst und Wissenschaften in der Folge ist, und ein Licht auf die ganze alte Geschichte dieses Volks, früherer sowohl als späterer Zeiten, wirft. — Irland war unter der Regierung des Ollam Fodla glücklich, und lebte im Frieden; allein in weniger als hundert Jahren nachher, gingen die Kriege wieder an, wie vorher, und von 31 Königen starben nur drey eines natürlichen Todes. Alles das übergehe ich.

Kimbath kam 3596. zur Regierung, stellte Ruhe und Frieden wieder her, erneuerte Ollam Fodla's Verordnungen, und baute den königlichen Pallast Eamania, von dem man noch spät in den christlichen Jahrhunderten Ruinen will gesehen haben. — Die gelehrtesten Irischen Antiquarienkenner datiren von diesem Könige an die Zeiten mehrerer Zuverläßigkeit in ihrer Geschichte, ohngefähr wie die Griechen vom Herodotus.

Ich übergehe abermals eine Zeit von 200. Jahren, die durch beständiges Blutvergiessen und gewaltsamen Tod der Könige eben so merkwürdig sind, als der größte Theil der vorhergehenden Geschichte, und komme auf Angus Turmy, der der Stammvater einer langen Reihe von Königen, und der Urvater der Schottischen und nunmehro Englischen Könige seyn soll. Die Geschichte wird folgendermassen erzählt.

Angus Turmy, der 3786. zur Regierung kam, hatte sich einst betrunken und beging mit seiner Tochter Blutschande. Ein Sohn, den sie gebahr, wurde in einem Boote auf dem Meere ausgesetzt, versehen mit allerhand Kostbarkeiten und Sachen von Werthe, um die, die ihn finden möchten, in den Stand zu setzen, ihn wohl zu erziehen. Fischer fanden ihn und nannten ihn Fiacha Fermara, d. h. den Seemann. Als er aufgewachsen war, lebte er in Ulster, wo er ansehnliche Besitzungen hatte. Sein Enkel Degad wurde so ansehnlich, daß er eine allgemei-

-ne

ne Eifersucht erregte, und die Provinz verlassen mußte. Er begab sich nach Munster, wo ihn der König Duach so wohl aufnahm, daß er ein wichtiger Mann und endlich gar zum Könige von ganz Munster erwählt wurde. Seine Nachkommen wurden immer größer und größer, bis sie endlich beides, Könige von Irland und Schottland wurden. Conary II. war aus der Degadschen Familie, und kam zu Anfange des dritten christlichen Jahrhunderts auf den Irischen Thron. Man nannte seine Nachkommen die Conarians, oder den Conarischen Stamm, und von ihnen stammen die Dalriads in Schottland ab, von denen die Grosbrittanischen Könige kommen. Die Geschichte wird so erzählt:

Auf Conary II. folgte im Jahr 220. Arthur, mit dem Zunamen der Melancholische, welcher bis 250. regierte, da er von Mac Conn vertrieben wurde. Mac Conn, oder wie er eigentlich heißt, Lugad, wurde, nach einer dreyjährigen Regierung getödtet, und Cormac, ein Sohn des Arthur, wurde Monarch.

In den letztern Theil dieser Zeit muß man unstreitig die Eroberung von Schottland und die Niederlaßung der Conarians oder Dalriads setzen, von der man folgendes erzählt.

Achy Riada, ein Sohn Conary II. war ein Prinz von großem Geiste und Ehrgeiz, wandte sich an den Provinzialkönig von Munster, Olioll Olam, und erhielt die Erlaubniß, unter den Abkömmlingen von der Familie Degad in Munster, freywillige Truppen zu sammeln, um ein Stück von Ulster zu erobern. Fergus war damals König eines Theils von Ulster, und, da er und Achy Riada aus der nämlichen Familie abstammten, unterstützte er seinen Verwandten, und half ihm den Nord-Oestlichen Theil von Ulster, den die Irians inne hatten, erobern. Achy Riada ließ sich nun in dem eroberten Stücke nieder, welches den Namen Dal Riada (daher Dalriads) bekam. Achy Riada's Ehrgeiz war damit noch nicht zufrieden, sondern that eine Landung in dem Lande gegenüber, welches den Brittischen Picten gehörte, und welches nachher lange unter dem Namen Albanian Dalriada bekannt war, kurz ein Stück vom heutigen Schottland.

Dieses Geschlecht der Dalriads wurde in Schottland immer größer und größer, bis zu Anfange des sechsten christlichen Jahrhunderts, da sie von den Picten nach Irland zurückgetrieben wurden. Allein die Irischen Könige nahmen sich ihrer an, und durch deren Beystand kehrten die Dalriads nicht nur wieder zurück, sondern eroberten einen größern Theil von Schottland

land, als sie je vorher inne gehabt hatten. Lorn war der erste, der die Würde und den Titel eines Königes von Albany oder Dalriada führte. Sein Bruder Fergus folgte ihm; und beide stifteten eine monarchische Regierung, ohngefähr auf den Fuß der Irischen. Von diesem Fergus leitet man alle Schottische und nun Grosbrittannische Könige ab.

Auch bitte ich Sie folgenden Umstand zu bemerken. In den Jahren zwischen 230. zu 250. kommt ein Finn vor, der, unter König Arthur, General der Miliz war, und von dessen Heldenthaten die Iren noch heut zu Tage viel zu erzählen wissen, und von dem das Landvolk in Nord-Irland noch allerhand Balladen hat, in denen verschiedene Namen aus diesem Theile der Geschichte vorkommen. Es war unter Finn, daß die berühmte Irische Miliz zu jener Vollkommenheit kam, für die man sie so sehr bewundert hat. Sein Sohn war Ossian, der ebenfalls in dieser Periode der Irischen Geschichte eine ansehnliche Figur macht, und Anführer und Dichter war. Dieser Ossian ist kein anderer, als der, dessen Gesänge wir in Deutschland so sehr bewundern, und Finn, sein Vater, ist der nämliche, den Herr Macpherson im Fingal umgeändert und für einen Caledonischen Führer ausgegeben hat. Herr Vallancey sagte mir vergangenen Sommer, daß er in Nord-Irland verschiedene Striche, Berge, Thäler, Flüsse rc. rc. wisse, die dem gemeinen Volke noch heut zu Tage unter keinen andern Namen, als denen bekannt seyen, die wir in Macphersons Ossian lesen, und von dessen Unächtheit ich in diesen Briefen schon im vergangenen Sommer geredet habe. Jezt will ich nur dies nochanführen, daß schon vor 22 Jahren, da die Gesänge Ossians so eben erschienen waren, der Engländer Warner, in einer Note, gleichsam im Vorbeygehen, folgende Anmerkung macht: „dieser Finn ist der in Ossian's Gedichten so berühmte Held, dessen Namen man in Fingal verfälscht hat.„

Etwan um das Jahr 260. kam Cormac, ein Sohn Arthur's zum Besitze des Irischen Thrones, und machte seine Regierung zu einer der merkwürdigsten. — Ich habe hier mit seiner Geschichte nur in so ferne zu thun, indem sie ein wiederhohlter Beweiß von der Sorgfalt ist, die die Iren für ihre Geschichte trugen, von ihrer Staatskunst, Gesetzgebung und bürgerlichen Einrichtungen. Sobald er zum ruhigen Besitz der Krone gekommen war, ließ er die Irischen Gesetze untersuchen, schafte diejenigen ab, die unnütze oder lächerlich geworden waren, und machte neue, die sich auf die Bedürfnisse der gegenwärtigen Zeit und Umstände gründeten. Die nämliche Sorgfalt verwendete er auch auf die Religion, in der er verschiedene Misbräuche abschafte. Er brachte das Ganze in einen Codex, von dem man noch jezt Ueberbleibsel auf Pergament hat, und von dem man, in einer Reihe von vielen Jahrhunderten, immer die Wirkungen gesehen hat.

Eine seiner Verordnungen war, daß die Irischen Monarchen allezeit einen Druiden, einen Richter, einen Arzt, einen Dichter, einen Antiquar, und einen Musikanten, in ihrem Gefolge haben sollten. Einem Jeden von diesen war sein Geschäfte angewiesen. Diese Verordnung wurde viele Jahrhunderte auf das genaueste befolgt, mit dem einzigen Unterschiede, daß der Monarch, in der Folge, anstatt des Druiden, einen Bischof zum Beichtvater hatte. Auch die drey Schulen muß ich nicht vergessen, die dieser Fürst zu Tara gestiftet haben soll, eine für die Militaren, eine andere für die Geschichte, und eine dritte für die Rechte.

Nach einer mehr als 20jährigen Regierung entsagte Cormac der Krone, begab sich zur Ruhe, und brachte seine Zeit größtentheils mit Schreiben zu. Für seinen Nachfolger und Sohn, Carbry, entwarf er ein Werk, welches Unterricht und Rath für Regenten enthielt. Die beiden Irischen Geschichtschreiber, Keating und O' Flaherty sagen, daß sie es gelesen haben, und Kealing setzt hinzu, daß es nicht nur ein Beweiß von Cormac's ausgebreiteten Kenntnissen in der Staatskunde sey, sondern daß es, in goldenen Buchstaben für den Unterricht aller Prinzen niedergeschrieben, und als ein Muster von gesunden politischen Grundsätzen betrachtet zu werden verdiene. — Cormac schrieb hierauf ein anderes Werk über die Criminalgesetze, und half an einem noch größern, welches von dem Grade des Gehorsams handelte, den man einem Könige schuldig sey, von Vormundschaften, Gönnerschutz und Beförderung, von privilegirten oder Municipal-Orten, von Strafen in Blutschande, und von der Form, in der alle Arten von Pakten und Traktaten abgefaßt werden sollten. Ein anderer Theil dieses Werks, See- und Landgesetze betreffend, wurde von seinem Sohne übersehen und vermehrt.

Ich will keine Anmerkung über alles dies, noch weniger eine Entscheidung wagen. Wer auch diese Bücher geschrieben haben mag, Cormac oder ein anderer; aus welcher Zeit sie auch seyn, und wie sie auch mögen erhalten worden seyn; so viel ist gewiß, daß sie vor etwas mehr als hundert Jahren noch existirten, und einem Herrn Macpherbiss in der Grafschaft Sligo gehörten. 1670. wurde dieser Mann der Partheywuth aufgeopfert, seine Güter zerstört, und

diese

diese Schriften, nebst vielen andern Irischen Manuscripten, die noch älter gewesen seyn sollen, vernichtet.

Gegen das Ende des vierten Jahrhunderts regierte Niall (gewöhnlich genannt Niall der neun Geiseln). Er that einen Zug nach Schottland, um den Dalriads beyzustehen, und änderte bey dieser Gelegenheit den Namen Albanien in den von Kleinschottland, zum Unterschiede von Groß-Schottland, mit welchem Namen man Irland gewöhnlich belegte. Ich führe hier diesen Umstand blos wegen dessen an, was ich Ihnen schon vergangenen Sommer von der Verwirrung geschrieben habe, die der Name Schottland in neuern Zeiten verursacht hat, indem Manche das, was wir heut zu Tage Schottland nennen, darunter verstunden, wenn Irland gemeint war. Wenn Sie in die Tabelle zurücksehen, die ich Ihnen bey Gelegenheit der Milesier gab, so werdet Sie finden, warum Irland den Namen Schottland, und die Iren den Namen Schotten erhielten.

Jenner.

Zu Anfange des fünften Jahrhunderts führte der heilige Patrick die christliche Religion in ganz Irland ein, d. h. in allen Provinzen der Insel, und unter der größten Anzahl von Einwohwohnern, denn ganz wurde die alte Religion nie verdrängt, bis nach der Eroberung durch Heinrich II. — (Von St. Patrick hat man an die sechzig Lebensbeschreibungen, im Falle Sie Lust haben sollten, genauer mit ihm bekannt zu werden. —) Die neue Religion gab nun vielen Dingen eine andere Gestalt in diesem Lande, aber auf den Karakter der Nation scheint sie wenig Einfluß gehabt zu haben. Die Regierung blieb, mit wenig Abwechselungen, die nämliche, nämlich ein Monarch und vier Provinzialkönige, die, nach Einführung der christlichen Religion, so wie vorher, ohne Unterlaß mit einander Streit hatten, bald mit einander, bald mit dem Monarchen Krieg führten, einander verdrängten, und gegenseitig die Provinzen der andern an sich brachten; so daß die Pentarchie bisweilen unterbrochen wurde. Von fünf Königen starben, so wie vorher, nicht drey eines natürlichen Todes. —— Es ist zu verwundern, daß in diesen Zeiten von beständigen Unruhen und Blutvergießen, diese Insel einen größern Antheil von Gelehrsamkeit besaß, als irgend ein anderes Land von Europa; wie ich in der Folge zeigen will. Die Ursache davon ist, allem Vermuthen nach, daß die Gelehrten mehrentheils in Klöstern lebten, und, abgesondert von der Welt, wenig Antheil an den politischen Unruhen nahmen.

Bey Gelegenheit der Einführung der christlichen Religion muß ich noch das sagen, daß St. Patrick keinesweges der erste war, der sie lehrte. Nicht nur Palladius, sondern schon vor ihm hatten verschiedene daran gearbeitet, und das, allem Vermuthen nach, schon seit dem Ende des zweyten Jahrhunderts, aber ohne großem Erfolge.

Von St. Patricks Zeiten an wird die Geschichte von Irland zuverläßiger, ohne daß sie im Grunde viel dabey gewinnt. Die Geschichte fiel nunmehro in die Hände der Mönche, und ich will in der Folge zeigen, daß die alten Barden bessere Geschichtschreiber waren, als sie.

Zu Ende des achten und zu Anfange des neunten Jahrhunderts, eröffnete sich in Irland eine neue Scene von Barbarey und Blutvergießen, die, wenn man einige wenige Jahre von Ruhe ausnimmt, 200 Jahre lang dauerte. Brian-Boromy, der in der letztern Hälfte des zehnten Jahrhunderts regierte, vertilgte endlich diese Barbaren und stellte Ruhe, Sitten, Gesetze und Wissenschaften wieder her. Er war unstreitig einer von jenen Geistern, die die Vorsehung von Zeit zu Zeit herabzuschicken scheint, um das Menschengeschlecht zurecht zu setzen. Er fand sein Volk so verdorben, und die Neigung zu bürgerlichen

lichen Kriegen so wenig ausgerottet, daß ein Theil der Iren selbst mit den Dänen gemeinschaftliche Sache machte, um sich ihm zu widersetzen.

Es ist merkwürdig, daß in dieser ganzen Periode von 200 Jahren die Iren und Dänen sich nie eigentlich mit einander vermischten, ob schon die letztern bisweilen in allen Theilen der Insel zerstreut waren, und mitten unter Irischen Familien lebten. Die Eingebohrnen betrachteten sie allezeit als Fremde und Feinde, und bemühten sich ohne Unterlaß, sich ihrer zu entledigen. Auch haben sich die Dänen als eine eigene Colonie, nie im Innern des Landes niedergelassen, sondern hatten die Häfen und Küsten inne.

Nach Brian's Tode führten die Iren ihre Kriege unter einander fort, wie sie zu allen Zeiten gethan hatten, und zerrütteten sich endlich so sehr, daß ihr Land endlich so zu sagen von einem Englischen Edelmanne erobert wurde. Dermod, König von Leinster, wurde, nach einer Menge begangener Ungerechtigkeiten, von seinem Reiche vertrieben, und suchte bey Heinrich II. von England Hülfe. Heinrich gab ihm Erlaubniß, in England Freywillige zu suchen, die ihm beystehen möchten. Richard, Sohn Gilberts, Grafen von Pembroke, brachte eine unbedeutende Armee zusammen, mit der er bald den größten Theil der

östli-

östlichen Küste eroberte. Man nennt ihn insgemein Strongbow, von der Armbrust, die er führte. Heinrich II. wurde nun eifersüchtig auf seinen Unterthan, der deswegen erklärte, er habe alles für seinen König gethan. Der König schickte eine ansehnliche Armee nach Irland, der sich die ganze Insel, ohne daß Blut vergossen wurde, unterwarf. Dies geschahe 1171.

Der letzte Theil der Irischen Geschichte, in dem die Insel unter Englischer Botmäßigkeit steht, gehört nicht zu meinem Zwecke! Ich will also nur einiges weniges erinnern.

Heinrich II. hatte nicht das allergeringste Recht auf diese Insel; ja er konnte auch nicht den allergeringsten Vorwand angeben. Sie gehörte ihm sogar nicht einmal durch das Recht der Waffen, denn die Iren hatten ihn nicht beleidigt, und er hatte nichts gethan, den vertriebenen Dermod wieder einzusetzen. Strongbow kann als der Eroberer der Insel betrachtet werden, und der König hatte zu dem, was sein Unterthan sich erwarb, kein Recht, weil dieser Unterthan als ein Freiwilliger ging, worzu er, so wie jeder andere, durch die allgemeine königliche Erlaubniß berechtigt war. Die Könige von England nannten sich nunmehro Lords von Irland, waren aber viel zu sehr mit Frankreich und mit ihren eigenen bürgerlichen Kriegen beschäftigt, um wirkliche Herren eines Volks zu seyn, deren Fürsten oder Große nie eigentlich unterworfen worden waren. Die Häupter der ansehnlichsten Familien betrachteten sich, bey unzähligen Gelegenheiten, als unabhängig, thaten was sie wollten, und waren den deutschen Edelleuten in den mittlern Zeiten ähnlich. Dies war eine neue Quelle beständiger Kriege und Grausamkeiten, und Irland wurde nie ganz von den Engländern unterworfen, bis unter den Regierungen der Königin Elisabeth und Jakobs I.

Jenner.

In diesem kurzen Abrisse einer Irischen Geschichte werden Sie, lieber Freund, hin und wieder gesehen haben, auf was für Zeugnisse die Thatsachen der Geschichte dieses Landes sich gründen. Keine uns bekannte Nation hat mehr Sorgfalt getragen, ihre Geschichte und die Genealogie ihrer Könige zu erhalten. Wir finden durchaus, daß sie ein öffentliches Geschäffte daraus machten. Es fragt sich also blos: ob von diesen alten Werken, von diesen Urkunden noch etwas übrig ist, worauf man mit Gewißheit bauen kann? Oder: ob das, was man noch hat, aus jenen Urkunden genommen ist, und wieferne man sich darauf gründen kann?

Wenn

Wenn von der Irischen Geschichte gesprochen wird, so hört man die gewöhnliche, ich möchte fast sagen allgemeine Abfertigung: „die Iren haben uns eine Menge Mährgen gegeben, und ihre ältere Geschichte ist so darein gehüllt, daß es sich nicht der Mühe verlohnt, Zeit damit zu verlieren.“ — Ich glaube, ich darf geradezu behaupten, daß diese fast allgemeine Sage einzig und allein auf Trägheit, Vorurtheil und Unwissenheit gegründet ist, und daß sie hauptsächlich von den Engländern herrührt. Die Völker des festen Landes von Europa kennen die Irische Geschichte wenig anders, als durch die Engländer, und diese sind in diesem Punkte, theils aus Vorurtheil, theils aus Unwissenheit, zu allen Zeiten sehr ungerecht gegen die Iren gewesen. Um dieses zu zeigen, muß ich etwas über die vornehmsten Irischen Geschichtschreiber sagen.

In Keating und O' Flaherty findet man das mehreste beysammen, was sich über die Irische Geschichte auftreiben läßt. Beide, besonders der erstere, haben ohnstreitig eine Menge Mährgen aufgenommen. Allein anstatt diese Mährgen mit dem Ganzen zu verwerfen, hätten die Engländer untersuchen sollen, was wahr, und was falsch seyn möchte: und dieses konnten sie nicht, weil sie nicht Irisch verstunden, und folglich diejenigen Werke, die man noch hat, nicht

nicht untersuchen konnten. Diese Sprache ist schon längst aus dem Gebrauche gekommen; wenige Gelehrte verstehen das heutige Irische und noch wenigere, das alte. Viele Iren selbst also nahmen entweder blindlings alles an, oder verwarfen das Ganze, als alten Rost, aus dem sich nichts bringen ließe. Indessen fanden sich doch einige, die genauer untersuchten, und unter diesen nenne ich besonders den Sir James Ware, und den Dr. Raymond. Der letztere bewieß, schon eine geraume Zeit vor Vallancey, daß die Irische Sprache die Celtische sey, und daß sie sich auf dieser Insel reiner erhalten habe, als in irgend einem Lande der Welt. O Connor, der auch in unserm Jahrhunderte lebte, behandelte die Irische Geschichte mit einem forschenden Geiste, und verbreitete Licht über eine Menge Dinge, die vorher dunkel gewesen waren. Am meisten aber that Vallancey durch seine Irisch-Celtische Grammatik. — Lassen Sie mich nun auf die Zeugnisse, die man hat, kommen!

Daß die Iren, selbst in den ältesten Zeiten, ihre Geschichte niederschrieben, daran ist nicht zu zweifeln, wenn man nicht alles über den Haufen werfen will, worauf sich alle alte Geschichte überhaupt gründet. Die Iren hatten nicht nur ihre hieroglyphischen Zeichen, welche blos von den Druiden gebraucht wurden, sondern sie hatten

ten auch ihre eigenen Buchstaben *) lange vorher, ehe sie von St. Patrick die Romanischen, oder Lateinischen lernten. Spencer ist der Meinung, daß die Iren ihre Buchstaben von einer Spanischen Colonie hatten, und beweißt zugleich aus dem Strabo, daß die Spanier frühzeitig die Phönizischen Buchstaben gebrauchten. Er ist mit sich selbst nicht vollkommen über die Sache entschieden, doch sagt er, so viel sey gewiß, daß Irland den Gebrauch der Buchstaben sehr frühzeitig, und viel eher als England hatte. Sie schrieben auf Tafeln von Buchenholz mit einem eisernen Griffel, und die Buchstaben selbst hiessen, wie O'Flaherty sagt, Feadha, d. h. Sylvae, Hölzer. — Die hieroglyphische Art zu schreiben selbst hieß Ogham, welches ein Phönizisches oder Alt-Celtisches Wort ist und die Elemente der Wissenschaften bedeutet. Es ist bekannt, daß Minerva, die Göttin der Weisheit, bey den Aegyptern Ogga hieß. Euphorion **) sagt ohne weiteres „Ogka oder Minerva nach den

Phö-

*) Siehe auf der Tafel Fig. 1.

**) Euphorion in Steph. Byzant. Ὄγκα ἡ Ἀθήνη κατὰ Φοίνικας.

Phöniziern; und Hesychius braucht die nämlichen Worte Ogga, Minerva bey den Thebanern *). Bannier in seiner Mythologie führt an, daß Ogga die älteste Benennung für Minerva sey. Alles dies dünkt mich sehr klar; aber es ist noch weit auffallender, daß das Irische Wort oighe einen Kämpfer, einen Helden oder Ritter bedeutet, und zugleich auch einen Weberstuhl, so daß in diesem einzigen Worte zwey Stände begriffen sind, von denen Minerva die Vorsteherin war. Lucian sagt, daß die Gallier den Herkules, Ogmion, nannten **) daß er sich über diesen Beynamen verwunderte, und daß ein gelehrter Druide ihm sagte, daß Herkules, bey den Galliern, nicht, wie bey den Griechen, körperliche Stärke bedeutete, sondern Stärke in Beredsamkeit. Dies zeigt offenbar, was Bryant sehr weitläuftig bewiesen hat, daß man die Etymologie der Griechischen Gottheiten und ihrer Eigenschaften nicht in der Griechischen Sprache, sondern in einer weit ältern suchen muß, und diese ältere ist, mit einem allgemeinen Namen, die Celtische. — Das Irische Ogham war von drey-

*) 'ογγα, 'αθηνη ἐν Θήβαις.

**) Τὸν ἡρακλέα οἱ Κελτοὶ 'Ογμιον ὀνομάζουσι φωνῇ τῇ 'επιχωρίῳ.

dreyerley Art, wovon die dritte auch den Barden zu gebrauchen erlaubt war. Dr. Sullivan, ein Lehrer an der Dubliner Universität, hatte ein Buch in dieser Schreibart, aus welchem das Alphabet gezogen ist, das ich Ihnen hier beylege *). Auch findet sich unter den Manuscripten der Dubliner Universität eins, welches das Buch von Ballymote heißt, und in welchem man eine Menge Beyspiele von Ogham - Buchstaben oder Zeichen findet. Auch steht in diesem Werke folgende auffallende Stelle. „Fiacra, Sohn des Eacha Meymedon, wurde tödelich verwundet in der Caonry-Schlacht, in der er die Momonians besiegte. Als er nach Hymacuas in Meath zurückkam, starb er an seinen Wunden; man errichtete ihm sein Leacht, und auf sein Grab wurde sein Ogham - Name geschrieben.“ Diese Schlacht wurde im Jahr Christi 380. geliefert.

Diese hieroglyphische Art zu schreiben, ist mehreren alten Völkern, von Celtischer Abstammung, eigen gewesen, denn, ausser dem Irischen Ogham hat man auch ein Runisches und ein Brittisches, wiewohl letzteres nicht ganz erwiesen ist. Die Britten haben keine Ueberbleib-

 sel

*) Siehe die Tafel Fig. 1. und ein andres Beyspiel von Ogham Schrift Fig. 2.

sel davon; Hearne gibt zwar eins aus einem alten Manuscripte, allein es lassen sich Einwendungen dagegen machen. — Daß es in Irland eine Menge Denkmäler in dieser Ogham Schrift gab, daran wird Niemand zweifeln, der sich die Mühe nimmt, nur ein wenig Untersuchung anzustellen. St. Patrick allein ließ ihrer 180. verbrennen, weil er sie nicht verstund und sich einbildete, daß sie sich auf das Heidenthum, oder die alte Landes-Religion bezögen, und also der Ausbreitung der christlichen Lehre schädlich wären.

Daß die ältesten Völker der Erde auf Holz schrieben, wissen wir alle. Horaz sagt in seiner Dichtkunst „Gesetze in Holz schneiden" *) und der Prophet Esaias 30, 8. „So gehe nun hin, und schreibe es ihnen vor auf einer Tafel" **). Das Lateinische Wort liber bedeutet die innere Seite einer Baumrinde, und das Irische Wort leabar bedeutet glatt, und wird auch, so wie das Lateinische, liber, für ein Buch gebraucht.

Ausser dem Ogham hatten die Iren auch ihr gemeines Alphabet. Man hat eine Art von Grammatik, welche Uraiccact na Neigeas heißt, oder,

*) Leges incidere ligno.

**) Nach der Vulgata: Scribe super buxum.

oder, nach unserer Art zu reden, das ABC. Buch der Barden, wovon Herr Vallancey und die Dubliner Universität Copien besitzen. Dieses Manuscript enthält allerhand merkwürdige Nachrichten über die Irische Sprache, und soll von Forchern geschrieben worden seyn, der unter M' Nessa lebte, welcher 3937. auf den Irischen Thron kam. Man findet auch darinnen das alte Irische Alphabet, welches von dem neuern ganz unterschieden ist, das in Irland eingeführt wurde, seitdem das Land das Christenthum angenommen.

Die Manuscripte, die Macpherbiss noch im siebzehnten Jahrhundert besaß, und die Keating und O' Flaherty noch gesehen und zum Theil benutzt haben, hab ich schon oben angeführt. Auch gibt es noch, wie mich Herr Vallancey versichert hat, verschiedene andere Manuscripte in Privatsammlungen, die sehr ächt, und zum Theil noch nie gebraucht worden seyn sollen — Die merkwürdigsten bekannten Irischen Urkunden sind ohnstreitig die, die im fünften Jahrhunderte zusammen getragen wurden. Im Jahre 455. kehrte St. Patrick wieder nach Leinster zurück, nachdem er sieben Jahre in Munster das Christenthum gelehrt hatte. Sein Ansehen war nunmehro sehr groß; die Fürsten betrachteten ihn als einen geschickten Mann, liessen ihn in ihren Staatsversammlungen sitzen, und bezeigten große Achtung gegen seinen Rath. Auf seinen Rath soll es geschehen seyn, daß Logary II. die Häupter, die Geschichtschreiber und die Antiquarien des Königreichs zusammen berief, um ihre öffentliche Urkunden zu untersuchen und von ihren Verbindungen mit der heidnischen Religion zu reinigen. Man brachte alle alte Urkunden zusammen, und neun Männer wurden niedergesetzt, sie in Ordnung zu bringen. Das Werk wurde vor die Versammlung gelegt, gebilligt, und in den Archiven unter dem Namen „das große oder tiefe Alterthum" niedergelegt. Man machte von diesem Werke eine große Menge Copien, die man der Sorgfalt der Bischöffe übergab und in den Kirchen niederlegte. Der Menge dieser Copien hat man es vermuthlich zuzuschreiben, daß ein Theil derselben den Verwüstungen der Dänen und Engländer entgangen sind, und daß man noch heutzutage in Bibliotheken und Kabinettern davon hat, als „das Buch von Ardmagh" — „den Psalter von Cashel" — „das Buch von Glendaloch" — „Lebhar Gabala" und verschiedene andere, die Keating anführt." — Auch berief Logary die große Nationalversammlung zu Tara, wovon ich Ihnen weiter oben geschrieben habe, und ließ die Verbesserungen, nach dem Gebrauch seiner Vorfahren, in den königlichen Psalter eintragen.

Selbst

Selbst in den unbeschreiblichen Zerstörungen der Dänen, die alles vor sich her verbrannten, Zerstörungen, von denen die Geschichte keines Landes ein Beyspiel hat, findet man, daß es immer einige Männer gab, die die Urkunden ihres Landes zu retten suchten, und daß manche in unbewohnte Striche und Höhlen mit ihren Büchern flohen. Auch im zehnten Jahrhunderte, unter dem Monarchen Brian, finden wir einen Umstand, den ich nicht übergehen darf. Er sah die Barbarey, in die Irland, während der Dänischen Kriege, zurück gefallen war, und suchte die Wissenschaften wieder herzustellen. Die Geistlichen und Mönche hatten ihre Kirchen und Klöster verlassen, nachdem die Dänen ihnen alle Einkünfte genommen hatten. Viele wurden umgebracht, und andere verließen das Land. Die Gelehrten gingen Schaarenweise auf das feste Land, wo sie bey Carolus Calvus Schutz und Hülfe fanden. (Hier ist zugleich auch die Ursache, warum die Wissenschaften, die vom fünften Jahrhundert an in Irland blüheten, auf einmal verbannt waren) Brian stellte einige Schulen und Klöster wieder her, errichtete Anstalten für Erziehung und Erlernung der Wissenschaften, und setzte den Gelehrten Besoldungen aus. Was aber hauptsächlich hierher gehört, ist, daß er den Adel, die Bischöffe und Gelehrten nach Cashel berief, und die Irische Geschichte von der Zeit an, wo man aufgehört hatte, sie zu schreiben, nachholen und in den Psalter von Cashel eintragen ließ. Dies zeigt offenbar, daß nicht alles verloren gegangen war. Alle Anwesende unterzeichneten den fortgesetzten Psalter von Cashel, alle Provinzialkönige erhielten Copien, und es wurde festgesetzt, daß nichts für wahre Geschichte zu halten sey, als was durch diese Revision gegangen war. Allein auch von diesem Werke ist vieles in den unglücklichen Englischen Kriegen und barbarischen Zerstörungen verloren gegangen.

Ein anderes Werk, dessen Ansehen sehr hoch steht, ist das sogenannte „Buch der Rechte von Munster.“ Es enthält unter andern verschiedene historische Nachrichten und die Einkünfte der Könige von Munster. Binen, St. Patricks Nachfolger im Sitze zu Armagh, fing dieses Werk zuerst an; ich kann aber nicht sagen, wer die sind, die es fortgesetzt haben.

So viel also läßt sich sagen, daß so weit zurück, als bis auf St. Patrik, man einigen Irischen Urkunden nachspüren kann, und daß wirklich aus dieser Zeit noch einiges existirt. Aber man kann sich freilich leicht vorstellen, daß diese Werke nie Gelehrte gefunden haben, die sie mit der kritischen Sorgfalt behandelt hätten, die man auf die Manuscripte der Lateinischen und Griechi-

schen

schen Schriftsteller gewandt hat. Man kann sich leicht vorstellen, daß diese Werke allmählig verfälscht, ergänzt, vielleicht auch wohl gar zum Theil abgeändert worden seyn mögen. Allein auch das, was man noch hat, ist nie allgemein benutzt und bekannt gemacht worden. Darüber werden Sie sich wohl nicht wundern, daß, aller Sorgfalt ungeachtet, die die Iren zu allen Zeiten für ihre Geschichte trugen, so wenig authentisches heutzutage übrig ist! Bedenken Sie die unglücklichen bürgerlichen Kriege, die die Iren ohne Unterlaß mit einander führten; die Zerstörung, ja ich möchte sagen die völlige Umkehrung der Insel durch die Dänen, die, mehr oder weniger, 200 Jahre lang darinnen wüteten; die Verwüstungen, die die Engländer von Heinrich II. an bis auf Wilhelm III. angerichtet; die Grausamkeiten eines Olivier Cromwells, der, wohin er ging, alle Kirchen und Klöster verbrannte, von denen ich noch jezt unzählige Trümmer gesehen habe: — nehmen Sie dies zusammen, und Sie werden sich wundern, daß noch irgend etwas übrig ist.

Ich gehe nun weiter hinaus in frühere Zeiten zurück! — Daß man schon vor St. Patrick alte schriftliche Nachrichten hatte, ist klar, weil sie auf seinen Rath zusammen gebracht wurden. Auf was sie geschrieben waren, hab ich nirgends finden können; daß man vor St. Patricks Zeiten, den Gebrauch, auf Pergament zu schreiben, nicht kannte, räumt der Ire O' Connor ein. Eben so wenig läßt sich mit Gewißheit sagen, ob die Urkunden, die man zu St. Patricks Zeiten hatte, die nämlichen waren, die unter der Aufsicht der National-Versammlungen zu Tara verfertigt worden seyn sollen, von deren ersten Stiftung, unter Ollam Fodla, die Irischen Schriftsteller so viel und so ausführlich erzählen? Mancher Ire wird gerade mit Ja antworten. Ich habe nicht genug Kenntniß von der Sache um eine Meinung zu wagen, sondern will nun in die ältesten Zeiten der Irischen Geschichte zurückgehen, und Ihnen überhaupt mittheilen, was ich darüber entweder gefunden oder gedacht habe.

Daß wir mündliche Tradition nicht ganz verwerfen können, ist eine ausgemachte Sache, denn sonst müßten wir die ganze, mehr als tausend Jahre lange Geschichte der Erzväter, von Adam an, schlechterdings verwerfen. Moses mag, wie die Herren Michaelis, Schlözer und andere vermuthen, schriftliche Nachrichten vor sich gehabt haben, aber weit hinaus gingen sie gewiß nicht. Zudem ist ein Volk, das den Gebrauch der Buchstaben nicht kennt, weit aufmerksamer und sorgfältiger mit der mündlichen Tradition." — — Aber die Iren hatten frühzeitig

tig den Gebrauch der Buchstaben von den Phönl- ziern oder Carthaginensern, deren Sprache sie redeten, und von denen sie des Handels wegen besucht wurden?" Das mag seyn; ich will es jezt an seinen Ort gestellt seyn lassen, und annehmen, daß das Land Jahrhunderte bewohnt wurde, ehe es den Gebrauch der Buchstaben kannte. Folgt daraus, daß die älteste Geschichte desselben gänzlich zu verweisen sey? Freilich ist es abgeschmackt, von Noah's Nichte, vor der Sündfluth, zu reden; aber die weisern Iren halten sich auch dabey nicht auf. Worauf sie vorzüglich bestehen, ist die Geschichte ihrer Milesier, und, daß das Land, als diese kamen, schon eine geraume Zeit lang bewohnt war. Kein Land trug so viele Sorge für seine Geschichte wie dieses, und die Barden waren die Geschichtschreiber von Profession. Da die Bardenschaft, wenn ich so sagen darf, erblich war, so war es desto leichter, die mündliche Tradition, im Falle sie anfangs nicht schreiben konnten, vom Vater auf den Sohn zu erhalten. Diese historischen Nachrichten waren anfangs in Versen, und dies stimmt vollkommen mit der Geschichte der ältesten Völker überein. Es ist bekannt, daß die Griechen lange Zeit keine andere Geschichte hatten, als in Versen. Pherecydes, der der erste gewesen seyn soll, der in Prose schrieb, kann nicht viel eher, als hundert Jahre nach Homer gelebt

gelebt haben. In der Bibel finden wir häufig, daß die Thaten der Krieger vom Volke gesungen werden. Tacitus sagt von den alten Deutschen, daß sie keine andere Nachrichten von sich hatten, als in Versen. Von den Cureten, welche die Weisen und Philosophen der Titanen waren, wird erzählt, daß sie ihre Genealogien, ihre Kriege, und kurz alle merkwürdige Thaten in Gedichten erhielten, die sie auswendig wußten, und die sie dem Orpheus und Sanchuniaton mittheilten, welche beyde aus diesen Nachrichten schöpften. Daß alle Dichter dieser Art die Geschichten mit Mährgen von ihrer eigenen Erfindung auspußten, ist nicht nur natürlich zu erwarten, sondern wir wissen es auch mit ziemlicher Gewißheit. Indessen lagen doch allemal Thatsachen zum Grunde, wie es Herr Bryant von der Griechischen Götterlehre erwiesen hat: und die Irischen Barden hatten vor andern das Besondere, daß sie ausserordentlich sorgfältig in der Erhaltung ihrer Geschlechtsregister und der königlichen Thronfolge waren. Die Irische Geschichte gibt hiervon Beyspiele in Menge, und man findet diese Sorgfalt der Barden selbst in den unruhigsten Zeiten und blutigsten Kriegen. Die nachfolgenden Schriftsteller wurden dadurch in den Stand gesetzt, in ihren Berechnungen ziemlich genau zu seyn. So erhielten die Barden die Genealogie der Milesischen Linie mit sehr wenigen, oder gar

keinen

feinen Fehlern. Man hat die ganze Reihe von mehr als vierzig Heremonischen Königen, (d. h. von Heremon, dem ersten Milesischen Könige) in einer Ordnung, die, wenn sie erdichtet ist, mir ein weit größeres Werk zu seyn scheint, als es ist, wenn ich es ganz für Wahrheit nehme. Die Chronologen haben diese Genealogien mit der Länge der Regierungen der vorhergehenden Monarchen verglichen, und man hat gefunden, daß die Jahre, die heraus kommen, ganz ausserordentlich mit dem Laufe der Natur übereinstimmen. Auf diesen Grund haben die Iren ihre technische Chronologie gebaut, und O'Flaherty behauptet, daß diese Chronologie die genaueste ist, die wir von irgend einem Volke der Welt haben.

Jenner.

Ausser dem, was ich in den vorigen Briefen gesagt habe, gibt es noch verschiedene Dinge, aus denen das Alterthum eines Landes — wenn nicht mit Gewißheit bewiesen — wenigstens auf einen hohen Grad von Wahrscheinlichkeit gebracht werden kann. Die Religion der ersten Einwohner, einige Ueberbleibsel von Alterthum, die man hin und wieder sieht, und gewisse alte Gebräuche, die sich bis in die neuern Zeiten erhalten haben — sind insgesamt Dinge, die die Aufmerksamkeit des Forschers verdienen.

Die

Die Religion der ersten Iren war, nach den ältesten Nachrichten der Barden, die Religion der jüdischen Erzväter. Sie verehrten ein höchstes Wesen und nur eins, nicht in Tempeln, sondern in Haynen; sie glaubten einen Zustand nach dem Tode, Belohnungen und Strafen; brachten ihrer Gottheit Opfer, und hielten ihr zu Ehren gewisse Festtage. Der ganze Gottesdienst war höchst einfach. Die Druiden waren ihre Priester, und zugleich das, was bey den alten Orientalischen Völkern die sogenannten Weisen waren. Die Irischen Druiden behielten auch in den spätern Zeiten sehr viel von ihrer Simplicität, machten dem Volke weniger Blendwerke, als die Gallischen und andere, und hatten daher auch nicht jenes hohe Ansehen und den starken Einfluß auf die Regierung des Landes, den sich die Druiden anderer Länder zu erwerben wußten.

Die Nachricht, die die Irischen Barden von der Religion ihrer Urväter geben, erhält ein großes Gewicht durch gewisse Altäre und Säulen, die denen, welche Moses zur Zeit der Erzväter beschreibt, überaus ähnlich sind. Es gab deren in Irland eine große Menge, und selbst jezt sieht man noch einige Ueberbleibsel davon. Es sind Altäre von rohen, ungehauenen Steinen, deren Form und Stellung vermuthen läßt, daß sie zum Opfern gebraucht wurden. Im zweyten Buche Mosis ist eine Stelle, wo ausdrücklich verboten wird, Altäre von zugehauenen Steinen zu errichten. In einer kleinen Entfernung von diesen Altären hat man häufig steinerne Säulen, oder Säulen von Steinen zusammen gesetzt, gefunden, die man mit denen vergleicht, deren in der Schrift Meldung geschieht, als die Säule Jakobs, und Rahels und Absalom's Pfeiler.

Daß diese alte Religion sich nicht in ihrer ursprünglichen Reinigkeit erhielt, ist, was man von der menschlichen Natur und aus allgemeiner Erfahrung erwarten muß. Ich habe irgendwo gefunden, daß hundert Jahre nach dem Einfalle der Milesier die Religion verfälscht worden sey, und daß man den Bel, oder Beal, oder Belus (alle diese Worte sind, nebst Baal, die nämlichen) angebetet habe. Allein Vallancey spricht die Iren von allem Götzendienste frey, sagt, daß St. Patrick und die andern Lehrer des Christenthums ihnen dieses nie zur Last gelegt, und daß man nie in den Sümpfen oder sonst wo einen Götzen gefunden, ob man schon unzählige, den Druiden gehörige Dinge ausgegraben hat; daß sie einen einzigen Gott, den sie Toit oder Thoit nannten, unter der Gestalt des Feuers Bel, oder Beal anbeteten, und überdies die Sonne und das himmlische Heer verehrten. Sie unterschieden

die

die Sonne von Bel, durch welches letzte sie also vermuthlich das ursprüngliche oder elementarische Feuer verstunden. Herr Bryant hat weitläuftig bewiesen, daß der Feuerdienst der ursprüngliche Gottesdienst fast aller alten asiatischen Völker, und besonders der Perser, war, und daß verschiedene Griechische Gottheiten ihren Ursprung aus Asien hatten, und, so sehr auch ihre Namen abgeändert worden waren, doch im Grunde das Feuer bedeuteten. Wäre nun Irland von den Gallischen oder Brittischen Celten bevölkert worden, so würden diese den Götzendienst eingeführt haben, den sie selbst sehr frühzeitig hatten, wenigstens früher, als in der Zeit, in der sie Colonien ausschickten.

Es ist schon oft bedauert worden, daß wir so wenig von den Carthaginensern wissen, welche ohnstreitig eins der wichtigsten und aufgeklärtesten Völker des Alterthums waren. Was die Barbarey der Römer übrig ließ, zerstörten in der Folge die Saracenen. Wir kennen sie also blos durch ihre Feinde, die Römer und Griechen. Bey diesen *) finden wir einige Nachricht von der Religion und den Göttern der Carthaginenser; allein

*) Unter diesen sind besonders Herodot. Polyb. Liv. Quint. Curt. Africus Eusebius. Pausan.

allein diese Schriftsteller haben die Namen ihrer eigenen Götter oft darzu gesetzt, wodurch die Sache etwas undeutlich wird.

Die vornehmste Gottheit der Carthaginenser war Baal, Beal, Bel, die Sonne, und man brachte ihr Menschenopfer. Die Iren verehrten ebenfalls die Sonne, und brachten ihr gleichfalls Menschenopfer. Die Carthaginenser setzten in der Folge Thiere an die Stelle der Menschen, und das thaten die Iren auch. Sie nennen den Monat May noch heutzutage Mi Beal teinne, d. h. der Monat des Feuers des Beal, und den ersten May la Beal teinne, d. h. der Tag von Beals Feuer. Man brannte grosse Feuer auf den Gipfeln der Hügel; und eine Menge Irischer Hügel heissen noch heutzutage Cnoc greine, d. h. Hügel der Sonne. — Die Carthaginenser hatten kein Bild von Beal; die Iren auch nicht. Ich habe schon erinnert, daß Vallancey die Iren von allem Götzendienste freyspricht, ob mir schon dieses nicht ganz klar ist, wenn ich es gegen verschiedene andre Nachrichten halte, die ich habe. So viel ist gewiß, daß man nie einen Götzen gefunden hat, und daß weder St. Patrick noch seine Nachfolger den Iren Götzendienst vorwerfen. — Den ersten May trieben die Druiden alles Vieh durchs Feuer, um es für Krankheit für ein Jahr lang zu bewahren. In Munster und Connought befolgt das Landvolk noch diese Stunde den alten Gebrauch, und mit dem nämlichen Aberglauben. — Das Alt-Irische Wort für Jahr ist Bealaine, d. h. der Zirkel der Sonne. — Baal-samhain war ein anderer Name, den die Carthaginenser ihrem Beal gaben. Beal-samhain heißt in der Irischen Sprache, Beal, der Sonnen-Planet; denn an ist ein Planet, und sam ist der gemeine Name für die Sonne.

Chronus. — Chron ist im Irischen Zeit und Chronog ein Creis, d. h. der Creis der Sonne. — Herkules war der Schutzgott von Tyrus und Carthago; sein Carthaginensischer Name war Archles; aichill bedeutet im Irischen stark. Der nächste dem Herkules war Iol-aus, welcher so genannt wurde, weil er in einem hohen Alter wieder jung ward. Iol im Irischen ist ändern, verwandeln, und aos ist Alter; als Iol-aos.

Aesculapius, oder Aisculapius hatte seinen Tempel auf einem hohen Felsen, wo er seine Wunderkuren verrichtete, und woher er seinen Namen hatte. Das Irische Wort aisci bedeutet heilen, und scealp ein Felsen. — Servius nennt ihn auch Poeni-gena, weil er von einem Carthaginensischem Weibe gebohren war; Poeni-geine ist auf Irisch der Nachkomme einer Carthaginensischen Person.

Tellus

Tellus war ebenfalls eine Carthaginensische Gottheit, die Irischen Worte für Erde sind tallur, talla, talamh, — Seyphas soll der Neptunus der Carthaginenser gewesen seyn. Das Irische Wort nimh bedeutet eine Gottheit, und ton die Seewellen, seif aber oder seib ist ein Schiff.

Die Alten bildeten den Merkur bisweilen mit einem Hundskopf ab. Im Irischen ist mer thätig, cu ein Windhund und ri laufend. — Ioh-Pater (Jupiter) wird für den Vater aller Früchte gehalten. Das Irische ioh ist die Frucht eines Thieres, einer Pflanze oder eines Baums, p'athair ist der Hauptvater. — Äolus. Das Irische gaoth bedeutet Wind, und eolus Wissenschaft. — Phiditia oder Fidites waren öffentliche Feiertage zu Carthago, an denen die Alten die Jungen unterrichteten. Das Irische fidir, fithir und feathair bedeutet Lehrer, und fiadhaithe ist sagen, erzählen, lehren. — Die höchste Obrigkeit zu Carthago hieß Soffites. Das Irische sofar ist mächtig, gewaltig, der Plural sofaraith. Das Irische so-fithee aber bedeutet höchst fähig zu lehren oder zu leiten.

Vallancey vergleicht auf diese Art noch eine Menge Namen anderer Gottheiten mit dem Irischen, allein diese Probe mag genug seyn.

Auch die Steinhaufen, deren man noch viele auf der Insel sieht, und die nun mehrentheils verwachsen sind, werden als ein Beweis des hohen Alterthums angegeben. Ich mag keine Meinung darüber wagen: da aber viel davon geschrieben und gesprochen worden, so werden Sie vermuthlich etwas darüber erwarten. Einige dieser Steinhaufen sind sehr groß, andere klein, und sie sollen Begräbnisse seyn, einem alten Gebrauche zu Folge, von dem Sie im Buche Josua Nachricht finden. Im Buche der Richter wird gesagt, daß man Achans Körper mit einem grossen Steinhaufen bedeckte *). Absalom wurde in eine Grube gelegt, und mit einem großen Steinhaufen bedeckt. Kurz, es scheint, daß dieses die älteste und einfacheste Art war, den Verstorbenen ein Denkmal zu errichten. Andere sagen: die größern Steinhaufen, welche gewöhnlich einen Pfeiler nicht weit von sich haben, seyen bey gewissen feierlichen Opfern gebraucht worden, z. E. bey Bündnissen, Verträgen ꝛc. ꝛc. dergleichen zwischen Laban und Jakob errichtet wurden. Beide Arten von Steinhaufen müssen, wie die Irischen Antiquarien sagen, von andern Erhöhungen unterschieden werden, die sie tumuli nennen,

nen,

*) Virgil sagt: Monte sub hoc lapidum tegitur Balista sepultus.

ken, und deren man noch hin und wieder einige sieht. In der Grafschaft Tipperary, in Süd-Irland, ist so ein tumulus, der nichts anders als ein kleiner runder Hügel, eine Art von Kegel ist, dem die Spitze fehlt, und dem man es ansieht, daß er durch Menschenhand gemacht ist. Diese tumuli sagt man, seyen für Personen von hohem Stande errichtet worden *). Aus dem Lucan sollte man vermuthen, daß sie für Könige waren **). Allein Plutarch sagt, als er vom Tode des Demaratus redet, daß er ein prächtiges Begräbniß hatte, indem Alexanders ganze Armee ihm ein Denkmal von Erde errichtete, achtzig Fuß hoch, und von einem ungeheuern Umfange. — Man hat diese tumuli bisweilen Dänische Hügel genannt; allein sie rühren zuverlässig nicht von den Dänen her, denn wo man auch nachgegraben hat, hat man Urnen unter diesen Erhöhungen gefunden. Der Gebrauch, die Todten zu verbrennen, hatte schon lange, ehe die Dänen Irland anfielen, aufgehört. —

*) Z. E. nach der Stelle:

—— —— fuit ingens monte sub alto
Regis Dercenni terreno ex aggere bustum.

**) Et Regum cineres extructo monte quiescunt.

Herodot sagt von den Scythen, daß sie, für die Begräbnisse ihrer Könige, Berge von Erde aufwarfen, so hoch sie nur konnten. Genug hiervon! Machen Sie daraus, was Sie können.

Von dem Irischen Klaggeschrey, bey den Begräbnissen, welches gewiß auch ein uralter Gebrauch ist, hab ich Ihnen schon sonst geschrieben.

Ich überlasse es ganz Ihrem Urtheil, lieber Freund, auszumachen, wie weit das, was ich bis hierher gesagt, die Geschichte von Irland bestätigt, von der ich Ihnen einen Abriß gegeben habe.

Ehe ich zu einer andern Art von Untersuchung fortgehe, will ich noch etwas hinzusetzen, was einige Beziehung auf das vorhergehende hat.

Vallancey glaubt, Irland sey das alte Thule, weil es die erste der Britischen Inseln ist, auf die die Carthaginenser stossen mußten, wenn sie vom Cap Finisterre Nordwärts seegelten. Er meynt, es sey die Insel, von der Aristoteles sagt: daß die Carthaginenser über den Säulen des Herkules hinaus eine gefunden haben, die fruchtbar war, ausserordentlich viel Waldungen und eine Menge schiffbarer Flüsse u. s. w. hatte, einige Tagereisen vom festen Lande. Der Umstand der vielen Wälder und Flüsse läßt sich

auf

auf keine Insel des Atlantischen Meeres anwenden, die einige Tagereisen vom festen Lande liegt. — Man hat viel über Thule gestritten, aber darinnen sind alle einig, daß es gegen Norden lag, und dieß ist in Rücksicht auf die alten Völker, die aus dem mittelländischen Meere kamen, und dann vom Cap St. Vincent Irland gerade gegen Norden hatten. — Ich will die bekannte Stelle im Diodor von Sicilien hier nicht betreiben, wo von einer Insel die Rede ist, deren Beschreibung man sehr wohl auf Irland anwenden kann; die Einwohner verehrten den Apollo, (denken Sie an Beal) waren sehr geschickt in der Astronomie, und brachten den Mond durch Gläser näher. — Daß die Iren sehr frühzeitig in Glas arbeiteten, ist daraus bekannt, weil das Glas bey ihnen so allgemein war, daß sie ganze Häuser vergläserten. Daß sie Kenntniß von der Astronomie hatten, sieht man aus dem, was Vallancey über den alten Irischen Kalender geschrieben hat. Er zeigt, daß sie in ihrer Sprache eine Menge astronomischer Worte hätten, lange ehe St. Patrick die lateinische Sprache, und mit ihr lateinische oder griechische Technologie einführte. — Doch diese Stelle ist auf zehn andre Inseln angewendet worden. Was mir weit mehr auffällt, ist folgender Umstand. Die Worte Thual und Thuathal sind wirklich Irische Worte, und also vermuthlich auch Punische; und was mehr ist, sie bedeuten die linke Hand und Mitternacht, so wie im Hebräischen, wo die linke Hand auch den Norden bedeutet, weil die Juden sich gegen Morgen kehrten, wenn sie beteten. Der nördliche Theil von Munster wird in alten Irischen Manuscripten Thuathal-Mhumhan, oder Thuath-Mhumhan genennt, und Nord-Irland hat noch heutzutage den Namen Thual in Coige Thualle, welches die Provinz Ulster ist.

Sir Robert Sibbauld sagt: „Obschon Irland das erste Thule ist, das die Carthaginenser entdeckten, so ist es doch nicht das Thule, in welchem die Römer waren: denn die Römer sind nie in unser sogenanntes Irland gekommen. Die Horesli, setzt er hinzu, d. i. die Schottischen Hochländer wurden Hiberni genannt, weil sie eine Irische Colonie waren. Allein Strabo sagt, daß die, die das Brittische Jerne gesehen hätten, nichts von Thule sagten. Dieß sucht nun Vallancey so zu vereinigen, daß er annimmt, daß die Phönizier von Cadix aus um ganz Irland und Grosbritannien herum segelten, nachdem sie Irland, welches ihnen das erste und nächste war, hatten kennen lernen. Daß die Phönizier auf der östlichen Küste von England waren, ist so ziemlich aus einem Altare klar, den Dr. Todd vor zwanzig Jahren auf der östlichen Küste von

Essex

Essex fand. Der Altar war mit Ochsenköpfen, Guirlanden und Opfer-Instrumenten geziert, und hatte die Aufschrift, die ich Ihnen genau abmale *). Hier ist der Tyrische Herkules deutlich zu lesen. Daß die Phönizier ihre eigenen Buchstaben aufgaben, und die sogenannten Griechischen hatten, so wie die Carthaginenser nach dem ersten Punischen Kriege die Römischen hatten, braucht keiner Erinnerung. Der Doktor meynt, Erkelens in Gelderland, Hertland in Cornwall sey Herculis castra, und von Herculis castra komme Hercul-ceaster, wie es die Sachsen nannten, welches nun durch Zusammenziehung Col-chester in Essex ist. Ließe sich nun nicht mit weit mehr Wahrscheinlichkeit vermuthen, daß das westliche Vorgebirge Herchill gleichfalls ein Promontorium Herculis der Phönizier sey? — Erinnern Sie sich des Punischen Namens für Herkules.

Jenner.

Ich komme nunmehro auf eine ganz andere Art von Untersuchungen, die sich hauptsächlich auf Etymologie und Sprachkenntniß gründet, und worinnen ich einzig und allein dem Herrn Vallancey folgen werde.

*) Siehe auf der Tafel Fig. 4.

Ich weiß, was man gegen die Etymologie überhaupt, und mit Recht sagt. Sie ist ein litterarischer Auswuchs, führt selbst den Gelehrtesten oft irre, und setzt den Weisesten bisweilen dem Gelächter aus. Und doch ist sie und kann sie in gewissen Dingen die einzige Leiterin seyn. Wenn ich alles zusammen nehme, was ich über eine Menge Irische Worte gelesen und gehört habe, so scheint es, daß in Irland fast jede Stadt, jede Strecke Landes, ja, fast jeder Hügel seine Benennung von irgend einer Begebenheit des Ortes, von irgend einer Geschichte oder Eigenschaft des Bodens hat; von irgend einer besondern Kraft des Wassers, oder Eigenschaft der Luft, von irgend einem Zufalle auf der Oberfläche, oder Mineral im Innern der Erde: kurz, daß jede Benennung eine kurze Geschichte enthält, oder eine Merkwürdigkeit der Natur, der Kunst, oder der Geschichte anzeigt. Vallancey hat hiervon eine Menge Beyspiele in seinen Schriften angegeben. Auch ist es eine bekannte Sache, daß die Benennungen, die die ältesten Völker der Erde den Dingen gaben, allemal eine Bedeutung hatten, die sich auf die Sache bezog. Dies war der Fall in Griechenland, und muß der Fall mit jedem Lande seyn, in welchem sich die ursprüngliche Sprache, so wie in Irland, rein erhalten hat. Herr Bryant hat in seinem großen Werke eine Menge Untersuchungen dieser Art angestellt,

hat

hat vielen Wörtern bis auf ihren Ursprung nachgespürt, und die erste Wurzel mit ihrer ursprünglichen Bedeutung — nicht in der Griechischen oder Lateinischen Sprache — sondern unter den ältesten Asiatischen Völkern gezeigt.

Ich muß erinnern, daß wenn ich hier von der Irischen Sprache rede, nicht die verdorbene Sprache gemeint ist, die das gemeine Landvolk gegenwärtig spricht, (eine Sprache, die erst seit 700 Jahren nach und nach entstanden ist), sondern die Alt-Irische, in der man schrieb, und in der alle Manuscripte, die man noch hat, abgefaßt sind.

Diese alte Irische Sprache ist nun keine andere, als die Celtische, die sich auf dieser Insel in ihrer Reinigkeit erhalten hat, weil die alten Iren sich nie mit einem andern Volke vermischten. Je mehr Vallancey diese Sprache studierte, je mehr fand er, daß sie jene alte Celtische sey, die die mehresten Alt-Asiatischen Völker redeten, und von der die Sprache der Phönizier und Carthaginenser ein Zweig, oder fast die nämliche war. Er nahm nunmehr die Punischen Stellen vor, die wir noch im Plautus haben, und fand, daß die Sprache fast ganz mit der Irischen übereinstimmte.

Die Sache ist zu merkwürdig und die Gleichheit zu auffallend, als daß ich Ihnen nicht die Stelle aus „dem Versuch über das Alter der Irischen Sprache" abschreiben sollte. Vallancey gibt den Text aus sieben verschiedenen Ausgaben des Plautus, weil hin und wieder die Lesarten sehr verschieden sind. Ich nehme die von Gronov 1665. Sie können sie mit der Ernestischen vergleichen.

Act. V. Sc. I. Hanno loquitur Punice

Y Thalonim, vualonuth si chorathisima comsyth
Chym lachchunyth munys tyalmycthibari imischi
Lipho canet hyth bymithii ad oedin bynuthii.
Byrnarob syllo homalonim uby misyrthoho
Bythlym mothym noctothii nelechanti dasmachon
Yssidele brim tyfel yth chylys chon, tem, liphul
Uth bynim ysdibut thinno cuth nu Agorastocles
Y the manet ihy chyrsae lycoch sith naso
Byuni id chyl lubili gubylim lasibit thim.
Bodyalit herayn nyn nuys lym moncoth lusim
Exanolim volanus succuratim misti atticum esse
Concubitum a bello cutius beant lalacant chona enus es
Hujec silec panesse athidamascon alem indubitate felono buthume
Celtum comucro lueni, at enim avoso uber bent hyach Aristoclem

Et

Et te se aneche nasöctelia elicds alemus duberter
mi comps vespiti
Aodeanse lictor bodes jussum limnimcolus.

Diese Rede übersetzt Vallancey so ins Irische, indem er zugleich das Punische, durch Abtheilung der Worte berichtigt.

Plautus.

Yth al o nim ua lonuth sicorathissi me comsych *)
Chim lach chunyth mum ys tyal mychthi barii im schi.

Irisch.

Iaich all o nimh uath! lonnaithe! socruidhse me com sith
Chimi lach chuinigh! muini is toil, miocht beiridh iar mo Scith.

auf

*) Man hat ein merkwürdiges Irisches Gedicht, das im dreyzehnten Jahrhunderte geschrieben worden ist, und das sich auf die nämliche Art anfängt: Athair chuidh cholmsidh neimne etc. etc.

auf Deutsch *).

Allmächtige, sehr gefürchtete Gottheit dieses Landes! besänftige mein unruhiges Gemüth, (O du) Die Stütze schwacher Gefangenen **)! Da ich nun durch Ermüdung erschöpft bin, führe mich nach deinem Willen zu meinen Kindern.

* Plautus.

Lipho can ethyth by mithii ad aedan binuthil
Byr nar ob Syllo homal o nim! ubymis isyrthoho

Irisch.

Liombtha can ati bi mitche ad aedan beannaithe,
Bior nar ob Siladh umhal; o nimh! ibhim a frotha!

Deutsch.

*) Herr Vallancey übersetzt sein Irisch ins Englische, und aus diesem übersetze ich ins Deutsche, so wörtlich als möglich, und beobachte, so viel ich kann, die Ordnung, in der die Worte auf einander folgen.

**) Durch die Gefangenen meynt er seine Töchter!

Deutsch.

O laß mein Gebet vollkommen annehmlich seyn
vor deinem Angesichte,
Eine unerschöpfliche Quelle für die Demüthigen;
O Gottheit! laß mich trinken aus seinen
Strömen.

Plautus.

Byth lym mo thym noctothil nel ech an ti daisc
machon
Ys i de lebrim thyfe lyth chy lys chon temlyph
ula.

Irisch.

Beith liom! mo thime noctaithe, niel ach an
ti daisic mac coinne
Is i de leabhraim tafach leith, chi lis con team-
pluibh ulla.

Deutsch.

Verlaß mich nicht! mein ernstes Verlangen
ist nun bekannt, welches ist, meine Töchter
wieder zu bekommen
Dies war meine heisse Bitte, als ich ihr Unglück in deinen heiligen Tempeln beklagte.

Plau-

Plautus.

Uth bynim ys diburt bynn ocuthnu Agorastocles
Y the man eth ihychirsae lycoth sith nasa.

Irisch.

Uch bin nim! is de beart inn a ocomhnuithe agorastocles
Itche mana ith a chithirsi; leicceath sith nosa.

Deutsch.

O gütige Gottheit! Man sagt, hier wohne Agorastocles
Sollte mein Ersuchen gerecht scheinen, so laß meine Unruhen hier aufhören.

Plautus.

Buini id chillu ili guby lim la si bithim
Bo dyalyther aynnyn nuysli mono cheil us im.

Irisch.

Buaine na iad cheile ile: gabh liom' an la so bithim'!
Bo dileachtach nionath n' isle, mon cothoil us im.

Deutsch.

Laß sie nicht länger verborgen seyn; O daß ich heute meine Töchter finden möchte,
Sie

Sie werden Vaterlos seyn, und den ärgsten Männern eine Beute; woferne es nicht dein Wohlgefallen ist, daß ich sie wieder finde.

Plautus.

Ec anolim uo lanus succur ratim misti atticum esse
Con cubitu mabel lo cutin bean tla la cant chona enuses

Irisch.

Eco all o nim uath lonnaithe! socair-ratai mit-che aiticimse
Con cuibet meabail le euta bean, tlait le caint con inisi

Aber schaue herab auf mich, mächtige und fürchterliche Gottheit! Erfülle die Bitte die ich dir vortrage.
Ohne weibische Verstellung oder Wuth, mit der äussersten Demuth hab ich meine unglückliche Lage vorgetragen.

Plautus.

Huic esi lec pan esse, athi dm ae con alem in dubart felo no buth une

Celt uma co ma cro lueni! atenl mauo fuber r
benthyach Agorafloclem.

Irisch.

Huch! caisi leice pian eise athl dam, as con
eilim in dubart felo
Celt uaim c'a mocro luani! athini me an fubha
ar beanuath Agorastocles.

Oh! die Vernachläßigung dieses Ersuchens wird mir Tod seyn! laß mich kein verborgenes
Unheil ausfinden
Verbirg nicht vor mir die Kinder meiner Lenden! und verleihe mir dein Wohlgefallen, Agorastocles wieder zu finden.

Plautus.

Et te se aneche na socfelia ell cos alem as du-
bert ar mi comps
Vespeis Aod eanec lic tor bo desiusum lim nim
co lus.

Irisch.

Ece te so a Neach na soichle uile cos aillm as
dubairt; ar me compais
Is bidis Aodh eineac lic Tor, ba desfughim le
mo nimh eo lus.

Sieh

Siehe, o Gottheit! dies sind die einzigen Freuden, um die ich bitte
Habe Mitleiden mit mir
Und ich will dankbare Feuer auf steinernen Thürmen zum Himmel auflodern lassen.

Auf diese Art behandelt Herr Vallancey auch die andere Scene im Plautus, und die Aehnlichkeit der beiden Sprachen ist nicht weniger auffallend. Wenn Sie das Punische, womit Vallancey seine Uebersetzung vergleicht, gegen irgend eine Ausgabe des Plautus halten, so werden Sie finden, daß es mit keiner ganz übereinstimmt. Er hatte eine Menge Ausgaben vor sich, und wählte die Leseart, die ihm am besten schien. Uebrigens hat man sich über die ausserordentliche Verschiedenheit der Lesearten dieser Stelle nicht zu verwundern, da vermuthlich keiner der Abschreiber in den Manuscripten sie verstund. — Vallancey vergleicht noch überdies jedes Wort seiner Uebersetzung besonders genommen, mit dem Englischen, analysirt und gibt für die Alt-Irischen Worte, deren er sich bedient, eine Autorität an, worinne er sich oft auf O' Brians Wörterbuch beruft.

In seiner Grammatick redet er oft von der großen Aehnlichkeit die das Alt-Irische mit dem Ebräischen hat. Die nämliche Aehnlichkeit muß

 sich

sich folglich auch zwischen dem Ebräischen und dieser Punischen Stelle des Plautus befinden. Und dies ist gerade was schon andere, lange vor Vallancey, ausgefunden haben. Schon Gronov hat versucht, diese Plautinische Stelle ins Ebräische zu übersetzen, wie Sie in seiner Ausgabe des Plautus finden werden, wo Sie das Ebräische vergleichen können. Auch Bochart in seinem Phaleg Cap. 2. hat die ersten 10 Verse dieser Stelle ins Ebräische übersetzt, nicht aber die folgenden 6. weil er sie nicht für Punisch, sondern für Lybisch hält: eine Sprache, die vermuthlich selbst von der Punischen, Phönizischen und Celtischen nicht weiter verschieden war, als durch einen verschiedenen Dialekt.

Vallancey sagt, daß er nie unternommen haben würde, die Punische Stelle im Pönulus ins Irische zu übersetzen, wenn es der einzige Rest wäre, den wir von dieser Sprache haben, weil er in diesem Falle die Stelle nicht sowohl als eine Punische, sondern als die Fehler und Irrthümer der Abschreiber der verschiedenen Manuscripte betrachtet haben würde. Allein man hat verschiedene andere Spuren der Punischen Sprache, und sie stimmen alle mit der Irischen ausserordentlich überein. Die Sache ist nicht neu; allein ich glaube, sie ist wenig bekannt.

Ein

Ein Professor der Universität Giessen, May, schrieb 1718. eine Abhandlung *), worinnen er zeigt, daß die Sprache der Malteser sehr viel Alt-Punisches hat. Ein Maltesischer Jesuit hatte den Professor darauf geleitet, allein verschiedene andere hatten die Sache schon vorher bemerkt. Andrew Theuet in seiner Cosmographie sagt, daß die Malteser zu allen Zeiten die Afrikanische Sprache erhalten hätten, nicht die, welche heutzutage die Mauren reden, sondern den Dialekt, den die Carthaginenser hatten, und ein Beweis hiervon ist, daß die Malteser verschiedene Verse des Plautus in den Punischen Stellen verstehen.

Quintus Hoeduus ist noch bestimmter über die Sache; denn in einem Briefe, der von Malta den 20 Jan. 1533. datirt ist, sagt er, daß diese Insel ihre Sprache von den Carthaginensern bekam, denen sie ehemals gehörte; daß sie sich so wenig geändert hat, daß die Malteser die Punischen Stellen des Plautus und viele andere Worte dieser Art verstehen; daß man auch noch jezt Punische Inscriptionen hat ꝛc. ꝛc. **). Endlich

*) Mali Specimen linguae Pun. in hod. Melit.

**) Nostra haec insula est milibus LX mari satis periculoso a Sicilia distincta, Africam verlich schrieb Agius de Solandis eine Abhandlung von der Punischen Sprache der Maltesern *), an welche er ein kleines Verzeichnis von Maltesischen Worten hängt. Aus diesem nimmt Vallancey etwan 150 Worte, und vergleicht sie mit eben so viel Irischen.

Jenner.

Das Celtische, sagt Vallancey, war die Sprache fast aller Alt-Asiatischen Völker! Da nun die Celten, unter mancherley Benennungen den

versos, Punicae quondam ditionis, *quae et ipsa adhuc Afrorum lingua utitur*; et nonnullae etiamnum Punicis litteris inscriptae stellae lapideae extant, figura et appositis quibusdam punctulis, prope accedunt ad Hebraeas. Atque ut scias, *aut nihil aut minimum differe a vetere*, quod nunc habet idioma Hannonis cuiusdam Poeni apud Plautum, Avicennae huiusque similium punica verba plurima intelligunt Melitenses, tam etsi sermo is sit, qui litteris latinis exprimi bene non potest, multo minus ore aliquo enunciari, nisi suae gentis. Eiusdem quoque sunt linguae verba illa in Evangelio *Eloi epsta Cumi*.

*) Della lingua Punica presentemente usitata de Maltesi.

den größten Theil von Europa bevölkert haben, so mussen ohngefähr alle Europäische Sprachen von dieser abstammen, und die Wurzeln von vielen Lateinischen und Griechischen Worten muß man in ihr suchen. Alle Sprachen haben sich, seit ihrem Ursprunge, unendlich abgeändert, nur das Alt-Irische ist, aus oben angegebenen Ursachen, so ziemlich geblieben wie es die ersten Bewohner dieser Insel redeten.

Vallancey hat für die Irische Sprache jene Zuneigung, die uns allen für das eigen ist, worauf wir einen besondern Fleis gewandt haben. Ihm ist die Irische Sprache für den Gelehrten, für den Geschichtschreiber, für den Antiquar von äusserster Wichtigkeit. Er beruft sich auf die Zeugnisse eines Baron von Leibnitz *), Boulets und Lhwyd, die alle das Studium der Irischen Sprache empfehlen, als den reinsten Dialekt der Celtischen, und als den besten Weg, in dieser zu einiger Kenntnis zu kommen. Lhwyd (auch Lloyd, Lhuyd, Lhoyd) ein gelehrter Antiquar des sechzehnten Jahrhunderts, aus Wallis gebür-

*) Leibnitzens Worte sind: Postremo ad perficiendam vel certe valde promovendam litteraturam Celticam, diligentius linguae Hibernicae studium adjungendum censeo etc. etc. Coll. Etymol.

gebürtig, sagt: die Franzosen, die Spanier, die Italiener verstehen ihre eigene Sprache nur unvollkommen, wenn sie es nicht in der Irischen zu einem Grad von Vollkommenheit gebracht haben, denn die Wurzeln oder Stammwörter dieser Sprache lassen sich nicht anders ausfinden, als durch die Irische.

Vallancey läßt in der Irischen Sprache nicht mehr als zwey Dialekte zu, den bearla Pheni, und den Gnath. Der Phenische (Phönizische) Dialekt war, gleich der Sprache der Mandarinen bey den Chinesern, blos den Gelehrten bekannt, und alle Bücher der Rechtsgelehrsamkeit wurden in diesem Dialekte geschrieben. Der Gnath ist der gemeine Dialekt. Der Phenische Dialekt ist in den Irischen Schriften in seiner ganzen Reinigkeit erhalten; Vallancey nennt ihn die Irisch-Celtische Sprache, und von dieser liefert er eine Grammatick, nicht von der Sprache, die das Landvolk heutzutage redet. Er hält sie „für den Schlüssel zur Geschichte aller Europäi„schen Völker, die man gleich großen Flüssen, „nie vollkommen kennen lernt, wenn man ihnen „nicht bis an ihre Quelle nachspührt. Sie ist „frey von allem, was eine barbarische Sprache „ankündigt; sie ist reich, melodisch und bestimmt. „Sie hat so viel Aehnlichkeit mit der Punischen, „daß man gewissermaßen sagen kann, daß sie „die

„die Sprache eines Hannibal, eines Hamilcar, „eines Asdrubal war. Sie ist die Wurzel der „alten Sprache der Italiener, aus der die soge„nannte lingua prisca entstund, welche die Mut„ter aller Sprachen war, die die alten Italier „redeten. Aus ihr muß man das Latein der „zwölf Tafeln, und in der Folge die Römische „oder lateinische Sprache herleiten. Kurz in „ihrer ursprünglichen Reinigkeit war sie die „Sprache von ganz Europa, und eines großen „Theiles von Asien und Afrika.“

Die Vergleichung, die er zwischen einigen Worten aus den zwölf Tafeln und den Irischen anstellt, ist auffallend. Im Dionyß von Halicarnaß (Sylburgs Ausgabe) findet sich folgendes Verzeichnis von Worten aus den zwölf Tafeln, zu denen Vallancey das Irische setzt:

Etruscisch der 12. Tafeln.	Lateinisch.	Irisch.
ecfert —	est efferendum	echfeart, tragen, bringen.
endencito —	i ndicito —.	andachta, ausrufen, im Rath beschließen, proclamiren.
encommitiato	ito in comitium	an coimhthionol, versammeln, (aktivisch.)
ollus —	unerklärt	oll, ein Leichnam, (cadaver).

Wenn man die Irische Sprache nach der Verwandschaft beurtheilen wollte, die sie mit fast allen Sprachen der bekannten Welt hat, so möchte man beinahe mit Boullet den Schluß machen, daß das alte Celtische die primitive Sprache, wenigstens ein Abkömmling von sehr naher Verwandschaft war. Die Irisch-Celtische hat eine große Verwandschaft mit der Ebräischen, Persischen und andern Oestlichen Sprachen, besonders mit der Arabischen und Alt-Persischen. Aber was noch weit mehr auffällt, ist die ausserordentliche Aehnlichkeit die sie mit den Dialekten hat, die auf dem festen Lande von Nordamerika gesprochen werden.

Es ist schon längst von vielen Reisebeschreibern angemerkt worden, daß es in Nordamerika einen Dialekt gibt, mit dem man sich fast überall verständlich machen kann. Endlich erschien des Baron la Hontan Reise nach Nordamerika (1703.) worinnen der Verfasser versichert, daß die Algonkin-Sprache die Hauptsprache sey, und daß sie von allen Indischen Völkern, zwey ausgenommen, verstanden werde. Die Algonkins geben sich für den ältesten und edelsten Stamm des festen Landes von Nordamerika aus. Die Irischen Worte algan cine bedeuten einen edeln Stamm; und die Worte all gain cine bedeuten die berühmteste Nation. Diese letzten Worte vergleicht Vallancey mit drey Phönizischen, die das nämliche bedeuten al gand gins.

Der

Der Baron hat ein kleines Wörterbuch der Algongin-Sprache gegeben, zu welchen Vallancey die Irischen Worte setzt. Ich will nur einige wenige ausziehen:

Algonkin.	—	—	Irisch.
kak eli	— Alles	—	each uile.
na blush	— es ist des Han.	—	na bi fiu se ma
malatei	deins nicht werth.		larta
ta koucim	— komm hierher.	—	tar chuigim
okima	— ein mächtiger Kämpfer	—	oigh-mache, od. oigh-magh.
inis	— eine Insel	—	inis.
bogo	— sanft, gelinde	—	bog.
ga	— eine Lüge	—	gai.
ilca	— Wasser	—	uisce, welches iske ausgesprochen wird.

Nun kann man zwar sagen: es sey nicht schwer, zwischen allen Sprachen der Welt Aehnlichkeit auszufinden, wenn man etliche einzelne Worte mit einander vergleicht! Der Einwurf ist richtig. Wenn man aber von einer Sprache nur wenig Worte kennt — und Hontans Wörterbuch ist nicht sehr zahlreich — und unter diesen wenig Worten sich nicht nur eine große Aehnlichkeit der Figur findet, sondern auch, daß die-

se

se Worte die nämliche Bedeutung haben — da ist der Umstand in der That auffallend. Auch ist folgender Umstand merkwürdig. Vallancey übersetzt das Wort oki ma (ein mächtiger Kämpfer) durch zwey Irische Worte, wovon das erste oigh-macht, einen mächtigen Kämpfer, das andere oigh-magh einen Kämpfer in der Ebene bedeutet. Nun bedeutet das Alt-Gallische Wort Macht das nämliche als unser deutsches Macht, (vid. Pontanus) und im neuern Irisch ist das entsprechende Wort co-macht. —— Hierdurch will nun Vallancey keinesweges zu verstehen geben, daß Amerika vielleicht von den Iren bevölkert worden sey, wohl aber von den Phöniziern, oder Carthaginensern, oder, was mir wahrscheinlicher ist, aus dem Nord-Oestlichen Asien, durch ein Volk, das die Celtische Sprache redete. Vielleicht auf alle drey Arten.

Vallancey untersucht die Sprache verschiedener Völker in Siberien, und zeigt, durch eine weitläuftige Vergleichung mit dem Irischen, nicht nur, daß sie alle Celtischen Ursprungs waren, sondern daß diese Sprache sich auch bis auf unsere Zeiten auf der Nördlichen Küste von Asien erhalten hat, vom Flusse Oby an bis nach Kamtschatka. Hierzu kommt noch die Stelle des Plinius VI, 13. welche Vallancey so versteht: „daß das Vorgebirge Oby, welches an der Mün-

dung

dung des Flusses Oby ist, vor Alters promontorium Celticae litarmis carambucis lucis genannt wurde; und daß man auf der andern Seite das Cap Finisterre ebenfalls promontorium Celticum nannte: so daß die Celten von einem Ende der alten Welt bis ans andere reichten." — Ephorus, vor Alexanders Zeiten sagt: daß das Celtenland von ungeheurem Umfange sey.

Aus den auf Befehl der Englischen Admiralität vor kurzem erschienenen Reisen der Hauptleute Cook, Clerke und Gore sieht man, daß es gar nicht schwer ist, selbst in Booten aus Asien nach Amerika überzusetzen. In dem Meere, welches Kamtschatka von Amerika trennt, sahe man an verschiedenen Orten das feste Land der beiden Welttheile. Omiah, der Otaheite fand Partheien seiner Landsleute auf Inseln, die viel weiter von Otaheite sind, als die Nord-Oestliche Küste Asiens von Amerika.

Auf diese Art nimmt Vallancey verschiedene Reisebeschreibungen vor, deren Verfasser ein kleines Wörterbuch der Landessprache gegeben haben. Aus Dr. Shaw's Reisen durch Afrika zieht er eine Menge Showiah Worte aus (so heißt die Sprache der Kabyles) und vergleicht sie mit eben so vielen Irischen. Auch führt er das Zeugniß des Achmet Ben Ali an, eines Gelehrten aus

aus Tunis, der um das Jahr 1780. zu Dublin lebte. Dieser sagt, daß er häufig mit den Showiah zu thun gehabt habe; daß seine Landsleute dieses Volk für Celten hielten, und sie deswegen Kelti nenneten. — Auch mit der Shilhensischen Sprache, welche ebenfalls eine Afrikanische ist, vergleicht er mehr als hundert Irische gleichbedeutende Worte. — — Die nämliche Vergleichung stellt er mit verschiedenen Sprachen der Asiatischen Barbaren an, als z. E. der Tongusen, Kalmucken rc. und zeigt oft aus dem Irischen, daß die Bedeutung des Namens der Nation selbst, den Celtischen Ursprung angibt.

Das Vater Unser und den Christlichen Glauben vergleicht er in alten Ersischen, oder Celtischen Dialekten, als alt und neu Wallisisch, Cantabricisch, Cornish, Armorish, eigentlich sogenanntem Ersisch (Schottisch) Isländisch, Norwegisch, Mansisch (Insel Man) und Irisch.

Unter allen Sprachen, die mit der Irischen gleichen Ursprungs zu seyn scheinen, hat keine so viel Aehnlichkeit mit ihr, als die Waldensische. Ich meyne hier nicht die Lyoner Waldenser, die von Petrus Waldus ihren Namen haben, sondern die in den Piemontesischen Alpen, die lange vorher, ehe Petrus Waldus existirte, Waldenser hiesen. Man hat ganze dicke Bücher über dieses

kleine

kleine Volk geschrieben, und die gemeine Meinung läuft dahinaus, daß sie Celtischen Ursprungs, und zwar ein Rest der Cimbrer sind, welche Marius schlug *). Es sey mit dem letztern Umstande, wie ihm wolle, ihre Sprache ist gewiß Celtisch, und ist der Aufmerksamkeit des Herrn Court de Gebelin nicht entgangen. Daß in den Alpen noch viele Ueberbleibsel der Celtischen Sprache sind, haben auch andre schon längst bemerkt, besonders Bochart, welcher dies in dem sogenannten Patois fand, das man hin und wieder in der Schweiz redet. Ich hab Ihnen schon sonst aus der französischen Schweiz geschrieben, daß das dortige Patois weder Deutsch, noch Französisch, noch Italienisch ist, sondern eine eigene Sprache zu seyn scheint, die eine besondere Stärke und Kürze hat.

In einem Werke, worinnen das Vater Unser in mehr als hundert Sprachen steht, befindet sich auch das Waldensische; allein es ist dem Irischen so ausserordentlich ähnlich, daß ich fast glaube, es sey ein Irrthum damit vorgegangen; weil

*) In agro Veronensi qui a Turre confinium usque ad Rivoltellam habitant, reperiuntur duodecim millia ex Cimbrorum reliquiis, qui Semi germanica adhuc utuntur lingua, et in montibus versus septentrionem. etc. *Ughell. Ital.*

weil es mir unmöglich scheint, daß zwo Sprachen sich Jahrtausende lang so ganz unverändert erhalten haben sollten, als es mit der Irischen und Waldensischen der Fall seyn muß, wenn es mit diesem Vater Unser seine Richtigkeit hat.

Waldensisch.	Irisch.
Our narme ata air neambh	Air narm ata air neamh
Beanich a tanim,	Beanichear t'anim,
Ga diga do riogda,	Go Higea do rioghacda,
Ga denta da heill, air ealmhin	Go deantar do thoil, air talmhan,
Mar ta ar neambh	Mar ta ar neamh
Tabhar dhim aomiigh ar nasan limbhail	Tabheir dhùin aniogh ar naran laethhamhail.
Agus mai dhòine ar fiach amhail mear marmhid ar fiacha.	Agus maith dhòine ar fiach, amhail mar maithmhidne ar fiacha.
Na leig fin ambharibh	Na leig fin ambhuaribh,
Ach soarsa shin on olc,	Acht soarsa finn on olc.
Or sletsa rioghta, combta, agus, gloir ga sibhiri.	Oir is leatsa rioghachta, cumhachta agus gloir go'n siorraidhe.

Die ältesten Völker Italiens waren Celtischen Ursprungs, als die Sabiner, Etrurier, Umbri-

Umbrier, Osci *) rc. rc. Dionys von Halicarnaß sagt, daß die Lateinische Sprache weder Barbarisch (Celtisch) noch ganz Griechisch, sondern ein Gemische von beiden sey; daß die Umbrier, welche von Gallien abstammten, sich am Tiber niederliessen und den Namen Sabiner annahmen, und daß die Lacedämonier unter Lycurg, eine Colonie zu den Sabinern schickten, ohngefähr hundert Jahr vor der Erbauung von Rom. Hieraus liesse sich also die Celtische und Griechische Abstammung der Lateinischen Sprache erklären. Von der Oscischen haben wir noch verschiedene Worte, und diese vergleicht Vallancey mit Irischen, die in Figur und Sinne ihnen gleich sind.

Ich

*) Vmbrorum gens antiquissima Italiae existimatur. Plin. et Flor. Solinus sagt: Bochus (Carthaginiensis) absoluit Gallorum veterum propaginem Vmbros esse. —— Cato, Ammianus et Augustus in Sempron. sagen das nämliche. —— Im Dionys. Hal. edit. Reisk. T. I. pag 49. findet sich folgende Stelle: Πολλὰ δὲ καὶ ἄλλα τῆς Ἰταλίας χωρία ᾤκουν οἱ Ὀμβρικοὶ, καὶ ἦν τοῦτο τὸ ἔθνος ἐν τοῖς πάνυ μέγα τε καὶ ἀρχαῖον. τὸ μὲν οὖν κατ' ἀρχὰς ἐκράτουν οἱ Πελασγοὶ τῶν χωρίων, ἔνθα τὸ πρῶτον ἱδρύσαντο, καὶ πολισμάτια τῶν Ὀμβρικῶν κατελάβοντό τινα.

Ich würde viel zu weitläuftig werden, wenn ich Ihnen von allen diesen Vergleichungen auch nur einige wenige Beispiele geben wollte. Aber etwas kann ich nicht übergehen, weil die Mittheilung desselben auch Ihnen interessant seyn wird.

Da Vallancey beweißt, oder zu beweisen sucht, daß die Pelasger sowohl als die Italier, Celtischen Ursprungs sind, so müssen natürlich beide Sprachen eine Menge Worte haben, denen man noch jezt den Celtischen Ursprung ansehen kann, und die folglich den gleichbedeutenden Irischen Worten ähnlich seyn müssen. Er stellt diese Vergleichung mit nicht weniger als hundert und funfzig Griechischen und hundert Lateinischen an. Die Aehnlichkeit fiel mir nicht wenig auf; ich kam im Lesen auf den Einfall, die nämlichen Worte auch in andern Sprachen, die mir bekannt sind, zu versuchen, und ich fand, mit Erstaunen, daß viele in sieben Sprachen die nämlichen waren. Ich las' nun die Griechischen Worte noch einmal durch, und zog diejenigen aus, die ich in den mehresten andern Sprachen, die mir bekannt sind, fand. Ich that das nämliche hernach mit einigen Lateinischen Worten, und brachte beide in eine Tafel, die ich Ihnen hier beylege.

Griech.	Irisch.	Lat.	Engl.	Deutsch.	Franz.	Ital.
ἀήρ	aer	aer	air		air	aere
ἄγκυρα	ag-coir	anchora	anchor	anker	ancre	ancora
ἄργυρος	airgid	argentum			argent	argento
αὐλή	ala	aula	hall	Halle	Salle	Sala
βάρβαρος	borb	barbarus	barbarous	barbarisch	barbare	barbaro
βάκτρον	bacal	baculus			baton	baculo, bastone
βραχίων	brac	brachium			bras	braccio
βοῦς	bo	bos	beef (toht)		boeuf	bove
γάλα	gal	lac			lait	latte
γλία	gliu	gluten	glu		glu	
γένος	geine	generatio	generation		generation	generatione
ἔδω	idhradh	edo	eat	essen		
κύων	cu-cuan	canis			chien	cane
κάνναβις	maib	cannabis			chanvre	canapa

Griechisch.	Irisch.	Lateinisch.	Englisch.	Deutsch.	Franz.	Italienisch.
χεῖμας	— geim, geimra	— hyems	—	—	— hyver	—
καρδία	— croidhe	— cor	—	—	— coeur	— cuore
γεργυρα	— carcar	— carcer	—	—	—	—
κακοδαίμων	— caedeamhan.	In diesen Sprachen aufgenommen.				
καβάλλος	— caball	— caballus	—	—	— cheval	— cavallo
κοῖλον	— cel	— caelum	—	—	— Ciel	— cielo
κάμηλος	— cam-all	— camelus	— camel	— Kamel	— chameau	— cammello
κόκκυξ	— cuach	— cuculus	— cuckow	— Kuckuck	— coucou	— cuculo
δράκων	— drac	— draco	— dragon	— Drache	— dragon	— dragone
ὥρα	— u-air	— hora	— hour	—	— heure	— ora.
	— caile	— calx	— chalk	— Kalch	— chaux	— calce, calcina
	— canail	— canalis	— channel, canal	— Kanal	— canal	— canale
	— caise	— caseus	— cheese	— Kase	—	—
	— culiona	— culina	— kitchen	— Küche	— cuisine	— cucina
	— cuinin	— caniculus	—	— kaninchen	—	— coniglio
	— die (Licht)	— dies	— day	— Tag	—	—

Wenn Sie diese Tafel untersuchen, so werden Sie bemerken, daß wenn das Englische Wort fehlt, mehrentheils auch das Deutsche fehlt, und daß, in diesem Falle, das Wort in beiden Sprachen das nämliche ist, wie z. E. Winter und Winter, Heart und Herz ꝛc. ꝛc. — Ich könnte diese Tafel noch gar sehr vergrößern, allein ich habe mit Fleiß nur diejenigen Worte genommen, deren Aehnlichkeit sogleich in die Augen fällt. — Hätte ich Wörterbücher von Sprachen, die ich nicht verstehe, und also nicht vergleichen kann, ich bin gewiß, daß ich die mehresten Worte, die sich in dieser Tafel befinden, auch in einer großen Menge anderer Sprachen finden würde.

So viel ist klar, daß alle mögliche Sprachen von einer einzigen abstammen müssen. Diese einzige Sprache will ich die primitive nennen, d. h. diejenige, welche die ersten Menschen redeten, und mich unbekümmert lassen, ob sie wirklich die primitive war, oder ob sie durch die Zeit ansehnliche Veränderungen erlitten hatte. Von meiner primitiven Sprache also stammen alle andere ab, folglich müssen sie alle der primitiven verwandt seyn, d. h. viele Wurzeln aus derselben haben. Alle Sprachen haben sich durch die Revolutionen der Völker, durch ihre Wanderungen, Verfeinerungen ꝛc. ꝛc. mehr oder weniger

 abge-

abgeändert, ohne jedoch die erste Grundlage, auf die sie gebaut waren, ganz wegzuwerfen. Diejenige Sprache also, die mit allen übrigen die mehreste Aehnlichkeit hat, muß der primitiven am nächsten kommen. Diese Sprache soll nun die Celtische seyn, wie Vallancey durch die mühsamsten Vergleichungen zu erweisen suche. Daß aber die Irische der reinste Dialekt der Celtischen war, kann ein Jeder selbst sehen, der sich die Mühe nehmen will, das Irische Vater Unser, den christlichen Glauben ꝛc. ꝛc. mit dem Armorischen, Cornischen, Wallischen zu vergleichen. — Wenn aber die mehresten Sprachen unserer Erde Celtischen Ursprungs sind, so müssen die Länder selbst von den Celten bevölkert worden seyn. Und dies ist in der That die Meinung der allermehresten Gelehrten, die sich mit dem Ursprunge der Völker und mit den Alterthümern des Menschengeschlechts beschäftigt haben. Vallancey lehrt also hierinnen gar nichts Neues.

Jenner.

Erlauben Sie mir, daß ich Ihnen von der Bevölkerung durch die Celten einige der auffallendsten Zeugnisse, sowohl älterer als neuerer Schriftsteller vorlege.

Strabo sagt, daß die älteste Eintheilung der Welt aus nicht mehr als drey Theilen bestund. 1) Der mittlere Erdstrich war Griechenland,

land, Italien, Asien, nämlich das bekannte Asien. 2) Der mitternächtliche Strich Scythien, d. h. die Länder der Scythen. 3) Der mittägliche Aethiopien, worunter man Afrika verstund, nämlich den Theil von Afrika, der nicht zu Asien gerechnet wurde. — Als Gattungen der Scythen nennt er die Arimaspen, die Sarmaten, die Hyperboreer, die Sacae und die Massageten. Unter den sogenannten Hyperboreern aber begriff man die Spanier, Gallier, Germaner, Illyrier, Britten, welche alle man mit einem allgemeinen Namen Celtae, oder Celto-Scythae nannte. Alle diese redeten eine Sprache. Der Ausdruck Celto-Scythae schickt sich vielleicht besser für die Asiatischen Celten, die gegen Mitternacht wohnten; allein die geringe Kenntnis, die die Alten von der Geographie hatten, hat uns in mehr als eine Verwirrung gebracht. In seinem zweyten Buche sagt er: daß die alten Schriftsteller alle mitternächtliche Völker Scythen und Celto-Scythen nannten. Und im ersten Buche führt er an, daß diese nämlichen alten Schriftsteller auch den Namen Celten und Iberier, oder vielmehr Celti-berier und Celto-Scythen allen denen Völkern gaben, die in den Westlichen Theilen von Europa wohnten. In allem diesem ist eine offenbare Verwirrung; aber mich dünkt, daß gerade diese Verwirrung ein Beweis ist, daß durchaus vom nämlichen Volke die Rede war, und daß man ihm eine Menge Namen gab, weil man es überall fand, und weil Parthien desselben ohne Unterlaß herum wanderten. An einem andern Orte sagt dieser nämliche Geograph, daß die Griechen, vor seinen Zeiten, viele Worte von den benachbarten Barbaren in ihre Sprache aufgenommen hätten. Diese Barbaren aber waren keine andern, als die Celten. Daß Plinius der Celten an den beiden äussersten Enden der alten Welt gedenkt, hab ich schon angeführt; so wie die Stelle des Ephorus, welcher sagt, daß das Scythenland von ungeheurem Umfange sey.

Die Griechen, besonders die Attiker, besaßen einen lächerlichen Stolz und wollten lieber aus der Erde gewachsen seyn, oder ihren Ursprung einem Mährchen verdanken, als von Völkern abstammen, die sie Barbaren nannten. Sie waren unwissend über ihre Abstammung oder wollten sie nicht wissen. Allein ihre Götter zeigen ihre Abstammung genug: sie sind Celtisch. Cornutus, der Stoiker, sagt, daß die Griechen nicht nur die Namen, sondern auch die Eigenschaften vieler ihrer Gottheiten von den Celten borgten: Und hierinne liegt die Ursache, warum man die Etymologie aller dieser Namen in Asien suchen muß, wie Bryant gethan hat, da er denn fand, daß sie fast alle nichts als verschiedene Benennungen des

Feuers

Feuers waren. Diogenes Laertius sagt, daß die Celtische Philosophie die Mutter der Griechischen war.

Die Zeugnisse der Neuern können die Stärke der Alten nicht vermehren; Aber sie verdienen Aufmerksamkeit, wenn sie von Schriftstellern kommen, die sich mit diesem Theile der Alterthümer vorzüglich beschäftigt haben. — Der Franzose Pelloutier *) trägt unzählige Stellen zusammen, um zu beweisen, daß alle Europäische Völker Celtischen Ursprungs sind, besonders aber die Portugiesen, Spanier, Franzosen, Deutschen, Scandinavier, Russen, Ungarn, Brittische Inseln rc. Boullet **), der am wärmsten in der Sache ist, giebt sich in der nämlichen Sache sehr viele Mühe, und geht endlich so weit, daß er sagt: „Die Celtische Sprache ist vom höchsten Alter, da sie, wie ich bewiesen habe, nichts als ein Dialekt der primitiven ist." Casaubonus ***) sagt: „Die Griechen wohnten zuerst in Asien; daher kommen die Jonier, oder — wie Aeschylus sie nach Ebräischer

*) Pelloutier Histoire des Celtes.

**) Mémoires sur la langue Celt.

***) Casaub. de 4 ling. p. 14. Graeci in Asia habitarunt; inde Iones, vel ut Aeschylus vocat ebraice, Iavones in Europam trajecerunt.

scher Art nennt — die Javones (Japhets Nachkommen) welche aus Asien nach Griechenland übersetzten.“ Und weiter sagt er: daß die Syrische Sprache, die Arabische, Chaldäische, Punische rc. ja selbst die Griechische, wenn man sie genau untersuche, eine grosse Aehnlichkeit mit der Ebräischen habe. — Viele Gelehrte haben bemerkt, daß selbst das heutige Spanische eine Menge hebräischer Wurzeln hat, wovon sie die Ursache nicht erklären können. Alle diese Verwandtschaften lassen sich aber leicht erklären, so bald wir das hohe Alterthum der Celtischen Sprache annehmen, und einräumen, daß von ihr alle Europäischen und die mehresten Asiatischen abstammen.

Strahlenberg, der lange in Rußland und in der Tartarey lebte, und nachher eine Reisebeschreibung herausgab, hat über die Celten die nämliche Meynung, und sagt, daß sowohl die, die in Asien blieben, als die, welche nach Europa rc. giengen, verschiedene Namen bekamen, Namen, wie sie sich etwan am besten für ihre Umstände schickten. — Da er und Bochat *) gar sehr übereinstimmen, so will ich sie beyde zusammennehmen; und ihnen ihre Meynung geben. Call, kall, chall bedeutet in den morgenländischen

*) Mémoires crit. sur l'ancienne Suisse.

schen Sprachen „bleiben, zurückbleiben, eine bleibende stehende Wohnung haben; C. G. und K. wird in verschiedenen Sprachen verschiedentlich verwechselt, und so entstunden Kalli, Calli, Kaletá, Galatá. Da das Wort Kall oder Chall sich in so vielen Asiatischen Sprachen befindet, so sieht man, daß es eine gemeinschaftliche Wurzel ist. Die Kallmucken zum Exempel und die Moguln waren ehemals das nämliche Volk. Die Moguln giengen weiter gen Süden, und jene, welche blieben, hießen Kallmucken. Die Tungusi am Flusse Alden heißen noch heut zu Tage Keltalu. Diejenigen Völker, welche blieben, wo sie waren, hießen also Kelts, Keltá, Celti rc. zum Unterschiede derer, die sich weiter in Asien ausbreiteten. Da aber diese Kelts sich häufig vermehrten, so mußten sie fernere Colonien ausschicken, und diese Colonien nannten sie Gadeli oder Guithi. (Der Name der Iren ist Gadelians. Sie werden diesen Namen in einem Irischen Gedichte finden, das ich Ihnen schicken werde.) Guida aber bedeutet in den Asiatischen Sprachen „sich trennen, abgehen, verlassen; das Wort Gad bedeutet noch heut zu Tage in der Irischen Sprache einen Wanderer, und die letzte Sylbe li oder eli bedeutet in den Tartarischen Sprachen Volk. So nennen die Türken zum Exempel die Ungarn — Magiar-eli; die Siebenbürgen Erdel-eli, die Römer Uroum-eli. — Das Wort Celt sollte, wie

wie schon Leibnitz erinnert, Kelt ausgesprochen werden. Und von diesem Worte Kelt findet man wirklich noch Reste in Schotland und Irland. Die Fitschit Gwideline hießen sonst Keilst und Keilt; und es ist zu bemerken, daß das Wort Fitschit gemalt bedeutet. Also — gemalte Celten, picti, Picten.

Cäsar und Tacitus sagen, das Wort Celt bedeute einen Mann, der in Wäldern wohnt: und dies mochten beyde in der That sehr leicht glauben, da die Celten die Wälder besonders liebten, und die Druiden viel in den Wäldern zu thun hatten. Indessen ist es doch sonderbar, daß das Wort ceilt und geilt noch heut zu Tage in der Irischen Sprache wilde Leute bedeutet, die in Wäldern wohnen *).

Bey

*) Außer den angeführten Schriften, die fast alle hauptsächlich von den Celten handeln, giebt es noch verschiedene andere, die mit Ballancey ohngefähr die nämliche Meynung über dieses Volk haben. Die Wege, die einige einschlagen, sind verschieden; die Sache aber, worauf alle zugehen, ist die nämliche. — Lazius de Gentium migrationibus. — Hornius de Origine Gentis Americae. — Mede, ein Englischer Antiquar des 17ten Jahrhunderts. — Pezron, ein

Bey dieser ganzen Untersuchung über die Celten hab ich keineswegs die Iren aus dem Gesichte verloren! Im Gegentheile, alles hängt sehr wohl mit dem zusammen, was ich über die Irische Geschichte, Sprache, Gewohnheiten und Alterthümer geschrieben habe, wenn Sie folgende Sätze bedenken.

Unter allen Europäischen Völkern muß wohl dasjenige das älteste seyn, bey dem wir die größte Zahl von den Gewohnheiten, Gebräuchen, Sitten, Denkmälern ꝛc. finden, welche die ältesten Asiatischen Völker hatten und zum Theil noch haben.

Je mehr ein Volk von allen andern abgesondert ist, und je weniger es sich mit andern vermischt, je reiner muß es seine ursprüngliche Sprache, Religion, Sitten, Gebräuche ꝛc. erhalten.

Wenn man in einer Sprache Worte findet, die mit den gleichbedeutenden Worten einer andern Sprache eine große Aehnlichkeit der Figur haben, die beyden Völker aber, die diese Sprachen reden, nie in Verbindung gestanden sind (und dies ist der Fall

ein französischer Antiquar des 17ten Jahrhunderts. — Lluyd, ein Walliser. — Vater Lafitau. — Robertus Comtaeus Normannus.

Fall der Iren mit den Römern und vielen andern Völkern) so muß ich den Schluß machen, daß die Wurzeln dieser Worte in einer Sprache zu suchen sind, die für jene Sprachen die gemeinschaftliche Mutter war.

Wenn ich in allen Sprachen eine gewisse decidirte Verwandtschaft finde, so müssen sie alle nähere oder entferntere Abkömmlinge der nämlichen Mutter seyn, einige als Kinder, andere als Enkel, Urenkel rc.

Diejenige Sprache aber, die mit allen andern die größte Verwandniß hat — keine größere Verwandniß als irgend eine dieser Sprachen mit allen übrigen — diese Sprache muß der Mutter am nächsten, muß eine Tochter, muß eine primitive seyn — muß in gerader Linie von der abstammen, die man in Asien redete, ehe die Völker anfiengen, sich zu zerstreuen. Und

Das Volk, bey dem ich diese Sprache finde, muß — (nicht nur sie ziemlich rein erhalten haben, indem es sich mit andern wenig mischte; sondern auch —) in einem frühen Weltalter sich von dem ursprünglichen Stamme getrennt haben, und ausgewandert seyn.

Ich trete hierdurch der so genannten Babylonischen Sprachenverwirrung nicht im Geringsten zu nahe! Denn unter den verschiedenen Sprachen, die da entstunden, läßt sich nichts anders ver-

verstehen, als verschiedene Dialekte der primitiven Sprache, die man vor der allgemeinen Trennung und Völkerwanderung redete. Daß dieses wirklich so war, braucht keines Beweises. Abraham wußte sich auf seinen Reisen überall verständlich zu machen. Die nahe Verwandtschaft der Hebräischen und Chaldäischen Sprache ist allgemein bekannt. Die Phönizische war ein Dialekt der Hebräischen; und die Punische, welche im Grunde die Phönizische war, hatte so viel Aehnlichkeit mit der Hebräischen, daß diejenigen, die die Stellen im Plautus erklären wollten, sie in diese letztere übersetzten, wie Gronov und Bochart. Daß die Hebräische Sprache selbst, die wir haben, die Tochter oder ein Dialekt einer andern war, die man die primitive nennen könnte, und welche vermuthlich nie in geschriebenen Buchstaben existirt hat — darüber, glaub ich, sind die Orientalisten jezt so ziemlich einig. Ich habe Court de Gebelins Werk nicht hier, und besinne mich nicht genau, was seine Meynung über diesen Punkt ist.

Wenn Sie nun alles zusammennehmen, was ich über die Celten und über die Irische Sprache gesagt habe, so läßt sich folgendes mit ziemlicher Wahrscheinlichkeit vermuthen.

Daß Irland in einem sehr frühen Weltalter von einer oder mehrern Colonien der Asiatischen

Celten bevölkert wurde; (ob von PhönIziern, oder von einer andern Seite her, lasse ich an seinen Ort gestellt seyn.) Daß es nachher spätere Colonien dieser Celten oder Gadelians gab, die ursprünglich aus Africa kamen, (wie die Fomorians und andere, über welche fast alle Irische Geschichtschreiber nur eine Stimme haben) und die sich in Europa niederlassen wollten; und daß eine von diesen, da sie in Spanien nicht unterkommen konnte, nach Irland gieng. Diese letztere Colonie war vielleicht diejenige, die die Iren die Milesier nennen. Ob aber diese letzte Colonie vorher eine Zeit lang in Aegypten war; ob ihre Anführer Heber, Heremon rc. hießen; ob diese Prinzen Söhne des grossen Milesius waren, der um diese Zeit ein berühmter Mann in Osten gewesen zu seyn scheint —; oder ob die Iren, um ihre Nation desto herrlicher zu machen, den ganzen Anfang ihrer Milesischen Geschichte erdichtet haben — alles das überlasse ich Ihnen auszumachen. Die Sache selbst ist Ihnen und mir höchst gleichgültig; aber gestehen müssen Sie, daß die ganze Untersuchung auf eine Menge Dinge führt, die beydes interessant und dem Neugierigen angenehm sind!

Jenner.

Sollten Sie nun, lieber Freund, in den Untersuchungen über die Celten etwas Wahres gefunfunden haben, so werden Sie mit mir fragen: ob man diesen Celten nicht noch weiter zurück nachspüren kann? Und für die Beantwortung dieser Frage hat Pezron reichlich gesorgt. Aus diesem also, mit Vallancey's und einigen andern Zusätzen, geb ich das Uebrige, so kurz, als sich so etwas geben läßt. Erinnern Sie sich, daß Pezron ein ehrenwerther Mann war, und daß der größte Fehler, den seine Zeitgenossen an ihm fanden, der war, daß seine Welt ein wenig älter ist, als andere Leute nach ihren Ausrechnungen sie haben wollen.

Japhet's ältester Sohn war Gomer. Von ihm stammen die Gomerier; von diesen die Sacä, von den Sacä die Titanen, und diese letztern waren kein anderes Volk, als das, welches unter den Namen Kelts, Keltä, Celts, Celtä, Kalatä, Galatä, Kalli, Galli, Guithi, Gaideli, Gadelians und funfzig andern, die Welt füllet. — Unzählige Stellen der heiligen sowohl als Profanschriftsteller zeigen, daß es Japhets Nachkommen waren, die beynahe die ganze Erde bevölkerten. Ich glaube, dieser Satz läßt keinen Zweifel übrig.

In der Mosaischen Geschichte finden wir, daß bis auf die Sprachenverwirrung die damals bewohnte Welt nur eine Sprache hatte. Nun-

 mehro

mehro aber verliessen die Menschen das Land Sinear oder Babylon und zerstreuten sich mit grosser Schnelligkeit in alle Theile der Erde. Die Häupter der Familien oder Stämme fiengen nun an, eben so viele Nationen zu formiren. Die Kinder Sem's zum Exempel, die in der Bibel Elam, Assur, Arphachad, Aram ꝛc. heissen, waren vor der Sprachenverwirrung weiter nichts als Familien, nun aber wurde jede dieser Familien eine Nation. Von Elam kamen die Elamiten, von Assur die Assyrer ꝛc. Dem Japhet werden im 1sten Buche Mosis X. 2. ꝛc. sieben Söhne gegeben, wovon Gomer der älteste war. Magog, der zweyte, wird als der Stammvater der Völker der grossen Tartarey betrachtet; Madai, der dritte, als der Vater der Meder, wie wir häufig in den Propheten finden. Gomer, der älteste, war gewiß auch der Stifter eines Volkes, und dies kann kein anderer als die Gomerier seyn, von denen, wie Josephus sagt, die Celten abstammten. Die Celtische Sprache war also anfangs die Sprache der Gomerier in Asien, die in den Gegenden wohnten, die man nachher Hircania und Bactriana nannte. Wenn sie aber Gomers Sprache war, so mußte sie aus den Zeiten der Sprachenverwirrung herstammen. — Die Gomerier, welche in Margiana wohnten, hatten allerhand Streitigkeiten unter einander, und ein Theil derselben wurde von den andern vertrieben,

gieng

gieng über die Gebirge, die diesem Lande gegen Süden liegen, und kam in eine Gegend, die ihnen neu und fremd war. Diese Vertriebenen wurden in der Folge Parther genannt, und von diesen stammen die Völker in Carmania, und vielleicht auch die Perser zum Theil ab. Herodotus und Strabo brauchen die Worte Carmanier, und Germanier, (beyde Worte bedeuten in der Celtischen Sprache kriegerische Leute) die im Grunde Gomerischen Ursprungs waren. „Und daher, sagt Vallancey, kommt die große Aehnlichkeit der Irischen mit der Persischen Sprache."

Die Gomerier bekamen in der Folge den Namen Sacä, und vermehrten sich so sehr in Oberasien, daß verschiedene Colonien ausgeschickt wurden, wovon ein Theil sich in Großarmenien niederließ. Hier entstand Seastena, das heißt das Land der Sacä. Es kamen aber auch viele Chaldäer in die Armenischen Gebirge. Mit diesen mischten sich die Sacä: und hier war es, daß sie jene Künste lernten, aus denen der Aberglaube von Zauberey, Wahrsagen, Auguration, Beschwören, und kurz, das ganze Heer der schwarzen Künste entstand, für welche die Sacä so berühmt waren.

(Erinnern Sie sich hier, daß ich Ihnen in meinem Abrisse der alten Irischen Geschichte von einer Colonie schrieb, die aus den Gegenden des schwarzen Meeres nach Dännemark und Norwegen wanderte, und von da nach Irland übergieng; daß sie große Hexenmeister waren, ihrer schwarzen Künste wegen sich in Dännemark und Norwegen ein großes Ansehen erworben hatten, und daß sie es waren, die den Stein des Verhängnisses hatten, den man nun in der Westmünsterabtey zeigt.)

Die Perser und Carmanier (oder Germanier) hatten häufige Colonien aus Oberasien von einem Volke erhalten, das man Daes, Dad, Dai hieß. Diese Daes waren selbst Gomerier, und hießen in der Folge, da sie nach Europa giengen, Dacier. Von diesen Daciern und den Phrygiern stammten die Teutones ab.

Diejenigen Sacä, die sich in Armenien niedergelassen hatten, wanderten häufig nach Cappadocien und nicht lange nachher nach Oberphrygien, unter ihrem Anführer Acmon und dessen Bruder Doas, der vermuthlich sein Augur oder Zauberer war. Alle diese wandernden Colonien aber stammten, sowohl als die Phrygier, von dem nämlichen Gomer ab, von dem die Gomerischen Sacä am schwarzen Meere stammten; denn der Urvater der Phrygier war Ascenas, der in der Schrift als Gomers ältester Sohn genannt ist. Die Gomerischen Sacä waren die Voraltern der

Cel-

Celten, und die Phrygier die Voraltern der Teutoner oder Germanier; folglich haben diese letztern und die Celten den nämlichen Ursprung, nämlich von Gomer. Und hierinne liegt die Ursache, warum die Celten und die alten Germanier so viel Aehnlichkeit in ihren Sitten, Gewohnheiten rc. hatten.

Nachdem die Sacă eine Weile in Phrygien gelebt hatten, änderten sie, unter der Regierung des Uranus, Sohne des Acmon, ihren Namen, und nennten sich Titanen. Titan aber oder Tition ist in der Irischen Sprache eine der Benennungen der Sonne, und Bart=tithion bedeutet „geboren, oder abstammend von Titan, oder der Sonne," und ist zugleich die Wurzel für das Wort Parthian. — Dieser Umstand stimmt vollkommen mit der Götterlehre der Griechen überein, welche nicht nur ihren Apollo — Titan nannten, sondern auch von den Titanen erzählten, daß sie Söhne der Sonne seyen. — Der Name der Titanen wurde unter der Regierung des Saturnus und seines Sohnes Jupiter berühmt, unter welchem sie sich bis nach Griechenland, Sicilien, Italien, Gallien und Spanien ausbreiteten. Die Griechen also, das heißt, diejenigen, welche vor Hellenus und Deucalion herüber kamen, waren ursprünglich Titanen. Die ältesten Völker Italiens waren Celtischen Ursprungs, als die Umbrier und Sabiner:

biner: folglich sind Griechen und Italier Celtischen Ursprungs und stammen insgesammt von den Titanen ab, die in der Folge besser unter dem Namen Celten bekannt sind.

Ich gestehe, lieber Freund, daß in diesen Briefen hin und wieder einiges ist, von dem Sie und ich nähere Beweise fordern würden, um mit gutem Herzen daran zu glauben. Allein Sie bedenken, daß ich hier ein System vortrage, und ein System, das nur einige Seiten einnimmt, während daß wir Systeme über Steine und Erdarten haben, die dicke Quartanten füllen. Und am Ende, dünkt mich, ist es eben so interessant, zu träumen, woher Deutsche, Römer, Griechen und Iren stammen, als woher Berge, Steine und Erdschichten kommen mögen.

In einem Werke, das ein Mitglied der Londoner antiquarischen Gesellschaft, in unsern Zeiten, über die ersten Einwohner von Europa *) geschrieben hat, findet sich, zwar nicht ganz, aber doch ohngefähr die nämliche Meynung. Der Verfasser bevölkert Europa aus dem nördlichen Asien, sonst genannt Scythenland. Aus diesem wan-

*) Enquiry concerning the first Inhabitants, Language, Religion &c. of Europe.

wanderten Colonien gegen Abend, und ließen sich unter dem allgemeinen Namen Cimmerier (Cimbrer) am schwarzen Meere nieder; und von diesen wurde vermuthlich Europa bevölkert. Die Griechen waren Scythen, ob schon die Worte Scythe und Barbar in der Folge gleichbedeutend wurden. Ihre Götter selbst waren Scythisch. „Indessen, „sagt dieser Verfasser, ist es gleichgültig, ob die „Titanen ursprünglich Scythen oder Phönicier „waren: genug, sie waren Fürsten, besaßen an„sehnliche Länder, hatten großen Einfluß auf die „Begebenheiten in Europa, und dieser Welttheil „hatte, zu ihren Zeiten, vermuthlich nur eine ge„meinschaftliche Sprache, und von dieser findet „man die Ueberbleibsel noch itzt in Biscaya, Ar„morica, Wallis und Irland.“

Ich habe nun nichts mehr zu thun, als eine Stelle des 1sten Buches Mosis X. 3. 4. 5. mit der Geschichte der Celten zu vergleichen. — Nachdem Moses Japhets Kinder und einige ihrer Nachkommen genennt hat, sagt er: „Von diesen sind ausgebreitet die Inseln der Heiden in ihren Ländern, jegliche nach ihrer Sprache, Geschlechtern und Leuten.“ — Durch die Inseln der Heiden werden, nach der Sprache der Bibel, Seeländer, oder Provinzen verstanden, das heißt, alle Länder, in die man zur See gehen muß, als Griechenland, Italien, Gallien, Spanien.

Daß in dieser Stelle durch die Inseln der Heiden nichts anders zu verstehen ist, ist schlechterdings klar. Moses führt bey den andern Nachkommen Noah's keine Inseln an, ob er schon von dem Antheile eines jeden etwas sagt. Und selbst diejenigen, die an Moses nicht glauben, räumen ein, daß die Erde von Asien aus bevölkert worden ist. Mich dünkt, es ist eine ganz besondere Art von Verkehrtheit, die Mosaische Geschichte nicht anzunehmen, da niemand eine bessere geliefert hat. Und überdies hat man immer gefunden, daß unter allen möglichen Systemen keins so sehr mit alter Geschichte, Alterthümern und gesunder Vernunft übereinstimmt, als das Mosaische. — Bevölkert sind diese Länder einmal geworden; und ich sehe nicht, warum wir sie nicht lieber durch Japhets Nachkommen wollten bevölkert seyn lassen, als durch andere, da Moses ausdrücklich Inseln nennt. Hierzu kommt nun noch Josephus, welcher sagt, daß die Gomerians diejenigen seyen, welche man nachher die Gallier oder Celten nannte.

Februar.

Als einen der Beweise für das Alterthum von Irland, giebt man auch endlich folgenden an: „Wissenschaften und Gelehrsamkeit blüheten in diesem Lande zu einer Zeit, in der das übrige Europa in

der

der tiefsten Unwissenheit lag.* *) Ohne hier zu untersuchen, wie weit dieses ein Beweis für das

*) Ich habe an mehr als an einem Orte von den Künsten und Wissenschaften der alten Iren geredet, und hätte da einem Einwurfe entgegen kommen sollen, der dem oder jenem einfallen möchte. „Die Römer geben uns eine traurige Beschreibung von den Iren, indem sie sie als unwissend und barbarisch vorstellen!" — Es giebt Leute, die das, was aus einem Römischen Munde gekommen ist, ohne weitere Untersuchung annehmen und glauben, es lasse sich gar nichts dargegen denken. Gleichwohl dünkt mich, es lasse sich gegen manches, was die Griechen und Römer von alten Völkern uns gesagt haben, gar sehr vieles einwenden. Es ist bekannt, daß beyde dieser Nationen in allem, was nicht unmittelbar auf sie Beziehung hatte, höchst unwissend waren, unzählige Vorurtheile hatten, und alles mit dem Titel barbarisch belegten, was nicht Römisch oder Griechisch war. Die Römer brauchten dieses Wort gerade wie die Griechen, von denen sie selbst lange damit beehrt worden waren. Beyde Nationen haben nie viel in Irland zu thun gehabt. Die Römer kannten es, wie man aus dem Tacitus sieht; aber sie waren kein handelndes Volk, das von dieser

Alterthum eines Landes sey, oder nicht, will ich Ihnen mittheilen, was ich darüber aufgefunden habe. Der Punkt ist in sich selbst so interessant und enthält so manches wenig Bekannte, daß Ihnen einige Nachrichten darüber, als litterarische Nachrichten, willkommen seyn werden.

Es war eine Zeit, in der Irland einen grössern Antheil von Gelehrsamkeit besaß, denn irgend ein anderes Land zur nämlichen Zeit. Zeugnisse der Ausländer sind, in diesem Punkte, von grösserem Gewichte als Zeugnisse Irischer Schriftsteller.

Beda, ein Engländer, der im achten Jahrhunderte lebte, spricht von Irland, als dem grossen litterarischen Marktplatze, den Leute aus allen Theilen von Europa besuchten. — Camden, ein Engländer des sechzehnten Jahrhunderts, der durch sein Werk Britannia berühmt ist, sagt: „Irland hatte eine Menge glänzender Genies in

seiner

ser Seite vielen Unterricht von andern Ländern erhalten hätte: und Eroberungen haben sie nie darinnen gemacht. Da sie überdieß nur wenig und gleichsam im Vorbeygehen von Irland reden, so glaube ich, man kann, ohne ungerecht zu seyn, vermuthen, daß sie sehr wenig von diesem Lande wußten.

„einer Zeit, in der, in andern Ländern, Litteratur in tiefer Vergessenheit lag. Unsere Schriftsteller führen es in der Erziehung eines Mannes „gewöhnlich als einen für ihn vortheilhaften und „rühmlichen Umstand an, daß er, der Wissenschaften wegen, nach Irland gieng." Und in Sulgens Leben, der vor 600 Jahren berühmt war, lesen wir:

„Nach seiner Väter Beyspiel, von Wißbegierde bewogen,
Gieng er nach Irland, das durch Gelehrsamkeit berühmt war *).

Der jüngere Scaliger sagt, daß zu Carls des Großen Zeiten, und 200 Jahre nachher, fast alle gelehrte Männer **) Iren waren. — Camden und andern zufolge, waren es Irische Mönche, die folgende Abteyen stifteten, Luxieu in Hochburgund, Roby in Italien, Würzburg in Franken, St. Gallen in der Schweiz, Malmsbury und

*) Amandatus est ad disciplinam in Hiberniam. Et in Sulgeni vita qui ante Sexcentos annos floruit, legitur:

Exemplo patrum, commotus amore legendi,
Iuit ad Hibernos Sophia mirabili claros.

**) Omnes fere docti.

und Lindisfarne in England, und Jona oder Hy in Schottland. Füeßlin in seiner Schweizergeographie behauptet, daß Gallus, der Stifter von St. Gallen, schon 640 starb. — Beda führt an, daß Oswald, der Angelsachse, sich an Irland wegen gelehrter Männer wendete, die sein Volk in der christlichen Religion unterrichten sollten. — In Rapin's Geschichte von England findet sich folgende merkwürdige Stelle: „Es ist höchst sonderbar, sagt er, daß man die Bekehrung der Engländer lieber dem Augustin zuschreiben möchte, als dem Aidin, dem Finian, dem Coleman, Cedd, Diumna, Furseus und andern Irischen oder Schottischen Mönchen, die zuverlässig mehr darzu beytrugen, als er." — Die Antwort auf Rapins Frage ist leicht: Augustin war von Rom ordinirt, die andern nicht; und so durften sie keinen Antheil an dem Ruhme eines so grossen Werks haben. — Uebrigens macht Rapin hier Irisch und Schottisch zu gleichbedeutenden Worten: ein Umstand, der im Vorhergehenden aufgeklärt worden ist.

Die ersten Professoren auf der Universität von Paris waren Iren: und es ist eine allgemeine Sage, daß der Englische König, Alfred der Große, für sein neugestiftetes Collegium zu Oxford, Professoren aus Irland kommen ließ. Eine Menge Orte auf dem festen Lande erklären, noch heut zu Tage, ihre Schutzheiligen für Iren.

Auf

Auf der Universität Armagh in Ireland sollen oft etliche tausend Studenten auf einmal gewesen seyn; und es gab noch andere gelehrte Schulen, die nicht weniger berühmt waren.

Um Ihnen ein etwas vollständigeres Verzeichniß von Irischen Gelehrten aus den ältern und mittlern Zeiten zu geben, so will ich Ihnen folgende noch namentlich anführen.

Im fünften Jahrhundert lebte Sedulius, der seinen Unterricht in Irland von Hilbebert, der selbst ein Gelehrter von Verdienst war, erhielt, und nachher in Frankreich, Italien und Asien reisete. Er schrieb in lateinischer Sprache vierzehn Bücher über die Paulinischen Briefe, einen Ostergesang in Versen, in vier Büchern, einen Hymnus über die Wunder Christi und verschiedenes andere in Prose.

Columb-cill, im sechsten Jahrhunderte, stammte aus königlich-Irischem Blute, und war der Apostel der Picten und Stifter der Abtey Hy. Seine Gedichte schmecken ein wenig nach dem Mönche, aber seine Prose ist gut Latein und voll von gesunder Urtheilskraft. — Bridget (Brigitta) war aus der Grafschaft Louth und lebte zu Kildare, wo sie Aebtissinn eines Klosters war, das sie selbst gestiftet hatte. Sie schrieb eine Regel

gel für die Nonnen, eine Epistel über das Reisen, ein Gedicht über St. Patrick und über die Wünsche der Frommen. — Congall war der Stifter eines ansehnlichen Klosters, für welches er Institutten schrieb, die man noch hat, nebst einigen andern Werken.

Columba im siebenten Jahrhunderte war aus Leinster, studirte unter Silenus in Irland, predigte in England das Evangelium, stiftete einige Klöster in Frankreich und zuletzt Bobi bey Neapel. Er schrieb Commentarien über die Psalmen, ein Werk gegen die Arianer, über die Osterfeyer, Homilien, Episteln, Briefe, Gedichte. — Aidan bekehrte die Northumbrier in England zur christlichen Religion, und war lange Bischoff in Northumberland. Er schrieb Commentarien über die Bibel, Predigten und Homilien. — Sein Nachfolger, gleichfalls ein Ire, war Finan; er bekehrte den Ostsachsen Sigibert und seinen Hof und schrieb ein Buch über das Passahfest. — Furseus lehrte den Ostangeln das Christenthum, stiftete verschiedene Klöster und schrieb über das Klosterleben. — Arbogast errichtete ein Kloster zu Hagenau im Elsas und wurde zuletzt Bischoff zu Straßburg. — Adamnanus schrieb ein Leben des Columb-cill, ein Leben einer fränkischen Königinn, Gedichte, eine Beschreibung des heiligen Landes und Briefe. — Cuthbert, der Sohn eines

eines kleinen Irischen Königes, war einer der würdigsten Männer seiner Zeit. Seine Schriften betreffen größtentheils das Klosterwesen. — Coleman ist einer von denen, die im siebenten Jahrhunderte so viel über die Osterfeyer und die Tonsur stritten, wovon auch seine Schriften größtentheils handeln.

Im achten Jahrhunderte lebte Sedulius der jüngere; er hielt sich unter Gregor dem II zu Rom auf, war hernach Bischoff in Spanien, wo er eine Geschichte der alten Iren schrieb, wovon Sir John Higgins, Leibarzt Philipps V, das Manuscript hatte. — Virgilius (Irisch Fergil) mit dem Zunamen Solivagus, war Bischoff zu Salzburg, und für seine Zeit ein Mann von ungewöhnlicher Gelehrsamkeit. Schon er hatte zum Theil das Schicksal, das viele Jahrhunderte nachher den Galileo Gallilei traf und — für die nämliche Sache. Schon er lehrte, daß wir Gegenfüßler hätten, daß die Erde rund sey, und daß es außer unserer Erde noch andre Planeten gäbe. Der Pabst sprach den Bannfluch über ihn und sein Buch aus.

John Scot Erigena im neunten Jahrhunderte ist, wie einige behaupten, der erste, der gegen die Transsubstantiation geschrieben hat, er ist auch durch andre Werke bekannt *), und schrieb

in

*) Z. B. sein Werk de divisione naturae.

in einem Stile, der den schönern Zeiten der Literatur nicht unwürdig ist. Er muß mit einem andern Scot nicht verwechselt werden, dessen Geburtsort Duns in Schottland gewesen seyn soll, weswegen er insgemein Duns Scotus genennt wird.

So unbedeutend auch viele der Schriften aller dieser Irischen Gelehrten seyn mögen, so zeigen sie doch eine allgemeine Kenntniß der lateinischen Sprache, das Studium der heiligen Schrift und anderer Dinge, zu einer Zeit, in der das übrige Europa in Unwissenheit lag. — Probestücke von Irischer Schreibart in den mittlern Zeiten kann man in Menge in Uhsers Sammlung Irischer Briefe finden *).

Wie kommt es denn, fragt Spencer, daß die Wissenschaften jetzt so wenig unter den Iren blühen, da sie so frühzeitig Gelehrte hatten?" Auf diese Frage giebt er keine Antwort. — Mancher vaterländisch gesinnte Ire möchte uns vielleicht überreden, daß zu allen Zeiten ein eben so hoher Grad von Aufklärung in Irland herrschte, als in irgend einem andern Lande, während daß David Hume sagt: daß die Iren vom Anfange bis

*) Sylloge Epistolarum Hibernicarum.

bis auf unsere Zeiten in tiefster Unwissenheit gelegen, und daß die Einfälle der Dänen und Normänner, welche Barbarey über andere Theile von Europa verbreiteten, für Irland eine Art von Aufklärung gewesen wären."

Das eine ist eine übertriebene Lobrede, das andere eine hämische Carrikatur! Beyde Theile müssen also unrecht haben. Gelehrsamkeit und Wissenschaften, die sehr frühe in Osten tagten, haben zeither ihren Weg beständig gegen Westen genommen, und wir können noch immer, ob schon ein Theil von Asien in Barbarey zurückgesunken ist, ihren Weg durch Chaldäa, Aegypten, Phönicien, Griechenland, Sicilien, Italien, Gallien und Britannien bezeichnen. Wir finden in allen diesen Ländern Spuren, daß Aufklärung ehemals auf einen gewissen Grad allgemein war. Da wir nun diese Spuren in Irland nicht finden, so wäre es höchst ungerecht, anzunehmen, daß es über diesen Grad von Aufklärung schon hinaus sey. — Wir haben keine Thatsachen, durch die sich beweisen ließe, daß Irland, selbst in der Zeit ihrer blühendsten Gelehrsamkeit, jemals eine allgemein ausgebildete und aufgeklärte Nation gewesen sey. Ihre Gelehrten, ferne von der Welt, eingeschlossen in Klöstern und Studierzimmern, waren keine tüchtigen Werkzeuge, die Wildheit der Nation zu mildern, die Sitten auszubilden, die Künste im

 bür-

bürgerlichen Leben zu verfeinern, und ihren Einfluß auf das Ganze der Nation zu verbreiten. Es ist dem Mönchsgeiste eigenthümlich, so wie überhaupt dem Aberglauben, die Seele einzuschränken, anstatt sie zu erweitern, und große Flecke unbekannten Landes auf der Carte menschlichen Wissens zu lassen.

Allein der Einfluß, den die politische Verfassung auf den Charakter und die Sitten des Volkes in Irland hatte, war noch schlimmer, als der Einfluß der kirchlichen und klösterlichen Verfassung. Ein leichter Abriß davon wird dies hinlänglich zeigen.

Jede Provinz hatte ihren König, der gewählt wurde. Diese vier Könige hatten eine Menge kleiner Könige unter sich, während daß sie selbst insgesammt unter dem Hauptkönige stunden, der von den vier Provinzialkönigen erwählt wurde. Bey allen Wahlen, man mochte nun einen Hauptkönig, oder Provinzialkönig, oder einen Unterkönig machen, war die Gewohnheit, ein Haupt zu wählen, das der nächste in der Würde war und zugleich als Nachfolger betrachtet wurde; und bey der Wahl dieses letztern sahe man wenig auf Erstgeburt. Man nannte ihn Thanist, und die Gewohnheit Thanistry. Man zog den Bruder des Verstorbenen dem Sohne vor, und selbst der näch-

nächste Verwandte wurde manchmal, mit Ausschließung beyder, gewählt, wenn man ihn der Stelle würdiger hielt. Die einzige festgesetzte Regel war, die Wahl auf die nämliche Familie oder Stamm einzuschränken. Der Zweck dieser Einrichtung war, alle Personen von der Erbfolge auszuschließen, die nicht im Stande waren, das Volk in der Schlacht anzuführen; und auf der andern Seite, zu verhindern, daß die Erbschaft oder Regierung an Fremde käme, die sich etwan in einer Minderjährigkeit, oder unter der Regierung eines schwachen Kopfes, Macht hätten erschleichen mögen. Diese Einrichtung war nun sehr gut, alle willkührliche Gewalt zu verhindern und die kriegerische Würde eines Stammes zu erhalten; allein sie war gegen Billigkeit und der öffentlichen Ruhe höchst nachtheilig, indem sie nichts als Intriguen und Cabalen, Uneinigkeit, Gewaltthätigkeit und Blutvergießen hervorbrachte. Die Erfahrung zeigt dieses klar, denn die Geschichte von Irland bietet dem Leser wenig andere Scenen an, als bürgerliche Kriege, innere Erschütterungen, Familienpartheyen und Blutvergießen.

Die Regierung von Schottland war anfangs nach dem Muster der Irischen eingerichtet; und ob sie schon dadurch, daß die Könige zum Erbrecht kamen, verbessert wurde, so finden wir doch, daß von drey Königen kaum einer eines natürlichen Todes starb. Robertson sagt; „Ein unglücklicheres Geschlecht giebt es nicht, als die Schottischen Könige*! Und Harrington, dessen ganzer Zweck war, die monarchische Regierung verhaßt zu machen, wählt die Verfassung von Schottland, als die schlechteste aller königlichen Regierungsarten.

Unter einer so stürmischen Regierung ist es natürlich, daß die Künste des Friedens nur einen langsamen Fortgang hatten. Indessen hatten sie doch einigen, ehe die Dänen das Land verwüsteten und die Engländer es anfielen; allein in Schottland weiß man, in der nämlichen Zeit, von gar keinem. Ja die Iren könnten Hume herausfordern, einen Schottischen Schriftsteller vor dem funfzehnten Jahrhunderte aufzubringen, der den Irischen Schriftstellern des sechsten und siebenten Jahrhunderts an die Seite gestellt werden könnte.

So viel für Spencers Frage! Eine andere ist: Würde Spencer noch die nämliche Frage aufwerfen, wenn er jetzt lebte? Zuverlässig hat sich Irland, seit seiner Zeit, sehr geändert. Ordnung und regelmäßige Regierungsform sind auf Anarchie und Verwirrung gefolgt; und selbst die gegenwärtigen Unruhen, die sich überdies vielleicht bald enden werden, sind mehr die Unruhen eines civilisirten, scharfsinnigen, sich selbst fühlenden und nach Erweiterung seiner Rechte trachtenden Volkes, als Unverstand, Wildheit und Ausgelassenheit einer zügellosen Menge. Nur ein Theil der Nation ist darinne begriffen, und dieser Theil, so egoistisch und so wenig patriotisch auch einige seiner Anführer seyn mögen, so unbillig sie sich auch in gewissen Forderungen zeigen, und so wenig auch ihr Plan auf das wirklich wahre Wohl des Landes und auf allgemeine Glückseligkeit abzwecken mag; so hat sich doch dieser Theil, in vielen Betrachtungen, mit Mässigkeit betragen, ist mit wohl überlegten Schritten fortgegangen, und hat sich nie gegen die Krone erklärt. Ich rede hier nicht von den Ausschweifungen, die ein Theil des niedrigen Pöbels begangen hat! Die Reformatoren haben freylich den ersten Anlaß dazu gegeben; aber viele derselben haben sich heftig gegen alle Gewaltthätigkeiten erklärt und zum Theil thätig dagegen gesetzt. Und endlich ist der Pöbel sich überall mehr oder weniger gleich; man hat die Wirkungen davon nur vor vier Jahren in der Hauptstadt gesehen, als Lord George Gordon vorgab, daß die protestantische Religion in Gefahr sey. Und wenn der Irische Pöbel schlimmer seyn sollte, als der Englische, so findet man Ursachen genug darzu in seiner äussersten Armuth, im Mangel an Ressourcen und in dem daraus entstehenden Müssiggange, oder, wenn Sie wollen, in sei-

seiner ihm eigenen Trägheit und dem daraus entstehenden Mangel an Nahrung; in der unbeschreiblichen Unwissenheit, in der besonders der catholische Theil desselben schmachtet; in seiner Meynung, daß England seine Insel vernachlässigt, von Vortheilen, die es selbst besitzt, ausschließt, und kurz, daß alle ministerialische Maaßregeln einzig und ausschließend für das Beste von England abgezweckt sind.

Es hat sich also seit Spencers Zeiten vieles geändert; die Vornehmen und Reichen haben Geschmack und ausländische Eleganz ins Land gebracht; Lektüre ist allgemeiner; Schulen sind geöffnet und verbessert; eine Universität gestiftet worden, und eine Menge Iren waren und sind eine Zierde der litterarischen Welt. — Auf der andern Seite muß man nun aber wieder bedenken, daß Irland, seit Spencers Zeiten, zwey bürgerliche Kriege hatte, daß, wenn man Schulen errichtet hat, diese noch immer nur in kleiner Anzahl sind, und die Erziehung darinne so hoch zu stehen kommt, daß sie mehr für die Vornehmern und Reichen, als für das Land im Ganzen sind; daß zwar eine Universität gestiftet worden ist, aber daß sie, im Verhältnisse gegen das ganze Reich, nur eine kleine Anzahl Studirender zuläßt. (Sie erinnern sich hier, lieber Freund, der Verfassung einer Englischen Universität, wo, so wie auf der

zu

zu Dublin, Studiren sehr kostbar ist, wenn man nicht Mitglied irgend eines Collegiums werden kann.) Endlich muß man bedenken, daß von zwey und einer halben Million Menschen (ich berufe mich hier auf das, was ich Ihnen sonst über die Bevölkerung von Irland geschrieben habe) wenigstens zwey Drittheil Katholiken sind, die, von allen Vortheilen der Verfassung des Landes ausgeschlossen, nicht die geringste Versuchung haben, sich den Wissenschaften zu widmen, wenn ihnen auch der Zugang darzu nicht verschlossen wäre.

Ich glaube, ich habe Ihnen schon vergangenes Jahr geschrieben, daß die mehresten Katholiken in Irland über alle Begriffe von Armuth arm sind; daß es wenig Mittelstände unter ihnen giebt, und daß diese Mittelstände im Ganzen so wenig Vermögen haben, daß die katholische Geistlichkeit hier so unwissend, und die Vorurtheile gegen eine protestantische Schule so groß sind, daß an keine regelmäßige Erziehung der Jugend zu denken ist. Die reichern Katholiken schicken ihre Kinder nach Frankreich, wo sie, in einer Klostererziehung, selten ihre Vorurtheile ablegen, ihren Ideenkreis wenig erweitern, und von wo sie ohne viel Geschmack für die Wissenschaften wieder zurückkommen.

Freilich hatte das Irische Parlement, in Rücksicht auf die Katholiken, seit drey und vier Jahren Grundsätze angenommen, die sehr von denen verschieden sind, die man seit hundert Jahren befolgt hat. Man widerrufte einige harte Gesetze, unter denen seit Wilhelm III die Katholiken geseufzet hatten; man gab ihnen einen größern Antheil an den allgemeinen Rechten eines Bürgers, und sie würden ohne Zweifel wichtige Vorrechte erhalten haben, wären die letzten Unruhen nicht dazwischen gekommen. Männer, die genau den Geist der gegenwärtigen Zeit kennen, Parlementsglieder und andere haben mich versichert, daß die Katholiken nie vorher so schöne Aussichten hatten, und daß das, was sie vielleicht zunächst würden erhalten haben, Antheil am Kriegsdienste sey, da jezt ein Irischer Katholike nicht eine Officiersstelle begleiten kann. — Die gegenwärtigen Unruhen haben alles wieder zurück gesetzt. Die Presbyterianer und die Schaar der Unzufriedenen überhaupt möchten, um die Katholiken in ihre Parthey zu bringen, alles für sie erhalten, während daß die entgegengesetzte Parthey, unter denen Viele sonst sehr gut gegen die Katholiken gesinnt waren, aufmerksam wird und einen völligen Umsturz der alten Verfassung des Landes befürchtet. Jeder sieht die Sache nach seinen eigenen Begriffen an. Der Mächtige fürchtet eine völlige Veränderung des Parlemen-

taritanischen Interesse; der Furchtsame und Aengstliche ist für die Protestantische Religion besorgt; der Egoist zittert für seine eigenen Vortheile, während daß man die anderen zu vermehren sucht: und Alle treten zurück, und scheuen sich, eine Parthey ferner zu begünstigen, deren Anzahl zwey Drittheil der ganzen Nation ausmacht. Die Katholiken stehen unentschlossen zwischen Beiden; sind unter sich selbst nicht ganz einig, erklären sich bald mehr oder weniger, nehmen bald mehreren oder wenigern Antheil, und — werden am Ende wohl am meisten leiden.

Vergeben Sie mir, lieber Freund, diese Ausschweifung, die vielleicht hier nicht am unrechten Orte steht, und lassen Sie mich in dem folgenden Briefe wieder zur Litterarischen Lage von Irland zurückkehren.

Februar.

Jemehr in einem Lande Geistliche und Rechtsgelehrte sind, desto mehr müssen in diesem Lande Litteratoren seyn; nicht nur, weil viele dieser Geistlichen und Rechtsgelehrten zu gleicher Zeit Litteratoren sind, sondern auch, weil viele, die einem dieser Stände gewidmet waren, ihn aufgaben, das Feld der Wissenschaften überhaupt bearbeiteten, oder sich irgend einige besondere Zwecke wählten. Der Einfluß aller dieser Männer wird immer auf das Ganze eines Landes wirken, und selbst diejenigen, die nicht eigentlich den Wissenschaften gewidmet sind, der Güterbesitzer, der Mann vom Stande, der Mann vom Vermögen, wird diesen Einfluß fühlen, und selbst mehr oder weniger die Wissenschaften treiben. — Wenden Sie das auf Irland an, und Sie werden finden, daß das Alles bey zwey Drittheilen der Nation wegfällt. Der Geistliche ist höchst unwissend; Rechtsgelehrte gibt es nicht, weil sie von allen bürgerlichen Stellen ausgeschlossen sind; und die dritte Classe von Menschen, weil sie kein Beyspiel vor sich sieht, oder es zu beschwerlich findet, Wissenschaften in der Fremde und mit Kosten zu suchen, — muß natürlich einen weit geringern Grad von Aufklärung besitzen, als die in jenem Lande, das ich in meinem Satze annahm. — Es versteht sich hier, daß ich blos im Allgemeinen rede, und also die Ausnahmen, ohne weiteres, sich von selbst verstehen.

Von der ganzen Irischen Nation bleibt uns also nur noch ein Drittheil übrig, bey der wir Wissenschaft und Gelehrsamkeit suchen müssen. Und auch hier finde ich wieder die Einrichtung des Landes so, daß man weniger erwarten sollte, als in andern. — Es gibt im ganzen Reiche nicht mehr als 2293 Pfarrgemeinden. Der einzige Englische Kirchsprengel Lincoln hat an 1400 Pfarr-

Pfarrgemeinden; und man versichert, daß dieser einzige Kirchsprengel mehr Geistliche habe, als ganz Irland. In einer Irischen Grafschaft, die 76 Pfarrgemeinden hat, soll es nicht mehr, als vierzehn Kirchen geben. — Wollte man eine Vergleichung auch mit den Aerzten und Rechtsgelehrten anstellen, so würde man vielleicht eine noch auffallendere Ungleichheit finden, wegen der grössern Kosten, die diese Studien erfordern, wegen des geringen Vermögens der Mittelstände, und der äussersten Armuth der Niedern.

Auf den Universitäten Oxford und Cambridge sind, ausser den Hallen, vierzig Collegien, deren einige eben so viel Studierende haben, als die Universität zu Dublin. Auf den Englischen Universitäten beläuft sich die Zahl der Professoren und Collegiaten (Fellows) auf ein tausend, während daß das Trinitäts-Collegium, d. h. die Dubliner Universität, ihrer nicht mehr als zwey und zwanzig hat. Ich schrieb Ihnen zu einer andern Zeit, daß man diese zwey und zwanzig in Aeltere und Jüngere *) eintheilt. Die vierzehn Jüngern haben wenig Zeit, für sich selbst zu studieren; sie müssen alle diejenigen unterrichten, die noch nicht graduirt sind, und damit haben sie vollauf zu thun.

*) Senior fellows und Junior fellows.

thun, während daß die sieben Aeltern mehr die Aufsicht und Regierung des Ganzen haben, als die Last des Lehramtes tragen. — Die Jüngern kommen mehrentheils sehr jung ins Lehramt, und werden auf einmal mit Arbeit überhäuft. Man examinirt sie in allen Zweigen der Wissenschaften, die sie oft abwechselnd lehren müssen. Man begreift leicht, was sich erwarten läßt. Was aber auch immer das Verdienst des einen oder des andern seyn mag, so kann es ihm doch zu nichts weiter verhelfen, als wozu ihm mit der Zeit seine Reihe verhilft, denn sie steigen nach der Anciennetät, und der älteste Jüngere hat die nächsten Ansprüche auf die Stelle eines Aeltern. Ehe er dahin kommt, muß er den Vorrath seiner Kenntnisse natürlich vermehrt haben; er ist nun, vorausgesetzt, daß er arbeitsam war, vorzüglich zum Lehramte tüchtig, und nun — geht er gewissermaßen zur Ruhe ein, durch das Recht, das ihm seine Stelle als Aelterer gibt. — Diese ganze Verfassung kommt aus England; aber so ist sie [illegible]

In Schottland gibt es vier Universitäten, deren jede so viel Professoren hat, als die Dubliner. Allein es ist hauptsächlich die verschiedene Verfassung der Schottischen Universitäten und nicht die größere Anzahl ihrer Lehrer, die so verschiedene Wirkungen hervorgebracht hat. Die Stiftungen in Schottland waren Anfangs gering; allein

allein durch Arbeitsamkeit und Fleiß hat man sie ansehnlich vermehrt, und durch Sorgfalt und Industrie den Mangel an Königlicher Freigebigkeit ersetzt. Der wirkliche Gehalt der Lehrer hängt, in ihren verschiedenen Fächern, von ihrem grössern oder mindern Verdienste ab. Edinburg ist, seit geraumer Zeit, die erste Schule in den drey Reichen für alle Zweige der Arztneykunst. Glascow war, von Hutcheson an bis auf Reid, der vornehmste Platz für philosophische Litteratur. Selten vergeht ein Jahr, daß nicht ein Werk aus Schottland kommt, das in der gelehrten Welt einen allgemeinen Rang erhält. Wir sagen in Deutschland „Englische Schriftsteller" allein es ist Schottland, das seit zehn Jahren fast ausschließend im Besitze Englischer Gelehrsamkeit gewesen ist. Und wenn nicht alles, was von dieser Seite kommt, den Stempel des Genies trägt, so sind doch wenige ohne Gelehrsamkeit, und keins, das nicht offenbare Zeichen von Fleiß und Arbeitsamkeit in sich habe.

Man kann freilich sagen, daß die neuere Schottische Gelehrsamkeit nicht nur der Verfassung ihrer Universitäten zuzuschreiben sey, sondern eine Menge anderer Umstände zum Grunde habe. Man könnte auch sagen: daß Bücherschreiberey jezt ein Handlungszweig geworden ist, und daß eine arme Nation alle ihre Kräfte an

strengt,

strengt, um ihre Geistesprodukte und ihre Arbeitsamkeit an eine reichere zu verkaufen, die zu träge geworden, ihre eigenen Marktplätze zu versehen.

Allein ließe sich nicht das nämliche auf Irland anwenden? Die Lehrer der Dubliner Universität haben freilich wenig Zeit, Beweise ihres Genies, oder ihrer Gelehrsamkeit und Arbeitsamkeit zu geben; und sobald sie, als ältere Mitglieder, in eine Lage von Unabhängigkeit kommen, haben sie ein ansehnliches Einkommen; und es ist dem Menschen natürlich, daß er in einer geselligen und volkreichen Stadt, sobald er von der Seite der Glücksumstände unabhängig ist, lieber die Süßigkeiten des Umgangs und der Vergnügungen genießt, als für die ungewisse Aussicht eines künftigen Ruhms und eines unsterblichen Namens arbeitet. Allein der Zweck der Universitäten ist nicht sowohl, daß ihre Mitglieder Schriftsteller seyn, sondern daß sie Schriftsteller bilden sollen. Und diesen Zweck zu erreichen, ist der Plan der ersten Erziehung zu Dublin vortreflich. Die Untergraduirten, d. h. der jüngere Theil der Studierenden werden gut unterrichtet, und ohne Unterlaß examinirt. Aber der beste Unterricht hört mit den Anfangsgründen auf, und das darauf zu bauende Gebäude wird durch die Verfassung der Schule, unvollkommen.

Einer

Einer lehrt dies Jahr Philosophie, Griechisch im folgenden, und Astronomie im dritten. Es ist natürlich, daß der nämliche Lehrer, besonders ein junger, so verschiedene Zweige nicht von Grunde aus versteht, und also nur unvollkommen lehrt. Vortreflichkeit in irgend einem Zweige läßt sich bey einer solchen Einrichtung schwerlich erwarten, und es ist zu vermuthen, daß, wenn die Schottischen Universitäten auf den nämlichen Fuß wären, ihre Lehrer den reichlicher bezahlten Engländern schwerlich den Vorzug streitig machen würden.

Und nun habe ich einen Hauptumstand noch nicht angeführt, der den Künsten und Wissenschaften in Irland nachtheiliger seyn muß, als alles Vorhergehende: und dieser ist die politische Lage dieses Landes. England betrachtet es als eine Provinz, und hat sich sonst — dies kann schlechterdings nicht geläugnet werden — in jeder Rücksicht, als eine harte Stiefmutter betragen. Hätte Irland unter einer uneingeschränkten Monarchie gestanden, es hätte sich vielleicht besser befunden. Aber die Englische Regierung ist gewissermaßen republikanisch, und ich bin durch eine Menge Erfahrungen schon längst überzeugt worden, daß unter allen Völkern, welche Unterthanen sind, die Unterthanen einer Republick die elendesten sind, und das desto mehr, je mehr sich

die

die Form der Demokratischen nähert. Es ist die Charakteristick des Republikanischen Geistes, alles für sich zu behalten, alles auf sich zu reduciren, alles in den kleinern Creis zu ziehen, und alle Gefühle von Weltbürgerschaft zu unterdrücken. Weite, große Aussichten, Streben nach allgemeinem Wohl, und Hinaussehen ins Ganze muß man nie von einer Republick erwarten, die Unterthanen hat. Es ist der Natur dieser Regierungsform zuwider; denn je vortheilhafter und wohlthätiger sie für das Individuum ist, je ausschließender muß sie für alles seyn, was nicht unmittelbar zu ihr gehört.

Aber Irland ist England nicht unterthan! Es ist ein eigenes Land; es ist frey; hat sein eigenes Parlement und eigene Gesetze! — Freylich wahr, sehr wahr; aber nur wahr für den, der den Einfluß nicht weiß, den die Englische Oberregierung hatte, und den politischen Gang, den England mit Irland nahm. Ich berufe mich hier auf diejenigen Statuten, unter denen Irland so lange seufzte, auf das Joch, das es vor drey und vier Jahren abgeworfen hat, und auf manches andere, das noch jezt bleibt, und über das man sich in den zeitherigen Unruhen zum Theil mit Recht beschwert hat.

Was

— — Was könnte wohl sonst das Genie des Iren spornen, wenn es nicht Ruhm und Verlangen nach Unsterblichkeit wär! Der ganze Geistliche Stand sagte: Was wir auch immer thun mögen, so kann es uns doch nie zu etwas Wesentlichem führen. — Was auch unser Verdienst seyn mag, so können doch nur einige sehr wenige von uns zu ansehnlichen Stellen in der Kirche kommen. Unsere mehresten Bischöfe und Erzbischöfe sind Engländer; eine Menge unserer Dekanschaften gehören Engländern, ob wir sie schon nie zu sehen bekommen; ja sogar unsere besten Pfarreien werden zum Theil an diese vergeben. Jeder Vicekönig bringt einen Kaplan mit sich herüber, den er reichlich versorgen will, und empfiehlt noch überdieß andere, die er in Irland leichter unterbringen kann, als in England. Seine Adjutanten erwarten Beförderung in der Armee; ja seine Bedienten erwarten oft Civil-Aemter.

Mit den Rechtsgelehrten ist es nicht ganz das nämliche; doch werden auch hier eine Menge Stellen einzig und allein durch Englisches Interesse vergeben. Swift drückt sich an vielen Orten mit Bitterkeit über die Härte aus, mit der die Iren sonst vernachläßigt wurden, und behandelt ihre Anhänglichkeit an England als eine Schwachheit. — „Was ist der Antheil eines Iren," sagt er? „Die Besorgung eines Filials,

 höch-

höchstens eine armselige Pfarre, oder irgend eine niedrigere Stelle, à 50 Pf. des Jahrs *).

Alles dies hat sich seit ein Paar Jahren sehr geändert; allein die Wirkungen davon und den Einfluss aufs Ganze kann man natürlich noch nicht sehen. So viel ist gewiß, daß die wichtigern Stellen in Irland jezt weit weniger mit Engländern besetzt werden, als sonst, und daß die Bischöfe, welche Engländer sind, es sich nicht mehr zur Regel machen, die Pfarreyen ihres Sprengels mit ihren Verwandten und Landsleuten zu besetzen. Die Bischöfe von Waterford und Londonderry sind hiervon zwey rühmliche Beispiele. Ich führe nur diese beiden an, weil ich es von diesen weiß.

Februar.

Wer alles, was im Vorhergehenden gesagt worden ist, zusammen nimmt, und es unpartheyisch überlegt, der wird, weit entfernt, Spencer's Frage zu wiederholen, eine andere, weit natür-

*) The leavings of a Church distrest,
A hungry vicarage at best;
Or Some remote inferior post;
Worth fifty pounds a year at most.

natürlichere aufwerfen, und diese ist: Ist es nicht erstaunenswürdig, daß, unter diesen Umständen, Irland so viel Schriftsteller aufzuweisen hat, und unter diesen so viele, die eine Zierde der litterarischen Welt sind? — Lassen Sie uns einen Abriß der Schriftsteller machen, die Irland seit einem Jahrhunderte hervorgebracht hat.

Nach dem Erzbischof Usher ist wohl Boyle einer der größten Männer dieses Landes. Er war der siebente Sohn eines Grafen von Cork, und wurde zu Lismore 1626. geboren. Er war nicht nur ein grosser Philosoph, sondern besaß auch eine Allgemeinheit von Kenntnissen, die ihn zum nützlichen und angenehmen Manne machten. Er hatte lange Reisen auf dem festen Lande gemacht, lange an den Höfen Karls II. Jakobs II. und Wilhelms III. gelebt, und besaß doch eine tiefe, gründliche Gelehrsamkeit, und die Arbeitsamkeit eines Schulmanns. Die Naturlehre hat ihm am meisten zu danken. Die beste Ausgabe seiner Werke ist in fünf Folianten zu London gedruckt worden.

Berkeley wird häufig der Irische Plato genannt; gemeiniglich ist er unter dem Namen des Bischofs von Cloyne bekannt. Er ward 1684. zu Kilerin, einer kleinen Stadt in Irland geboren.

ren. Schon 1707. erschien sein Werk über die Arithmetick *). 1710. seine Prinzipien menschlicher Wissenschaft **). Er schickte von diesem Werke Exemplare an Dr. Clarke und Whiston. Letzterer tadelte ihn, getraute sich aber nicht, seine Subtilität zu widerlegen, und Clarke weigerte sich, es zu thun. Die Meinungen, die er in diesem Werke vorträgt, stossen die Grundpfeiler der Religion über den Haufen, und gleichwohl bekannte er sich Zeitlebens für einen festen Anhänger der christlichen Religion. 1712. erschien sein bestes Werk über die Lehre vom passiven Gehorsam ***), und bald darauf seine drey Dialogen ****). Als er in Italien war, schrieb er verschiedene interessante Briefe an Pope, die Sie in der Sammlung der Briefe dieses letztern finden. Auch trug er verschiedenes zu den periodischen Werken seiner Zeit bey *****). 1734. wurde er Bischof von Cloyne. 1752. ging er mit seinem

zwey-

*) Arithmetica absque Algebra et Euclide demonstrata.

**) Principles of human Knowledge.

***) On the doctrine of passive obedience.

****) Three dialogues between Hylas and Philonous.

*****) Besonders im Spectator und Guardian.

zweyten Sohne, Georg, nach Oxford, und besorgte dessen Erziehung. Er beschloß, sein Leben hier zu enden, und legte deswegen sein Bißthum, das 1400 Pf. eintrug, nieder. Allein der König nöthigte ihn, es zu behalten, und gab ihm Erlaubniß zu leben wo er wolle. Er zeigte sich durchaus als einen warmen und wahren Christen, war überaus freigebig, edel, liebenswürdig und in seinem Leben untadelhaft. Als Lord Chesterfield Vicekönig in Irland war, bot er Boyle ein besseres Bißthum an; allein dieser sagte: meine Nachbarn und ich lieben einander; es würde mir schwer werden, mich von meinen Freunden zu reissen, und ich bin zu alt, neue Verbindungen zu knüpfen. Und gleichwohl verließ er es für das Beste seines Sohnes. — Swift führte ihn in die Familie der berühmten Mrs. Esther Vanhomrigh (Vanessa) ein; er zog die Aufmerksamkeit dieser Dame auf sich, und sie vermachte ihm 4000 Pf. während daß sie ihren sie verschmähenden Geliebten überging. — Sein Alciphron *) wird als eines der bestgeschriebenen Bücher in der Englischen Sprache betrachtet. — Von seinen Versuchen, die er über die Materie anstellte, und von dem sogenannten Irlschen Riesen, der hierher gehört, hab' ich Ihnen zu einer andern Zeit geschrieben.

 King,

*) Alciphron or the minute philosopher.

King, Erzbischof von Dublin wird von vielen für einen gründlichern stätigern Philosophen erklärt, als Berkeley. Sein Werk vom Ursprunge des Uebels gilt für ein Meisterstück *). Von seinem Werke über den Zustand der Irlschen Protestanten unter Jakob II. sagt Burnet „daß diese Geschichte eben so wahr, als wohl geschrieben sey **). Um die Presbyterianer, deren es so viel um Londonderry herum gibt, zur Anglikanischen Kirche zu bekehren, schrieb er eine Abhandlung über Menschenerfindung in der Verehrung Gottes ***). Er und Swift unterhielten eine ununterbrochene Freundschaft, und in ihren Briefen findet man oft, daß King Swift vermahnt, seine Zeit und sein Genie auf ernsthaftere Gegenstände zu verwenden, als diejenigen waren, die er gewöhnlich behandelte. — Er war der Sohn eines armen Müllers in der Grafschaft Tyrone, oder vielleicht Antrim.

Dr. Dobwell, ein bekannter Professor der Geschichte zu Oxford, war ein geborner Ire, und

*) De origine mali. Ist auch ins Englische übersetzt.

**) A history as truly as it is finely written.

***) A discourse concerning the Inventions of Men in the worship of God.

und hatte seine Erziehung im Trinitäts-Collegium zu Dublin empfangen. Seine Gelehrsamkeit war sehr allgemein, aber seine Meinungen waren bisweilen etwas schwärmerisch. Z. E. Er lehrte, daß die menschliche Seele von Natur sterblich sey, daß sie aber durch die Taufe die Unsterblichkeit erlange. Des Herrn Dr. Priestley Lehre ist, von der philosophischen Seite, dieser ziemlich gleich, so verschieden sie auch von der theologischen seyn mag.

Leslie von Glaslough war ein Mann von grosser Belesenheit und ausserordentlichem Gedächtnisse. Sein Werk gegen die Deisten *) wird für eins der besten, die über diesen Gegenstand geschrieben worden sind, gehalten. — Man erzählt von ihm eine sonderbare Geschichte, die ihm unter Jakob II. begegnete. Ein Titular-Bischof von Clogher hatte der ganzen Protestantischen Geistlichkeit eine Herausforderung gegeben. Leslie bestund den Kampf, und beide Theile schrieben sich den Sieg zu, denn von denen, die den Streit mit angehört hatten, wurde ein Katholike protestantisch und ein Protestant katholisch.

*) Short and easy method with the Deists.

Toland war aus Nord-Irland gebürtig, und wurde in der katholischen Religion erzogen; allein schon im sechszehnten Jahre erklärte er sich gegen diese Religion mit einem Eifer, den er nie in der Folge abgelegt hat. Wodurch er sich am meisten bekannt machte, war sein Werk gegen die Geheimnisse der christlichen Religion *). — — Früher schrieb er eine Abhandlung, in der er die Geschichte des Römischen Attilius Regulus für ein Mährgen erklärt. Man erklärt ihn für den gelehrtesten unter den Schriftstellern des Unglaubens.

Clayton, Bischof von Clogher, ist durch verschiedene philosophische Werke bekannt **). Gegen ihn schrieb

Dr. M'Donnel, der Lehrer am Trinitäts-Collegium zu Dublin war, und als ein berühmter Prediger bekannt ist.

Für theologische Streitigkeiten sind die Iren sehr bekannt; allein sie waren mehrentheils Katholiken, und lebten in katholischen Ländern außerhalb

*) Christianity not mysterious erschien zu London 1696.

**) Essay on Spirit etc. etc. Analysis of the works of L. Bolinbroke etc. etc.

ſerhalb ihres Vaterlandes. Peter Walſh iſt am meiſten bekannt. Barnet ſagt von ihm „daß er ein gelehrter und geſchickter Mann war, ſehr geübt in allen Intriguen und Verfahrungsarten der Jeſuiten, und doch ein ehrlicher Mann, und, in Rückſicht auf Controverſe, beinahe ein Proteſtant.

In der Geſchichte glänzen die Iriſchen Schriftſteller am wenigſten. Man hat eine große Menge Geſchichten von dieſem Lande, aber die mehreſten ſind durch Fabeln entſtellt, oder durch den Enthuſiasmus lächerlich, mit dem ſie die älteſte Geſchichte dieſes Landes weitläuftig und zuverſichtlich vortragen. Hieher gehört z. E. O'Halloran, ein Wundarzt zu Limerik, Keating und andere. — Der Abt Geoghegan hat eine Geſchichte von Irland in Franzöſiſcher Sprache geliefert. Sir James Ware wird vorzüglich geſchätzt, und Manche ſetzen ihn dem Engländer Camden an die Seite. Indeſſen iſt er doch mehr ein guter Materialienſammler, als ein wirklicher Geſchichtſchreiber. Der erſte, der von Irland eine Geſchichte geſchrieben hat, die wirklich dieſen Namen verdient, war Dr. Leland, Lehrer an der Dübliner Univerſität. Allein ſein Werk iſt lang und zum Theil langweilig, und enthält hauptſächlich nur die Geſchichte von Irland, ſeit es an England gekommen iſt. Vallancey wirft ihm vor, daß er nicht Irisch verstanden habe, und daß er verschiedene alte und gute Manuscripte die man ihm in dieser Sprache züschickte, ungebraucht zurück gab. Ich habe dieses auch von andern Personen bestätigen hören. Vor einem Jahre erschien eine Geschichte in zwey 8tav Bänden, von Crawford, einem Geistlichen. Sie enthält hauptsächlich die neuesten Begebenheiten von Irland; allein man wirft ihm Partheylichkeit vor, und sagt, daß er zu sehr in dem Volunteer-Interesse sey. — O'Flaherty schrieb eine Synchronistik der Irischen Geschichte, in der er, von der Sündfluth an, die Geschichte dieses Landes und seiner Könige, mit den allgemeinen Weltbegebenheiten zusammen zu stellen unternommen hat. Was sich davon erwarten läßt, können Sie sich selbst sagen! Ein großer Theil seines Werkes läßt sich auf andere Länder eben so sehr anwenden, als auf Irland.

Lynch *), M'Mahon **), Peter Lombard, Harris, Dr. Raymond, Simon, Luke Wadding, Cusak, White, Stanihurst — sind insgesammt Irische Schriftsteller, die mehr oder weniger bekannt sind. — Molyneux ist insgemein bekannter,

*) Verfasser des Cambrensis Eversus.

**) Verfasser des Ius Armacanum.

ker, als die mehresten von diesen. Er war Pope's Freund, und ein eifriger Verfechter der Rechte seines Landes. Er that dem Staate verschiedene Dienste, und wurde auch ausser Landes gebraucht. Er saß im Irischen Unterhause unter Wilhelm III. Am Ende der Sitzung wollte ihn der Vicekönig an die Commission stellen, die die Aufsicht über die von der Krone confiszirten Irischen Ländereyen hatte, mit 500 Pf. jährlichen Gehalt. Er schlug es als ein gehäßiges Geschäfte aus. Als Mathematiker und Physiker hat er einen hohen Rang. Er machte verschiedene Erfindungen, und seine Dioptrik wird vorzüglich geschätzt. — Auch sein Sohn, Samuel, ist als ein Gelehrter bekannt; er war Sekretär Georgs II, als dieser Prinz von Wallis war.

Dr. Helsham schrieb ein Handbuch über verschiedene Zweige der Naturlehre *) das geschätzt wird.

Dr. Brian Robinson schrieb ebenfalls über die Naturlehre **).

Sir

*) Course of lectures.

**) Essay upon the ethereal fluid etc. und Treatise upon the animal oeconomy.

Sir Hans Sloane, ein Arzt, legte den ersten Grund zu der Sammlung von Merkwürdigkeiten, die man jezt das Brittische Museum zu London nennt.

Ronayne hat über die Algebra geschrieben.

Dr. Sullivan hat ein Werk über das Lehnrecht und die Verfassung von England *) geschrieben, das seinen Weg in die Welt gemacht hat, obschon Blackstones berühmte Commentarien über die Englischen Gesetze früher erschienen waren, und den Weg zu allem Ruhm, der von dieser Seite zu erlangen war, verschlossen zu haben schienen.

Francis Hutcheson ist der beste ethische Schriftsteller, den Irland erzeugt hat. Er war in Nord-Irland geboren, trat in den Geistlichen Stand, und wurde, bald nach seiner Ankunft zu Dublin allgemein bekannt. Sein bestes Werk ist seine Untersuchung über die Begriffe von Schönheit und Tugend **). Seine Abhandlung über die Leidenschaften ***) wird wegen der Spra-

*) Treatise on the feudal law and Constitution of England.

**) Inquiry into the Ideas of Beauty and Virtue.

***) A Treatise on the Passions.

Sprache und Sittlichkeit auch von denen geschätzt, die seine philosophischen Grundsätze verwerfen. Er war Lehrer an der Dubliner Universität bis 1729. da er die Professur der Moral zu Glasgow annahm. Sein Sohn, ein Arzt, gab nach des Vaters Tode, sein System der moralischen Philosophie heraus. Hutcheson war der erste, der den Ausdruck „moralisches Gefühl" brauchte, und dadurch das Schöne und Anständige des Plato und Cicero verstund *).

Abernethy war ein presbyterianischer Geistlicher. Er war in Irland 1680. geboren, und war eine Zeitlang Prediger zu Antrim; da er aber da in allerhand Streitigkeiten gerieth, ging er nach Dublin, wohin man ihn schon vorher eingeladen hatte. Man hält seine Predigten für eins der besten Systeme der natürlichen Theologie. Sie sind, wenigstens zum Theil, ins Französische übersetzt, und es wird auf verschiedenen Universitäten darnach gelehrt. Abernethy ist der Stifter einer neuen Secte, die im Grunde unter die allgemeine Presbyterianische gerechnet werden kann. Ich schrieb Ihnen sonst schon einmal davon; man nennt sie das Neue Licht,

und

*) Er verstund durch moral Sense das, was Plato durch das τὸ καλὸν und Cicero durch das pulchrum et honestum meynten.

und ihre Charakteristick ist Arianismus in der Lehre und Unabhängigkeit in den Grundsätzen. Abernethy war ein großer Redner und von allgewaltiger Wirkung. Seine Bewunderer sagen: daß er die Bestimmtheit und Genauigkeit eines Clarke, den Reichthum eines Barrow und die Deutlichkeit eines Tillotson in sich vereinigte.

Dr. Duchal schrieb ein Werk über die Religion *) und verschiedene Bände Predigten, die wohl aufgenommen worden sind.

Boyce gab Predigten über die vier letzten Dinge heraus, und war Vater des Dichter Boyce, der ein Pantheon und andere Werke geschrieben hat.

Synge, Erzbischof von Tuam, soll ein Mann von vieler Gelehrsamkeit gewesen seyn. Er ist der Verfasser der „Religion eines Mannes vom Stande" **).

Story, Bischof zu Kilmore, schrieb Predigten und eine Abhandlung über den Priesterstand ***), die sich eben so sehr durch Gelehrsamkeit als christliche Mäßigung auszeichnet.

Brown,

*) Presumptive arguments etc. etc.
**) Religion of a Gentleman.
***) Treatise on the Priesthood.

Brown, Bischof von Cork, hat verschiedene Bände Predigten geschrieben, doch war er berühmter durch Vortrag, als durch Ausarbeitung. Von ihm erzählt man, daß, als er vor der Königin Anna über die Worte „nie redete ein Mann so wie dieser Mann" predigte, die Königin diese Worte auf ihn anwendete.

Delany's Predigten über die gesellschaftlichen Pflichten *) sind vortreflich; und man bewundert sie um so mehr, da der Mann, der sie schrieb, in gewissen Punkten ein Schwärmer war. Er schrieb z. E. ein Buch, daß das Blutessen eben so sündlich sey, als irgend eine andere Uebertretung der zehn Gebote. Allein seine Einleitung in die geoffenbarte Religion **) wird geschätzt und von vielen für eins der besten deklamatorischen Werke in der Englischen Sprache gehalten.

Dr. Lawson war ein berühmter Canzelredner zu Dublin. Seine Predigten erschienen nach seinem Tode; allein seine Vorlesungen über die Redekunst, die er im Trinitäts-Collegium hielt, gab er selbst heraus; sie verrathen seinen klassischen

*) Sermons on the Social duties.

**) Introduction to Revelation examined with candour.

schen Geschmack, dichterisches Gefühl, und eine genaue Kenntniß mit der Canzelberedsamkeit.

Ort hat einen Band Predigten heraus gegeben, die voll von originalen Gedanken, mit einem kraftvollen Geist und männlichem Stile geschrieben sind.

Februar.

Ich komme nun auf diejenigen Iren, deren Werke in vermischten Schriften, Gedichten, Romanen x. x. bestehen.

Parnell, dessen Gedichte in der Sammlung der Englischen Dichter von Bell und Johnson aufgenommen worden sind. Er war 1679. geboren, und wurde 1705. Erzdekan von Clogher. Er predigte hernach einige Zeit zu London, um sich empor zu schwingen; allein der Tod der Königin Anna zerstörte alle seine Hofnungen. Swift empfahl ihn dem Erzbischof King, der ihm eine reiche Pfarre bey Dublin gab; allein er starb auf dem Wege dahin. Er lieferte Vieles in die Blätter der damaligen Zeit, und hinterließ eine Menge Papiere, aus denen Pope das Beste heraus gegeben hat. Sein Gedichte auf den Tod *) zieht Goldsmith, Gray's Kirchhofe vor.

Dr.

*) Night piece on death by Parnell. —— Ode written on a churchyard by Gray.

Dr. Arbuckle ist der Verfasser von Hibernikus Briefen *).

Molloy Verfasser eines periodischen Werkes **).

Ogle hat Chaucer's Erzählungen modernisirt: wodurch er diesen Dichter, den wenige verstehen, wieder in die Hände gemeiner Leser gebracht hat.

Dr. Dunkin. Man hat von ihm einen Quart-Band Gedichte, deren einige in Lateinischer, Griechischer und Englischer Sprache sind.

Wood. Die Ruinen von Palmyra und Balbeck ***) und ein Versuch über Homers Genie und Schriften.

Robertson — Verfasser eines philosophischen Versuches ****).

Sterne, Bischof von Clogher — über die Besuchung der Kranken *****).

Ster-

*) Hibernicus's Letters.

**) Common Sense.

***) Ruins of Palmyra and Balbeck. Und Essay on the Genius and Writings of Homer.

****) Attempt to explain the words Reason Substance etc. etc.

*****) De visitatione infirmorum.

Sterne — Tristram Shandy, empfindsame Reisen rc. rc.

Wibb — über die Schönheiten der Malerey.

Pilkington — Alphabetische Lebensbeschreibungen von Malern *).

Cunningham — Verfasser von Gedichten, die etwas sehr Angenehmes haben, und deren einige der beßten Zeit der Dichtkunst werth sind.

Starrat — Verschiedene Gedichte in Allan Ramsay's Sammlung **).

Derrick — Briefe und Gedichte.

Dr. Clancy — Tempel der Venus ***).

Bush — schrieb einen Sokrates.

Johnston — den in Deutschland wohl bekannten Roman Chrysal.

Brooke — Verfasser von Romanen und andern Sachen. Man hat von ihm im Deutschen „den vornehmen Thoren.“

Die Sheridans, die im Englischen Parlemente eben so bekannt sind, als sie es als witzige Köpfe und Schriftsteller sind. Thomas Sheridan gab vergangenes Jahr ein Wörterbuch der Engli-

*) Dictionary of painters.

**) Und on the doctrine of Projectiles.

***) Templum Veneris.

Englischen Sprache heraus, in dem er die Aussprache festzusetzen und durch Zeichen zu bestimmen sucht. Für einen Ausländer, der schon etwas von der Englischen Sprache versteht, ist es sehr nützlich, wiewohl ich gestehe, daß ich viele Worte darinnen gefunden habe, deren Aussprache, wenn ich sie nicht schon sonst wüßte, ich schwerlich durch Sheridan's Zeichen ausfindig machen würde. Das Wesentliche des Wörterbuchs selbst, ist so sehr aus Johnsen genommen, daß man diesen beynahe entbehren kann, wenn man jenen hat. Sie kennen vermuthlich Sheridan's Lustspiel: die Schule der Schmähsucht *), eines der besten, die das Englische Theater hat. Es fand zu London einen ungemessenen Beifall, und kam bald auf alle Provinzialtheater. Man hat davon eine Französische Uebersetzung, und wie ich höre, auch eine Deutsche, obschon das Original nie im Druck erschienen ist.

Setzen Sie noch zu diesen den Lord Molesworth — Lord Orrery — Lord Clare — Burke — Millar — Canning, Maclaine, der nunmehro im Haag lebt, und die ungenannten Verfasser des „ausgebildeten Philosophen **)

*) The School for Scandal.

**) The polite Philosopher.

des Longsword Graf von Salisbury, und der Briefe, die zwischen Hrn. Twiss und Donna Teresa Pinna y Ruitz, vor etlichen Jahren gewechselt wurden.

Auch unter dem schönen Geschlechte hat Irland seine Schriftsteller. Ich nenne Mrs. Barber — Mrs. Davies — Mrs. Griffith — Mrs. Millar — Mrs. Grierson — Mrs. Pilkington — Mrs. Sheridan.

Die Iren zeigten immer grosse Anlage zu dramatischen Werken. Schon unter Jakob I. findet man Irische Schauspiel-Dichter. Ein grosser Theil der Verfasser der beßten dramatischen Werke, die seit hundert Jahren auf der Englischen Bühne sind, waren Iren. Als:

Southerne, dem einige seine Stelle nach Shakespear und Otway anweisen. Er war 1660. zu Dublin geboren, und empfing auf der dortigen Universität seine Erziehung. Er starb 1746. Schon 1682. kam sein Persischer Prinz auf die Englische Bühne. Sein bestes Stück ist das Trauerspiel Oroonoko, oder der königliche Sklave. Es wurde lange mit grossem Beifalle gespielt, aber hernach vergessen, bis ich es, vergangenen Monat, in den Theaterzetteln von Coventgarden fand. Es war etwas ganz Neues, fand ausserordentlichen Beifall, und ist bis jezt

öfters

öfters, gleichsam als ein neues Stück, gespielt worden.

Sir John Denham wurde durch sein Trauerspiel, die Sophy, zwey Jahre früher berühmt, ehe er sich durch seinen Cooper's Hügel eine Stelle unter den Classischen Englischen Dichtern erwarb.

Farquar war der Sohn eines Geistlichen zu Londonderry, wo er 1678. geboren ward. Nachdem er einige Zeit studiert hatte, ward er Schauspieler auf der Dubliner Bühne. Als er hier einst seinen Degen gegen ein Rappier zu verwechseln vergaß, verwundete er einen Schauspieler. Dieser wurde zwar geheilt, allein Farquar faßte den festen Entschluß, die Bühne nie wieder zu betreten. Er kam 1696. nach London, wo ihm Lord Orrery eine Lieutenants Stelle in seinem Regimente gab. Er starb 1707. in seinem dreyssigsten Jahre. Seine Spiele, wovon ein Theil noch jezt öfters gespielt wird, sind 1) die Landkutsche. 2) Liebe und die Flasche. 3) Das zufriedene Paar. 4) Sir Harry Wildair. 5) Der Unbeständige, oder der Weg ihn zu gewinnen. 6) Die Zwillinge Nebenbuhler. 7) Der Rekrutier-Officier. 8) Die feine List *).

*) 1. The Stage-coach, 2. love and a bottle, 3. the content couple, 4. Sir Harry Wildair,

Sir Richard Steele ist zu bekannt, als daß ich etwas mehr thun sollte, als ihn unter den Iren zu nennen **).

Jones ist der Verfasser des Grafen von Essex.

Morgan, Verfasser von Philoclea.

Dr. Madden — von Themistocles.

John Kelly, Verfasser des verheuratheten Philosophen.

Hartson, Verfasser der Grafen von Salisbury.

Goldsmith schrieb freilich auch für's Theater; aber es wäre Ungerechtigkeit ihn unter diesem Titel zu nennen. Sein Landpriester von Wakefield, sein Reisender, sein verlassenes Dorf ꝛc. ꝛc. gründeten seinen Ruf. Es ist sonderbar, daß man nie hat ausfinden können, in welchem Win-

dair, 5. the Inconstant, or the way to win him, 6. the twin rivals, 7. the recruiting officer, 8. the beau Stratagem.

**) Seine Schauspiele sind: 1) the funeral, 2) the tender husband, 3) the lying lover, 4) the conscious lovers.

Winkel Irlands dieser so bekannte und erst vor Kurzem gestorbene Mann geborne war *).

Ferner gehören hierher — der Graf von Orrery — M. Tale. Concannen — Mrs Centlivre und Ambrose Philips. Der Geburts-Ort des Letztern ist nicht bekannt, aber sein Vaterland soll Irland seyn. Seine Schäfergedichte sind früher als Pope's, mit dem seine Geschichte

 bekannt

*) Vielleicht ist es Ihnen angenehm, wenn ich Ihnen das Denkmal abschreibe, das ihm Johnson gesetzt hat.

Olivarii Goldsmith,
Poetae, Physici, Historici,
qui nullum fere scribendi genus
non tetegit,
nullum quod tetigit non ornavit.
Sive risus essent movendi,
sive lacrymae;
Affectuum potens, at lenis dominator;
Ingenio sublimis, vividus, versatilis,
Oratione grandis, nitidus, venustus;
Hoc monumento memoriam coluit
Sodalium amor
— Amicorum fides,
— Lectorum veneratio.
* * * in Hibernia natus
Eblanae litteris institutus,
Londini obiit 1774.

bekannt genug ist. Sein Trauerspiel, die unglückliche Mutter, kam schon 1712. aufs Theater, und ist eine Nachahmung von Racine's Andremaque. Sein Britte, sowohl als sein Humphry, Herzog von Gloucester, werden jetzt wenig mehr gespielt. Er starb 1749.

Ueber den Werth der neuern dramatischen Schriftsteller, die Iren sind, wird die Nachwelt erst entscheiden. Hier sind, in alphabetischer Ordnung, die, die ich weiß. — Brooke — Bickerstaff — Dobbs, Griffith — Howard — Jephson — Kelly — Murphy — O'Hara — O'Keffe *) — die Sheridans — West. —

Auch an Schauspielern ist Irland fruchtbar gewesen. Ich will hier die nennen, deren Namen am meisten bekannt sind, als Wilks, Quin, Sheridan, Barry, Mossop, Macklin, Havard, O'Brien, Brown, Woffington, Clive, Fitzhenry.

*) the son in law — the agreeable surprise — Castle of Andalusia — the poor soldier — the young Quaker — Fontainebleu, or our way to France. — the blacksmith of Antwerp.

Und so hätten Sie denn einen freylich unvollständigen Abriß von der Irischen Litteratur älterer sowohl als neuerer Zeiten. Lassen Sie mich nun noch Etwas über ihre originale Dichtkunst, das heißt, in Irischer Sprache, oder mit andern Worten, über Irische Barden sagen. Freylich läßt sich darüber nicht viel zusammenbringen, weil wenige dieser Gedichte übrig sind, und die wenigen größtentheils noch unübersetzt sind. Wenn das, was ich über Ossian im Vorhergehenden zusammengetragen habe, ein zureichender Beweis wäre, daß Ossian wirklich nicht ein Schottischer, sondern ein Irischer Barde war, so gäbe uns dieses allerdings einen hohen Begriff von der alten Dichtkunst dieses Landes. Herr M'Pherson hatte ohnstreitig Bruchstücke von Originalen vor sich, die durch Tradition fortgepflanzt worden waren, und auf die er baute. Und Ossian, so wie wir ihn durch Mac Pherson haben, ist und bleibt immer, was auch Johnson dagegen sagen mag, ein vorzügliches Werk der Dichtkunst. Johnson hatte ohnstreitig Vorurtheile dagegen; er meynte: von einem Schotten könne nichts Gutes kommen. Unter den vielen Anekdoten, die kurz nach Johnsons Tode erschienen, las ich auch diese; daß, wenn er gefragt wurde: ob er jemand kenne, der so zu schreiben fähig sey wie Ossian?

er zu antworten pflegte: Ja, manchen Mann, manche Frau und manches Kind. Züge dieser Art in dem Charakter großer Männer vergißt die Nachwelt, so wie sie Johnson's Reise durch Schottland und die Hebridischen Inseln vergessen wird, und behält bloß das Gold, das in keiner Zukunft verkannt werden wird.

Herr Mc Pherson selbst spricht in einem hohen Tone von den Irischen Barden. Er rühmt die Einfalt, die edlen Gedanken, die Harmonie ihrer Liebessonnette, und hauptsächlich ihre Elegien auf den Tod würdiger und berühmter Männer. Es war unter den alten Iren eine Nationalsache! Man kam nach dem Tode ihrer grossen Männer zusammen, untersuchte und überlegte, was von ihnen zu sagen wäre. — Ueberbleibsel dieser Art finden sich noch hin und wieder; aber sie sind zerstreut, und viele derselben vielleicht gar nicht niedergeschrieben. Es wäre zu wünschen, daß sie, sowohl als die Irischen Manuscripte, die sich in der Dubliner Bibliothek und in Privatsammlungen befinden, gesammelt, herausgegeben und übersetzt werden möchten, jetzt, da noch ein Irischer Sprachkenner existirt. In funfzig Jahren ist die Irische Sprache, so wie die der Provinz Cornwall, vielleicht gänzlich verloren. — Herr Vallancey sagte mir vergangenen Sommer,

daß

daß er damit umgehe, einige Manuscripte bekannt zu machen.

Im Spencer findet sich eine merkwürdige Stelle über die Irische Dichtkunst. Nachdem er eine Beschreibung von den Mißbräuchen gegeben hat, die die Barden in spätern Zeiten von der Dichtkunst machten, indem sie sie mehr auf lasterhafte, als auf tugendhafte Zwecke anwandten, wirft er folgende Fragen auf: „Aber findet sich in der Composition dieser Lieder einige Kunst? Haben sie Witz oder wahre Dichterzüge, wie Gedichte haben sollten?“ Er antwortet Ja. „Ich habe mir, sagt er, verschiedene übersetzen lassen, und sie hatten in der That Witz und gute Erfindung. Seine dichterische Zierrathen hatten sie nicht; doch fand ich gute Blumen, die auf ihrem eigenen Boden gewachsen waren, und die ihnen Annehmlichkeit und Lieblichkeit gaben.“ — Aus dieser Stelle läßt sich nicht mit Gewißheit sagen, ob Spencer hier die ältern oder neuern Barden meynte. Aus dem, was er vorher von den Irischen Barden sagt, läßt sich so ziemlich vermuthen, daß die Gedichte, die er sahe, aus der neuern Zeit waren, dergleichen ich Ihnen eins hier aus der Englischen Uebersetzung geben will. Es ist von O' Gnive, dem Dichter des O' Nial, eines Irischen Großen, der unter Jacob I seine Güter verwirkte.

„O trauriger Zustand unserer theuern Landsleute! schmaler Ueberrest eines einst glücklichen Volks, jetzt sich wälzend in Mord und watend in Blute! Vergebens euer Streben nach Freyheit! Ihr seyd die hülflose Mannschaft eines Schiffes, lange vom Sturme umhergestoßen und zuletzt an der Klippe scheiternd. Wie! Scheitert unser Schiff nicht an unserm eigenen Ufer? Sind wir nicht die Gefangenen des Sächsischen Stammes *)? Ist unser Urtheil nicht schon gesprochen? Ist nicht selbst unser Untergang schon vorher beschlossen? Wir sind wie gefallen vom alten Ruhme unseres ursprünglichen Landes. Unsere Macht ist in Schwäche entehrt, unsere Schönheit in Häßlichkeit, unsere Freyheit in Sclaverey, unsere Siegeslieder in wehklagende Trauergesänge. Unsere Vorväter würden ihre Söhne nicht kennen, und, wenn sie sie kennten, für die ihrigen verläugnen. Kehre nicht dein Auge, unsterblicher Gallum, auf deine abtrünnigen Söhne!

„Nial der neun Geißeln, schaue nicht auf uns, damit du nicht erröthest über deine gefangene Gadhelians **)! Conn der hundert Schlach-

*) Sie erinnern sich, daß die Engländer in der Irischen Sprache Sachsen heißen.

**) Siehe weiter oben, wo angegeben wird, daß Iren von den Gadhelischen Celten herstammen sol.

Schlachten, schlaf in deinem grasverwachsenen Grabe, und schilt nicht unsere Niederlagen mit deinen Siegen! Gütige Nacht, verbirg uns im Grabtuche deiner dunkelsten Wolke! — Laß nicht die Sonne ihr Licht mit Vorwürfen auf unsere Schmach werfen!

„Woher diese unglückliche Umbildung? Zahm unterwarft ihr Euch Fremdlingen, niedrig schmiegtet Ihr Euch unter Sächsische Gesetze. Seit ihr von der Billigkeit der Brehons wichet, sind Unglückswolken über Euch geborsten — Ströme von Elend haben Euch überschwemmt. — Des Himmels Zwecke sind geändert — Eure freudenreiche Gefilde sind mit Pfählen umzäunt — Eure sonnevergoldeten Hügel sind mit Wällen entstellt — und ihr Anblick ist scheußlich ob der Thürme. — Die Gesetze der Natur sind verletzt — Dies Land, einst der Tugend und Ehre Schauplatz, ist in ein anderes Sachsenland entstellt. Sclaven! Wir kennen unser eigen Land nicht mehr, und unser Land verläugnet uns; — wir haben beyde unsere Natur verdreht — wir sehen nichts als zwey Ungeheuer — einen Sächsischen Bürger und einen Irischen Fremdling.

„Unglück-

sollen. Irland heißt in der Irischen Sprache Galle oder Gaelle.

„Unglückliches Land! O! Ihr, Trojanische Belagerte, ohne einen Hektor, der Euch vertheidige! O ihr, Kinder Israels aus Aegypten, ohne einen Moses, der Euch leite! — Aber deine Rathschlüsse, o Herr, sind gerecht! — Wo nicht die Kinder von Eber-Scot, dem Scythen, all ihr Vertrauen in dich setzen, muß Sachsen, gleich dem Phönix, aus der Asche von Alt-Irland emporsteigen."

Dieses Gedicht muß zu Ende des funfzehnten, wenn Essex den Grafen von Tyrone, der ein O' Nial war, bekriegte, oder zu Anfange des sechzehnten Jahrhunderts gemacht seyn. Der männliche aufstrebende Geist, der darinne herrscht, zeigt, daß alle Gesetze, die man zur Unterdrückung der Barden machte, doch diesen Geist nicht dämpften, so sehr auch ihr Einfluß dadurch geschwächt worden seyn mag.

Lassen Sie mich das Ganze mit zwey Anekdoten schließen, welche zeigen, daß die Barden ihre Lieder auf Geschichte und Thatsachen gründeten, so sehr sie sie auch bisweilen durch die Dichtkunst entstellt haben mögen. —

Heinrich II, König von England, war in den letzten Jahren seiner Regierung zu Pembroke in Südwallis, wo er einen Wallisischen Barden hörte,

hörte, der zu seiner Harfe das Leben und die Thaten des Brittischen Arthur's sang. Am Ende des Liedes war eine Beschreibung seines Todes und Begräbnisses zu Glastonbury, in der Grafschaft Sommerset, auf dem Kirchhofe zwischen zwey Pyramiden. Der König gab sogleich Befehl, man solle die Sache untersuchen und zu Glastonbury nachgraben lassen. Sieben Schuhe tief fand man einen großen Stein mit einem bleyernen Kreuze, mit der Aufschrift: „Hier liegt der berühmte König Arthur begraben in der Insel Avalon *). Man grub tiefer und fand — nicht den Riesen Arthur, wohl aber einen ansehnlichen Mann von starken Knochen, in dessen Hirnschale eine Menge verwachsene Narben waren, eine ausgenommen, an der er vermuthlich starb. Die Königinn lag neben ihm mit langen, gelben Haaren, die aber, so bald man sie anrührte, in Staub zerfielen. Diese Entdeckung wurde im Jahr 1189 gemacht. Giraldus Cambrensis, der ein Augenzeuge davon war, erzählt die Geschichte weitläuftig. Auch wurde das bleyerne Kreuz mit der Aufschrift im Kloster zu Glastenbury aufgestellt, wo Leland, ein bekannter Antiquar, sie noch gesehen hat. Was seitdem daraus geworden ist,

*) Hic iacet Sepultus Inclytus Rex Arturius in insula Avalonia.

ist, weiß ich nicht. Auch Bromton erzählt diese Geschichte in seiner Chronik.

Der Bischof von London, Gibson, der Camden's Brittannien übersetzt hat, erzählt folgende Geschichte. — Ein blinder Harfenspieler sang ein Irisches Lied, welches der Bischof von Derry hörte und ins Englische übersetzen ließ. Es enthielt die Geschichte eines ungeheuern Riesen, der an einem gewissen Orte, der beschrieben wurde, begraben läge, mit einer breiten Platte von purem Golde auf seiner Brust, und goldene Ringe an jedem Finger. Der Bischof, der vermuthlich an Giraldus Geschichte dachte, suchte den Ort, nach der Beschreibung, auf, ließ nachgraben und fand — einen Mann von gewöhnlicher Länge, der beynahe in Asche verwandelt war, mit einer kleinen Goldplatte, die auf seiner Brust gewesen war. Von den Ringen aber fand er keine.

Druck

Canon Deutschland Business Services GmbH
Ferdinand-Jühlke-Str. 7
99095 Erfurt